The Economic Consequences of
*A*ccounting-based Investor Protection:
*T*heory and Evidence

会计与投资者保护系列丛书
Series of Research on Accounting-based Investor Protection

会计投资者保护的经济后果：理论与实证

张宏亮/著

中国财经出版传媒集团
经济科学出版社
Economic Science Press

本书得到北京市北京工商大学"科技创新平台——投资者保护的风险抑制机制及效果"（PXM2018_014213_000033）项目、北京工商大学"学科建设——工商管理一流学科建设提升"（19005001481）项目、北京工商大学国有资产管理协同创新中心（条件环境建设）项目和北京市一流专业（会计学）建设项目的支持，在此表示衷心感谢！

前　言

投资者保护是资本市场的重中之重，研究会计在投资者保护中的基础性作用及其经济后果具有重要的理论与现实意义。2017年全国金融工作会议明确指出，要把发展直接融资放在重要位置，形成融资功能完备、基础制度扎实、市场监管有效、投资者合法权益得到有效保护的多层次资本市场体系。从监管层面来看，2016年中国证监会启动投资者保护专项活动，出台了多项保护中小投资者的举措，比如将投资者保护特别是中小投资者保护全面嵌入监管制度设计中，严厉打击内幕交易等违法违规行为，建立多元化纠纷解决机制、完善中小投资者赔偿制度等，投资者保护已经成为监管层工作的重中之重。2016年，"私募一哥"徐翔案被揭开黑幕，2010~2015年，徐翔单独或伙同他人，先后与13家上市公司的董事长或者实际控制人合谋操纵上述公司的信息披露及股票交易，非法获利93亿元。2016年，监管部门查处了一批损害投资者利益的大案要案，既有效地防范了金融风险，又切实维护了投资者利益，实现了投资者保护。2016年，出现了很多"忽悠式"信息披露，一些上市公司借助热门题材"吹泡泡"，通过披露不真实、不准确的信息夸大、渲染相关业务给公司带来的影响，误导投资者，引起投资者的跟风追捧，殊不知背后不过是虚无缥缈的愿景而已。例如，安硕信息（300380）的虚假"互联网+金融"信息披露，宝利国际（300135）的虚假"一带一路"信息披露，海润光伏（600401）每10股转增20股的高送转陷阱等。监管部门进一步规范了以宝能举牌万科为代表的"炒作式""投机型"的上市公司并购。针对IPO造假，证监会也打出组合拳，实施全流程审计把控，重点审查信息披露，处罚了圣元环保、上海基美、振隆特产等一批申请首次公开募股（IPO）的企业。对于纵容、默许或忽视上市公司造假的中介机构，也进行了处罚，如加大对瑞华、立信会计师事务所的处罚，以儆效尤。重拳出击，投资者保护的意识和行为蔚然成风。当然，打铁还需自身硬，从证监会原副主席姚刚到普通工作人员刘书帆，2015年以来查处的证监系统工作人员超过10人。这一切说明，投资者保护是资本市场发展的基础，也是资本市场监管的重中之重，当然，投资者保护依然任重而道远。

与此同时，我们也看到了投资者保护的亮点和方向：公司治理有效性进一步提升，尤其是国有企业中党的治理地位日益明确，作用日益凸显，成为国有企业治理的生力军；内部控制运行的有效性进一步提升，管理会计全面推广，企业管理决策、管理控制能力进一步提升，注册制广泛开展，投资者日益理性。管理会计在财政部的大力推动下，基本指引发布实施，推动上市公司由"约束型"保护向"增值型"保护转变。以注册制为导向的"新三板"市场进入发展巩固期，挂牌公司数量超1万家，成为中国资本市场的生力军和新鲜血液，给予投资者无限的想象和希望。

我国资本市场改革的目标是建立多层次的资本市场，其健康运转的微观主体基础是高质量的上市公司，健康运转的机制基础是投资者保护。这都离不开高透明会计信息的基础性作用。投资者保护既需要法律保护，也需要社会规范与市场机制保护。法律的存在和实施是投资者保护的底线，除《公司法》《证券法》《会计法》等法律保障外，会计准则（我国体现为规章）的制定和实施质量是会计投资者保护的重要方面。在投资者保护中，更需要让市场机制和社会规范机制充分发挥作用。高质量的公司会充分保障投资者的知情权、决策权和收益权，能够保护投资者利益，这些公司在资本市场中会受到投资者的青睐和追捧（而不是盲目炒作），它们会有更强的融资能力、更低的融资成本，而低质量公司会受到市场的惩罚（股价下跌、高融资成本、高管更换等），这会提升公司进行投资者保护的动力，避免出现投资者保护中的"囚徒困境"和"劣币排斥良币"现象，让市场机制充分发挥作用，而会计透明度是其基础。通过法律和市场的作用，形成资本市场的诚信体系、信托精神和投资者保护文化，形成投资者保护的内在动力和自动运行体系。公司层面的投资者保护，会体现到中观市场层面的资源配置效率、资本市场的"经济晴雨表"能力等方面，从而进一步提升宏观经济发展的动力和活力。

基于以上思想，我们建立了包括基于定价与治理的会计投资者保护理论框架，通过分析会计信息质量的要素，建立了中国上市公司会计投资者保护体系。通过对公司的会计质量评价，揭示公司会计投资者保护能力和水平，提升公司会计投资者保护透明度，让市场机制发挥决定性作用，并逐渐形成会计投资者保护的社会规范。会计体系在法律法规、社会规范和市场机制的协同作用下，通过事前逆向选择规避、事中决策与控制、事后背德惩戒，在不同层面上保护公司价值、股东价值与中小股东价值，并最终保障投资者的投资价值（北京工商大学"会计与投资者保护"项目组，2014）。

判断一套指标优劣的重要标准是其信度与效度，及其运行过程中的反馈价值与预测价值。通过对过去6年指数结果的总结与分析，我们发现指数具有较高的信度与效度，以及较好的反馈与预测价值。从个股层面来看，过去7年，

前 言

我们成功地预测出紫鑫药业、绿大地、万福生科、振东制药、国恒铁路、华昌达、海龙科技、鲁北化工、山水文化、万家文化、博元投资、慧球科技等多家上市公司的信息操纵等违规问题。从行业和地区来看，指数与行业走势息息相关，能够比较准确反映行业和地区层面的投资者保护水平。

上述结果显示了我们所建立的会计投资者保护指数具有强大的生命力，本书是在此指数成熟运行6年基础上对会计投资者保护指数经济后果的一次深化研究，目的是进一步从理论与实证上揭示会计投资者保护所具有的对公司收益和风险的解释能力，从而也从另一方面证明指数的效度，为保持会计投资者保护指数的生命力奠定基础。

本书由北京工商大学张宏亮提供思路、理论框架和实证方法，并执笔全书的大部分内容，北京工商大学研究生王靖宇、王法锦和王瑶参与查阅文献、搜集数据、讨论，共同执笔撰写了各章。本书各章的撰写者为：第一章、第二章、第三章为张宏亮、王法锦撰写，第四章、第七章为张宏亮、王靖宇撰写，第五章、第六章为张宏亮、王瑶撰写。

本书写作和出版过程中得到了北京工商大学谢志华教授、杨有红教授、毛新述教授、何玉润教授、王峰娟教授、穆林娟教授以及王国顺教授、孙永波教授、杨浩雄教授等领导和同事的帮助及指导，他们提供思路、修正错误、讨论问题，使本人受益良多，本书的出版也离不开经济科学出版社编辑刘颖老师耐心、细致而专业的工作，在此一并致以诚挚的谢意。

由于作者水平有限，错误不足之处在所难免，欢迎广大读者提出宝贵的批评和建议，意见和建议可反馈给作者 zhanghl@th.btbu.edu.cn，本书的电子版可以在投资者保护中心网站下载（http://bhzx.btbu.edu.cn）。

目 录

引言 1

第一章 文献综述 3
    一、会计信息质量的构成及测度 / 4
    二、会计信息的治理、定价功能与投资者保护 / 13
    三、会计信息质量的经济后果 / 20

第二章 基于会计的投资者保护理论框架 43
    一、会计信息的功能：从决策有用到投资者保护 / 43
    二、会计信息质量与经济绩效 / 46
    三、会计信息质量与权益资本成本 / 48
    四、会计信息质量与股价崩盘风险 / 54
    五、会计信息质量与应计异象 / 56

第三章 基于会计的投资者保护指数：构建与评价 58
    一、评价指标的构建 / 58
    二、权重的确定 / 61
    三、中国上市公司会计投资者保护结果：2010~2015 年 / 64
    四、研究结论 / 80

第四章 会计投资者保护与经济绩效 81
    一、导论 / 81
    二、理论推导 / 82
    三、变量、模型及样本 / 85
    四、实证结果及分析 / 87
    五、结论及启示 / 94

第五章　会计投资者保护与权益资本成本 …… 95

一、导论 / 95

二、国内外研究概览 / 97

三、研究假设 / 102

四、变量、模型及样本 / 104

五、实证结果及分析 / 107

六、结论及启示 / 114

第六章　会计投资者保护与股价崩盘风险 …… 117

一、导论 / 117

二、假设提出 / 119

三、关键变量的度量、样本的选取和模型的构建 / 121

四、实证结果及分析 / 124

五、结论与启示 / 129

第七章　会计投资者保护与应计异象 …… 130

一、导论 / 130

二、国内外研究评述 / 131

三、假设提出 / 141

四、实证结果及分析 / 144

五、结论及启示 / 154

结语 …… 155

附录　专家调查问卷 …… 157

参考文献 …… 159

引 言

资本市场在一国经济发展中扮演着越来越重要的作用,而投资者保护是影响与促进资本市场发展最为重要的因素,也是资本市场监管的基本价值取向。会计作为投资者保护的基础性要素,发挥着重要的投资者保护功能,会计通过其结构要素、作用路径和作用机制,在不同目标层面发挥着投资者保护作用。

自鲍尔和布朗(Ball and Brown,1968)以来,会计信息质量及其在资本市场中的经济后果测定是实证会计学研究的核心问题之一。会计在维护公司运行程序、提高公司契约有效性、降低公司代理成本、提升公司投资效率等方面发挥着基础性信息与基础性制度的功能。会计的投资者保护功能及机制很早就引起了西方学者的关注(如Watts,1977),尤其随着资本市场的发展,盈余管理、会计丑闻等问题成为侵害投资者利益的重要杀手,这使会计的目标开始发生迁移,由早期的"强调决策有用性的用户需求观",逐渐演化为"强调透明度的投资者保护观"(Arthur Levitt,1998;崔学刚,2007)。这种观点认为在资本市场中,会计在投资者保护中发挥了相当重要的功能(La Porta et al.,1998,2000;Bushman and Smith,2001;葛家澍、陈守德,2001;魏明海等,2007;陆正飞等,2007),其具有定价和治理两个方面的经济功能(Francis et al.,2004,2005;Bushman,2004;魏明海,2007),并通过这两个功能发挥投资者保护作用。在此方面,积累了大量的研究文献。然而,已有的研究结论大多来自西方成熟的资本市场与制度环境,我国学界对于投资者保护的目标层次、要素体系、作用机制及作用效果缺乏系统性的研究,也未对投资者保护的会计需求予以足够重视(姚文韵、崔学刚,2010),虽然一些学者试图寻找会计发挥投资者保护功能的经验证据,但尚未获得一致结论(曾颖、陆正飞,2006;李远鹏、牛建军,2007)。值得关注的是,对会计投资者保护功能的理论研究滞后于资本市场与公司治理对会计的现实需求(Sloan,2001),这限制了学术界对会计投资者保护功能的独特结构与特征的系统研究,制约了会计在完善公司治理、维护股东权益方面的功能,导致会计准则制定与会计监管并未完全考虑资本市场运行与公司治理对会计的需求。

作为转型经济国家,中国资本市场中的投资者保护面临特殊的制度环境,如制度变迁、大股东控制、股权二元结构、国有股占优、隐性制度等,这一特殊的制度语境需要构建创新性的会计投资者保护机制框架，特殊的制度背景也会对会计发挥投资者保护的功能产生重要影响，从而产生不同的经济后果。本书试图基于中国特定的制度背景，探索投资者保护的会计实现机制，并结合制度背景寻求其经济后果的经验证据，同时修正这一作用框架。

本研究的开展具有重要的理论与现实意义，表现在如下方面：

第一，深化会计在投资者保护方面的目标层次、实现机制、实现手段及保护效果研究。可能的理论贡献在于提出基于资源配置机制、治理机制和定价机制相统一的会计投资者保护理论框架，深化会计信息的经济后果理论研究。

第二，基于我国特殊的制度背景，主要采用实证研究方法，测度会计信息在中国资本市场条件下投资者保护的效率与效果，并分析制度环境对其投资者保护实现机制（资源配置、治理与定价）的影响，探索投资者保护在会计实现机制上的影响因素及功能屏障。

第三，本研究对会计准则的调整和完善、资本市场监管的强化和投资者保护程度的改善具有重要的现实意义，同时也是有关部门制定决策的重要依据。

文献综述

会计信息具有重要的经济后果，在资本市场条件下，会计信息作为公司信息的主要来源，能够通过其定价功能和治理功能发挥其在投资者保护中的作用（Healy and Palepu，2001；魏明海等，2007）。

会计信息的定价功能主要表现在三个方面：（1）财务会计信息与股价之间具有相关关系。盈余具有信息含量或价值相关性（Ball and Brown，1968；Beaver，1968），是重要的投资决策参数。（2）财务会计信息可以对公司权益进行估值。投资者可以利用公司会计信息对公司权益价值进行评估，也就是说，公司会计信息暗含公司权益价值的信息（Ohlson，1995；Ohlson and Juettner-Nauroth，2005）。（3）财务会计信息可以估算公司的权益资本成本（Claus and Thomas，2001；Easton et al.，2002，Easton，2007）。（4）会计信息的定价功能是分析师预测未来业绩的基础。总之，会计的定价功能体现在向投资者提供形成正确资产价值和投资决策的相关信息，减少由于错误的定价或投资决策带来的损失，会计信息定价功能的发挥有利于保护投资者利益。

会计治理功能的基本目的是缓解事前与事后的信息不对称，约束内部人的机会主义行为，从而保证剩余控制权与剩余索取权相匹配及激励相约束相容，乃至带来公司治理结构与治理机制的变动。这表现在：（1）优化契约，约束管理层的机会主义，降低代理成本（Ball et al.，1989；Ball and Shivakumar，2005；Lafond and Watts，2008），提高薪酬激励有效性（Craighead et al.，2004；Cornett，2008），提升CEO更换的有效性（Fan et al.，2007）；（2）约束管理层的无效投资行为，提升投资效率（Bushman，2006）；（3）作为治理机制的替代机制，带来治理均衡（La Porta et al.，1998；Francis et al.，2003，Bsushman et al.，2004）；（4）降低投资者的信息风险，带来股权资本成本的降低（Easley and O'Hara，2004；Leuz and Verrecchia，2004；Francis et al.，2004，2005）。

而会计信息定价与治理功能发挥，与会计信息质量、会计透明度具有正向相关关系，会计信息质量越高，越有利于外部投资者对公司价值、成本与未来业绩进行预测，同时也越有利于治理机制的有效运行与治理效率的提升。因而会计信息，尤其是高质量的会计信息能够发挥投资者保护作用。

已有文献和证据表明，会计信息的可靠性与相关性可以作为会计信息质量的重要代表指标，并可以使会计信息质量概念变得具体化和可操作化（Ball et al.，2000；Penman and Zhang，2002；Bushman et al.，2004；Ball et al.，2005；戴德明、毛新述，2006）。

一、会计信息质量的构成及测度

从会计准则制定机构的角度讲，相关性和可靠性是衡量会计信息质量的两个重要标准。而经验研究中，会计信息质量通常通过盈余属性进行测定。弗朗西斯等（Francis et al.，2004）将盈余属性划分为：应计利润质量、持续性、可预测性、平滑性、价值相关性、及时性和稳健性。然而，在运用上述盈余属性时，可能会面临以下两个困难：一是这些属性相互之间可能是对立的。二是这些属性受到盈余管理的影响。考虑到上述两个原因，我们认为，应当从准则制定目标的实现程度来定义会计信息质量。如果财务报告的结果同会计准则的预期目标一致，则财务报告是高质量的。一方面，如果根据会计准则编制的财务报告为投资者提供了决策有用信息，则会计信息具有相关性；另一方面，如果会计信息未被管理，并且上市公司的稳健性同会计准则中稳健性原则的运用程度一致，则会计信息是可靠的。会计信息的质量越高，对投资者保护的作用就越强。

如上所述，高质量的会计信息应同时兼具相关性与可靠性。相关性主要通过盈余的价值相关性来衡量，而可靠性主要通过盈余管理和盈余稳健性来衡量。具体分析如下：

（一）盈余管理

盈余管理（earnings management）是经营者运用会计方法或者安排真实交易来改变财务报告以误导利益相关者对公司业绩的理解或者影响以报告盈余为基础的合约（Healy and Wahlen，1999），它是一个既与投资者保护紧密相关，又直接影响会计准则制定的重要问题。

盈余管理会对投资者保护及准则制定产生影响。施莱弗和维什尼（Shleifer and Vishny，1997）以及拉波特等（La Porta et al.，2000）证明了投资者保护是一个影响公司政策选择的关键性制度因素，而洛茨等（Leuz et al.，2003）则发现投资者保护是公司盈余管理行为的重要决定因素，公司对投资者保护的重视程度越低，控制权收益越大，公司的盈余管理程度就越高。可见，盈余管理是投资者保护在现实经济中的具体体现之一。另外，对于会计准则制定机构来说，会计准则制定不仅是要解决技术性问题，更重要的是要确定会计准则到底应该给公司管理层提供多大的判断空间，因为不允许管理层判断存在的财务报告，对于投资者来说并不是最优的；而包含无限管理层判断的财务报告也是不可行的，因为它可能导致太高的盈余管理（Healy and Wahlen，1999），从而使投资者利益遭受重大损害。可见，盈余管理直接影响投资者保护与会计准则的制定。

从盈余管理的动机来看，包括三个层次：直接动机是使企业会计盈余达到其期望水平；中间动机包括资本市场动机、契约动机和迎合监管动机（Healy and Walen，1999）；终极动机是获取私人利益。不同的动机，必然驱使公司采取不同的盈余管理手段，对投资者利益的影响也是不同的。基于国外资本市场的研究成果来看，盈余管理的主要动机为：（1）影响股票市场对公司的评价（DeAngelo，1998）；（2）提高管理层奖金计划（Healy，1985；Holthausen et al.，1995）；（3）避免违反债务契约（Healy and Palepu，1990；DeAngelo et al.，1994；DeFond et al.，1994）；（4）配合管理层收购（DeAngelo，1986；Perry et al.，1994）；（5）迎合分析师的盈利预测（Burgstahler and Eames，1998；Abarbanell and Lehavy，1998；Kasznik，1999）；（6）代理权争夺与确保职位安全（DeAngelo，1986；Dechow and Sloan，1991；Pourciau，1993；DeFond and Park，1997）；（7）避税（Boynton，1992）；（8）避免亏损（DeAngelo et al.，1994；Sharma et al.，1997；Burgstahler and Dichev，1997）；（9）劳资谈判（Liberty and Zimmerman，1986）；（10）降低诉讼索赔损失（Hall and Stammerjohan，1997）；（11）季节性股票发行（Rangan，1998；Teoh et al.，1998）；（12）内部人交易（Benish，1999）。基于我国资本市场的实证研究成果来看，盈余管理的动机主要为：（1）IPO融资（Aharony et al.，2000；林舒、魏明海，2000）；（2）配股（阎达五等，2001；Chen et al.，2004；孙铮等，1999；陈小悦等，2000）；（3）扭亏（陆建桥，1999；陆宇建，2003）。

投资者能够识别盈余管理吗？席帕（Schipper，1989）认为盈余管理能起到了"信号显示"的作用，投资者能够识别盈余管理；比弗等（Beaver et al.，1989）和佩特尼（Petroni，1992）分别发现投资者能够识别通过贷款损失准备、索赔损失准备进行盈余管理的行为；迪周（Dechow，1994）发现在预测预期盈余时，使用当期盈余比使用现金流更加准确。同时大量学者还通过检验超额回报率来检验投资者能否"看穿"盈余管理行为。斯隆（Sloan，1996）指出，持有当期盈余包含大量应计项目公司的股票，一年后的股票超额回报率为负的，这表明投资者还不能完全识别盈余管理。一般而言，投资者能否识别公司的盈余管理行为，主要与其所处的制度环境有关，我们认为不同的制度环境因素是导致投资者识别能力的主要差异，而非投资者是否具备识别能力。

盈余管理的经济后果会损失投资者利益吗？目前关于盈余管理是否损害投资者利益理论解释存在较大分歧。一种观点认为盈余管理具有正面效应：希里和瓦仑（Healy and Walen, 1999）指出盈余管理或许降低信息的可靠性，但由此而提高信息的相关性；王跃堂（1999）指出，管理人员运用职业判断进行盈余平滑，可以维护契约的稳定性，监管者理性地给会计留有灵活性，让公司对不确定性的环境做出及时调整，以弥补契约的刚性约束；斯科特（Scott, 2000）指出，当契约不完备和契约具有刚性时，经营者可以利用盈余管理对未预期的状况做出灵活反应，并且通过盈余管理还可以将内部信息可靠地传递给投资者。另一种观点认为盈余管理具有负面效应，如导致证券市场的误定价、影响资本市场资源配置及其效率。而后者居主导地位。例如，迪周等（Dechow et al., 1996）指出，那些因盈余管理问题受证监会调查的公司在被初次宣布有盈余管理行为时股价平均下降9%；特奥（Teoh et al., 1998）研究后发现，在IPO和SEO之后，使用操控性应计利润较多调增盈余的公司股价将大幅度下降；谢（Xie, 1998）也提供证据表明，那些通过盈余管理高估利润的公司的股价会下降，而那些通过盈余管理低估利润的公司的股价会上升；孙铮等（1999）发现我国上市公司普遍存在保配、微利和重亏现象，使该被特别处理的公司未被特别处理，该摘牌的公司未被摘牌，结果是市场风险增加，资源被低效或无效占用，甚至被浪费。"保配现象"的存在，其直接后果是证券市场中有限地追加资源被不合理分散化，因而降低了追加资源配置的有效性；"重亏现象"存在的后果是扭曲了公司前后期经营的真实状况，误导投资者的判断和决策，进而也损害了证券市场的资源优化配置功能。

（二）盈余稳健性

大量文献认为，稳健的财务报告是高质量的，或者说高质量的财务报告应当是稳健的（Ball, Robin and Wu, 2003, Ball and Shivakumar, 2005）。

在目前的财务报告制度下，一方面，应计会计制下的确认和摊销程序使会计的确认和计量具有内在的不确定性，并需要管理者的估计和判断，从而可能影响会计信息的可靠性。另一方面，为了提高会计信息的相关性，财务报告开始从只提供历史信息（成本信息），逐步转变为既提供历史信息，又提供未来信息（价值信息）的信息系统。提高相关性要求会计准则不断加速不完全交易的会计确认。比如，在相互交易中的价值变动实现前，要求对特定交易性证券和特定衍生工具公允价值的变动、固定资产和外购商誉的减值损失进行确认。加速不完全交易的确认体现了资产负债观的要求，使会计收益更接近经济收益。然而，当资产的公允价值无法可靠取得时，要求对经济事项加速确认必然要求报告数字基于管理层的判断和估计，从而在财务报告中引入了计量误差，包括管理层故意的高估和低估，以及由于对未来

第一章 文献综述

使用错误假设而导致编制者无意的错误预测或判断。大量的计量误差降低了会计信息的可靠性，也必然削弱会计信息的相关性。

会计计量技术的内在局限性和财务报告的发展，一方面，使真实反映和报告企业交易、其他事项的经济实质离不开管理层判断；另一方面，管理层拥有的这种判断权及其与外部投资者之间的信息不对称又为其操纵财务报告来最大化自身利益创造了条件。由于现有的各种制度安排，如业绩考核、薪酬契约、债务契约、证券发行和监管体系，都主要依赖于以盈余为基础的业绩指标，这就为管理者高估盈余提供了激励。即使缺少基于会计信息的正式契约，管理者不对称的损失函数使其也有动机在公司任期内使用私人信息高估财务业绩和股票价格，以将投资者的财富转移给自己（Lafond and Watts，2008）。

美国证券交易委员会主席考克斯在证券委员会国际组织第33次年会上所做的题为"国际财务报告准则：符合全球投资者利益的透明度和可比性承诺"的演讲中指出，国际财务报告准则成功的最关键要素是准则必须为投资者的利益而拟订。自"安然"事件以来一系列的财务欺诈案表明，忽视会计信息的可靠性严重损害了财务报告的质量，破坏了资本市场的发展，给投资者带来了重大损失。外部投资者开始从关注财务报告信息的价值相关性逐步转向关注其自身利益的保护。识别那些采用激进会计以显著误报其获利能力的公司成了财务报告和外部投资者所面临的一大难题。报表使用者需求的变化，要求准则制定机构重新审视会计准则的制定以应对会计计量技术内在的局限性和财务报告发展带来的挑战。

稳健性原则要求及时地确认损失，不允许进行盈余平滑和损失规避，更不允许采用激进的会计政策来增加盈余，因此其作为一种财务报告机制可以一定程度上限制管理层判断的滥用以及高估盈余的行为，从而改善财务报告质量。稳健性原则对利得的确认要求更高的可证实程度，是对可靠性的进一步强化。由于信息要具有相关性就必须及时，稳健性要求及时地确认损失，并尽可能递延未实现利得，因此，尽管稳健性在利得的确认上，与相关性不尽一致，但就损失确认而言，二者并不矛盾。稳健性原则通过对利得确认的可证实性和及时性施加不对称约束强化了可靠性，同时修正了相关性的要求，从而使可靠性与相关性在一定程度上得以兼顾，并成为限制管理层以高估盈余为目的职业判断、保护投资者利益的一种重要财务报告机制和公司治理机制。研究表明，稳健性原则的运用通过降低内部人和外部人之间的信息不对称，限制了对未实现利得的确认，减少了财务报告的偏差，提高了财务报告的可靠性，从而降低了公司的代理成本（包括减少对管理者的过度支付、降低债务和权益成本等），增加了公司的价值，最终得以改善公司所有利益相关者的福利（Watts，2003；Lafond and Watts，2008）。就我国而言，在证券市场和现代企业制度建立和发展过程中，内部人控制尤为严重，外部投资者，特别是中小股东和债权人对稳健性原则的需求可能更为明显，毛新述、戴德明（2008）提供了稳健性可以降低股东和债权人预期回报的经验证据。

在国际会计准则理事会（IASB）发布的概念框架修订讨论稿中，IASB 的工作人员对稳健性有利于投资者决策的观点提出了质疑：低估自己现在所持有证券主体的净资产是否真的对现有投资者有利？这是否可能会导致投资者卖出本应该持有的证券？低估投资者可能投资主体的净收益是否真的对潜在的投资者有利？这是否可能会导致投资者放弃本应继续的投资？拉富德和瓦茨（LaFond and Watts, 2008）的研究可以为这些问题提供初步回答。他们通过理论分析得出，稳健会计可以降低管理者和外部投资者之间的信息不对称，从而可以提高公司和权益的价值，并且经验证据支持了这一推理。同样，IASB 工作人员的这一质疑没有考虑公允价值的可获得性和可靠性。对许多交易性证券，公允价值可以通过证券市场的公开报价可靠获得，因此公允价值的变动（经济利得和损失）可以对称地确认损益。但是，对于许多长期资产，公允价值通常只能通过估计获得，而通过估计来获取公允价值会导致计量误差，并对依赖盈余信息所进行的决策行为产生影响。如果废除稳健性原则，准则制定机构必须寻找替代的财务报告机制，以限制为实现真实反映交易和事项的经济实质而赋予管理层的判断空间，从而确保在面临不确定性和各种契约激励的情况下会计信息不被操纵，以保护外部投资者的利益。从现阶段来看，要寻找这样一种替代机制，要么异常困难，要么成本高昂。

关于盈余稳健性的主要证据。巴苏（Basu, 1997）、霍特豪森和瓦茨（Holthausen and Watts, 2001）等对美国上市公司盈余的稳健性和不对称及时性及其对准则制定的影响进行了研究。研究得出，公司报告盈余对坏消息的反映比对好消息的反映更加及时和充分，这体现了公司在盈余确认和计量上的不对称性，也表明公司盈余是稳健的。公司与各相关方之间的契约约束、股东诉讼和政策监管可为盈余稳健性的产生提供解释。巴苏（1997）、霍特豪森和瓦茨（2001）、休戈和路贝克（Huijgen and Lubberink, 2003）为上述解释提供了证据。在借鉴上述研究的基础上，李增泉和卢文彬（2003）首次利用 1995~2000 年我国上市公司的数据对会计盈余的稳健性进行了研究。研究结论表明，会计盈余对坏消息的反映程度比对好消息的反映程度大，这种不对称性表明会计盈余在总体上是稳健的。同时，会计盈余变化也呈现不对称性，负的会计盈余变化比正的会计盈余变化在下期更可能发生逆转。程小可（2006）利用 1995~2001 年上市公司的数据也得出了类似的结论。赵春光（2004）、陈旭东和黄登仕（2006）、魏明海等（2006）、毛新述和戴德明（2009）则基于会计制度改革的背景考察盈余稳健性的跨期变化研究发现，在 2007 年新会计准则执行前，我国上市公司的盈余稳健性随着会计制度改革逐步增强。李远鹏和李若山（2005）的研究则表明，尽管相对好消息而言，上市公司更及时与充分地确认坏消息，但这种稳健性是由于亏损公司的"大清洗"造成的。曲晓辉和邱月华（2007）也得出了类似结论。上述研究表明，无论是西方成熟市场经济国家，还是向市场经济转型的国家，公司盈余总体上是稳健的。但是这些研究结论在很大程度上取决于盈余稳健性替代测度指标的合理性。

盈余性会影响投资者保护吗？就盈余稳健性而言，瓦茨（Watts，1977）认为，在政治过程中，高估资产或高估收益的损失比低估资产或低估收益而放弃的利益更能被观察到并且对决策更有用。这一现象为监管者和准则制定者坚持稳健性原则提供了激励，并且很明显导致了美国证券交易委员会（SEC）在其前 30 年对高估资产的禁止（Zeff，1972；Walker，1992）。瓦茨（Watts，2003）进一步指出，忽略稳健性原则将使制定的准则很可能对财务报告产生严重的损害。此外，张（Zhang，2000）分析了稳健会计对会计数据与公司价值的关系的影响，并指出稳健会计将导致资本化的盈余与账面价值之间形成渐近的偏差。艾哈迈德等（Ahmed et al.，2002）为稳健性对公司债务成本的影响提供了证据。他们发现，当股利支付之间的冲突增加时，稳健性水平增加，并且，对于不同的公司，稳健性水平越高，债务成本越低。同样，张（Zhang，2008）直接用借债利率进行研究发现稳健性可以显著降低公司的债务成本。通过使用组合法，劳拉、奥斯马和佩纳瓦（Lara，Osma and Penalva，2006）发现稳健性同权益成本具有很强的负相关关系。因此，稳健的会计信息有助于投资者保护。

（三）盈余价值相关性

按照 FASB 和 IASB 的观点，财务报告的主要目标是向会计信息使用者提供与决策相关的信息，从投资者保护观点出发，财务报告能够为投资者提供决策相关的信息，可以促进外部投资者的投资决策，以维护其投资利益。

公司对外提供的财务报告对会计信息使用者的决策是否有用，公司通过财务报告提供的会计信息是否有助于会计信息使用者评价企业预期现金流量的数量、时间和风险，是从会计角度判断公司是否促进投资者保护的标准之一。如何判断公司通过财务报告提供的会计信息是否有用呢？主要方法有两种：一是把会计信息（会计盈余是会计信息的主要内容之一）与股票的价格联系起来，观察会计信息的公布是否导致证券价格的变化；二是把会计指标（主要是会计盈余）与同期股价（或基于股价的回报）联系起来，观察会计指标对股价（或收益）及其变化值的解释能力。前者一般称为盈余的信息含量，后者一般称为盈余的价值相关性。在这里，我们统一称之为盈余的价值相关性。

在实证会计领域，鲍尔和布朗（1968）以及比弗（Beaver，1968）开始把实证研究方法引入会计领域，并以会计盈余信息含量研究作为突破口。鲍尔和布朗（1968）认为，如果我们观察到股票价格随盈余报告的公布而调整，就说反映在收益数字中的信息是有用的。也就是说,在一个有效市场里,所有历史信息均已反映在股票价格中,因此如果盈余公告的确拥有信息含量(新的信息),就会引起投资者对股票未来盈余和回报的预期做出调整,对其做出迅速无偏的反应。资本市场对息的反应不仅表现在股票价格波动上,还反映在交易量的增加上。以此方法可以检验年度盈余的信息含量。

鲍尔和布朗(1968)发现,如果非预期盈余大于零,那么相应的非正常报酬率也显著大于零;相反,如果非预期盈余小于零,则非正常报酬率也显著小于零。

比弗(1968)认为,证券如普通股之所以具有价值,是因为它们具有投资者据以计价的某类属性,如对未来股利的要求权。价格一般可以依据投资者对这些属性预期的依赖性来加以概括。信息的作用就是改变投资者对这种属性的信念,进而改变股票的价格。具体而言,会计盈余的作用就是改变对企业未来股利支付能力的信念,它与盈余是未来股利支付能力的指示器是相一致的。会计盈余与普通股股票价格之间的关系是通过以下方式建立起来的:当前股票价格是未来股利的预期价值;未来股利和未来会计盈余存在互动关系,企业未来的股利和未来的会计盈余存在联系,未来会计盈余可以在很大程度上反映企业未来的股利支付能力。从表面上来看,企业未来股利的支付能力直接取决于企业未来的现金流量,但从预测企业未来股利的角度来说,以应计制会计为基础的未来会计盈余可以对未来股利提供更为准确和更为精确的预测。当期会计盈余可以反映未来会计盈余。会计盈余可以分解为两个组成部分——永久性盈余和暂时性盈余,而永久性盈余又可以被认为是未来会计盈余的预期价值。这样,当期会计盈余就可以在一定程度上反映和预测未来会计盈余。因此,会计盈余因其反映了导致关于该企业未来股利支付能力的信念发生改变的事项而具有相关性,盈余是关于未来股利支付能力的一个重要信息源。从上面的论述可以看出,企业当期会计盈余和该企业当前的股票价格是存在内在联系的。

如果股票价格和会计盈余存在上述内在联系,那么就可以通过分析盈余公告是否导致股票价格或交易量的变化来判断会计信息(会计盈余)是否有用。斯科特(Scott, 2000)指出,如果会计信息没有信息含量,那么,人们在获取此信息后将不会改变其信念,因而就不会产生买卖决策,交易量和交易价格也就不会发生变化。实质上,只有当信息能改变投资者的信念和行为时,它才是有用的信息。而且,信息的有用程度可通过其公布后导致的交易量和价格变化程度来衡量。因此,我们可以通过考察盈余公告而引起的股票价格或交易量的变化程度来判断会计信息是否有用,以及会计信息的有用程度。

对财务报告信息含量的测度有三种主要方法,分别为:

第一,股票价格方差分析。这一方法简洁、直观,无须估算实际盈余与预期盈余间的差异——非预期盈余(unexpected earning)。比弗(1968)是方差检验领域的开创者。他以 143 家 NYSE 公司作为样本，对盈余公告期（及附近）的股票价格波动进行研究，实际得到的结果是会计盈余公布当周非正常收益率的方差是前后各 8 周相应方差平均值的 1.67 倍，这说明会计盈余的公布的确向市场传递了与决策相关的信息，后来继续从事方差研究的学者也很多，比如梅（May, 1971）、莫尔斯（Morse, 1981）等。

第二，平均累计超额回报（cumulative average return，CAR）分析。CAR 分析所基于的原理是若盈余公告带有信息含量，则应该观察到在公告日附近 CAR 有一明显增加；而且如果市场对信息的反应是无偏的，则 CAR 应在公告日后基本保持在一定水平上。采用市场模型，鲍尔和布朗（1968）以 261 家 NYSE 公司作为研究对象，以 1957~1965 年为样本期间，计算了公告期（第 0 月）前 12 个月和公告期后 6 个月的 CAR，发现非预期盈余符号与公司股票的累计超额回报之间存在很强的相关关系，从而得出了盈余数字拥有信息含量而对投资者有用的结论。我国学者赵宇龙（1998）、程小可等（2006）利用这种方法检验了年报信息的信息及其市场反应。

第三，盈余反应系数法（ERC）分析。ERC 是将研究窗口中的股票超额收益对非预期盈余进行回归，以考察盈余变化对超额收益所产生的影响。列弗（Lev, 1989）对 20 世纪 80 年代进行的此类研究进行了总结，即虽然这些研究结果普遍支持盈余信息有用性假设，但拟合度普遍偏低（R^2 一般为 2%~10%），这个看似意外的数字实际合乎情理，因为影响股票价格的因素或事件未必影响当前盈余的变化（例如即将发生的重组），而影响当前盈余的因素也未必都能影响股价变化（例如某种会计方法的变动），这也说明非预期盈余对超额回报的解释程度有限，而且即使增加解释变量对回归效果也没有太大的帮助。进入 90 年代，这一领域的研究更加深入。鲍尔和科萨里（Ball and Kohtari, 1991）发现，给定风险变化，超额回报与非预期盈余正相关，与公司规模负相关。我国学者陈晓等（1999），佟岩、王化成（2007）利用这种方法检验了年报信息的有用性及其信息质量。

（四）信息披露

信息披露可以分为强制性信息披露和自愿性信息披露（Healy and Palepu, 2001）。强制性信息披露是指由公司法、证券法、会计准则、会计制度及其行政法规、部门规章等明确规定的上市公司必须进行的信息披露。自愿性披露信息是出于公司形象、投资者关系、获取信息租金、追求信息权力或回避诉讼风险等的考虑而主动披露的信息。无论是强制性还是自愿性披露信息都有助于改善信息不完备和信息不对称状况，具有投资者保护的经济效果。

信息披露政策选择与准则具有重要的经济后果，早期人们发现当油气企业完全成本法向成效成本法转换时，会明显降低股票的价格（Dyckman and Smith, 1979; Collins et al., 1981）。洛兹等（Leuz et al., 2000）研究了准则变迁条件下，强制性增量信息披露所带来的资本成本与信息不对称风险的变化情况，研究发现，增量信息披露会带来更小范围的买卖差价（bid-ask spread）及更高的股票交易量（trading volume），表明可以降低信息不对称风险及权益资本成本。随着 IFRS 在世界范围内的推广和应用，为研究强制性准则变迁下信息披露变化所带来的信息不对称及权益资本成本变化等经济后果提供了契机。坎布昆等（Capkun et al., 2008）发现由采用本土会计准则转而采用 IFRS 的盈余调整金额与企业的市场价值和股票收益率具有价值相关性。更多的研究则发现 IFRS 的强制采用带来了企业资本市场流动性的增强（Daske et al., 2008）、企业资本成本的降低（Li, 2008; Palea, 2008）和盈余信息含量的增量（Prather-Kinsey et al., 2008; Alves et al., 2008）。

还有很多学者的研究是从公司信息披露水平或数量方面来研究其经济后果，并集中于资本成本与信息不对称的变化方面。戴门特和韦雷基亚（Diamond and Verrecchia, 1991）与柯姆和韦雷基亚（Kim and Verrecchia, 1994）认为更多的自愿性披露能够更多地降低不同投资者群体的信息不对称，因而具有更高信息披露水平的公司，它们相信自己的股票会以"更公允"的价格进行交易，并提升股票的流动性，吸引更多的机构投资者。研究发现，公司更多的信息披露数量或更高的信息披露评级会提升当期股票的价格（Healy et al., 1999）或者提升股票的流动性（Weaker, 1995; Healy et al., 1999; Leuz and Verrecchia, 2000）。

波托桑（Botosan, 1997）研究了信息披露水平与权益资本成本的关系，他发现，对于具有较少分析师的公司而言，更多的信息披露会带来更低的权益资本成本，信息披露水平每上升一个单位，资本成本下降 28 个基点（万分之一）。但对有较多分析师的公司，二者之间关系并不显著。与波托桑（Botosan）类似，森古普塔（Sengupta, 1998）研究了信息披露水平与债务成本关系，发现信息披露水平越高，债务成本则越低。皮奥托维斯基（Piotroski, 1999）、波托桑和普朗姆利（Botosan and Plumlee, 2000）通过实证研究得到了类似的结论。

布朗和希勒盖司特（Brown and Hillegeist, 2007）检验了信息披露降低信息不对称水平的两种机制：改变有信息和无信息投资者的交易动机，因此减少有更多私人信息者的交易；减少投资者发现并使用私人信息进行交易的可能性。他们发现信息披露与信息不对称水平的负相关关系主要是基于第二种机制，并发现在更高信息不对称公司，二者之间的相关关系更强。弗朗西斯等（Francis et al., 2008）利用自建的自愿性信息披露指数研究了信息披露水平与权益资本成本之间的经验关系，其结论与假设相关，即信息披露水平能够显著降低权益资本成本。

需要指出的是，不同于盈余质量比较确定的评价指标，对信息披露水平（或质量）目前尚未形成比较一致的评价标准与指标。已有对信息披露水平（或质量）

的研究，大多采用 AIMR（美国投资管理与研究协会），现在为 AIMR 的分支机构 FAF（美国财务分析联合委员会）所发布的分析师评估指标（Partha Sengupta, 1998; Lobo and Zhou, 2001; Shaw, 2003; Brown and Hillegeist, 2007），该指标体系是对公司年报（年报与 10-K 表）、公司季度信息（季报、新闻信息及股东委托书）以及投资者关系等方面信息及时性、详细性与清晰性的评估。还有学者采用自建信息披露指数，如波特桑（Botosan, 1997）自建的信息披露指数包括五个方面的自愿性信息：背景信息、历史业绩摘要、主要的非财务指标统计、计划信息及管理层讨论与分析，这些信息都摘自年报。弗朗西斯等（Francis et al., 2008）借鉴波特桑的方法与指标，得到大体相似的信息披露指数。当然，还有其他替代指标，如公司声誉指数（Ting, 2008）、股票市场的流动性（Rogers, 2008）等。

二、会计信息的治理、定价功能与投资者保护

国内外学者在会计信息质量评价、会计信息质量特征、会计信息的目标、会计信息的经济后果等方面进行了大量研究。通过梳理会计信息目标的演进逻辑，可以发现会计信息的投资者保护观已经成为一种主流观点，而这种保护功能主要是通过会计信息的定价和治理功能发挥作用。

（一）投资者保护观下的会计信息功能：定价与治理

关于会计信息的投资者保护功能，一般认为通过两个方面发挥作用：定价功能和治理功能。资本市场的信息不对称对投资者的潜在危机引发了投资者保护中需要解决的两个主要问题：信息问题和代理问题（Healy and Palepu, 2001）。按照比弗（1989）的观点，会计信息的最高目标是决策有用性。比弗认为决策有用性主要体现在两点：一是估值有用性，即会计信息有利于投资者的估值决策，表现为会计信息的定价功能；二是契约有用性，即会计信息要有利于缔约，特别是投资者和管理者之间的缔约，表现为会计信息的治理功能。

自鲍尔和布朗（1968）研究以来，大量的研究考察了会计信息的定价功能，霍特豪森和瓦茨（2001）、科萨里（Kathari, 2001）、菲尔兹等（Fields et al., 2001）分别从价值相关性、资本市场有效性和会计政策选择等角度对新近的文献进行了综述。关于会计信息定价功能研究主要表现在：降低信息成本（Leuz, 2003; Covrig et al., 2007）；降低信息不对称水平（Bradshaw et al., 2004; Francis et al., 2004; Brown and Hillegeist; 2007）；降低权益资本成本（Gietzmann and Ireland, 2005; Francis et al., 2005; J. Manuel et al., 2007）。

会计的治理功能是会计信息契约有用观的反映，基本目的在于缓解事后的信息不对称程度，约束内部人的机会主义行为，保护投资者获取投资回报（魏明海等，2007）。会计信息在组织设计和组织控制中的一个重要作用即在于为企业中各类契约的订立与执行提供相应的数据，会计信息成为管理者报酬激励机制实施的基本前提（卢静、胡运权，2007）。布西曼和史密斯（Bushman and Smith，2001）、菲尔兹等（Fields et al.，2001）、韦雷基亚（Verrecchia，2001）、兰伯特等（Lambert et al.，2007）分别从公司质量、契约有用性、会计政策选择和信息披露等角度研究了会计信息的治理功能。恩格尔等（Engel et al.，2003）研究表明，会计信息在内部治理中具有重要作用，并能够降低内部代理成本。阿加沃尔和萨姆维克（Aggarwal and Samwick，2003）、克雷赫德等（Craighead et al.，2004）利用美国标准普尔的公司数据，发现会计信息通过反映管理层业绩，能够增强其报酬的企业业绩相关性；弗兰科尔和李（Frankel and Li，2004）则发现，公司及时披露与价值相关的信息，有助于限制内部人利用私有信息获取利益的行为。在以缓解股东—经理的代理问题为中心的有关控制机制中使用对外报告的财务会计数据，可以提高治理的效率，从而提高企业的经济业绩（徐晓阳，2001）。

（二）会计信息的定价功能：权益估值与资本成本效应

会计信息具有权益估值功能。自从鲍尔和布朗（1968）以及比弗（1968）以来，会计学者通过研究会计信息含量和股票价格对会计盈余公告的反应，发现会计能够向投资者传递某种有助于判断和估计经济收益的"信号"，使投资者信念发生改变，并导致其股票买卖决策的变化。通过观察股票交易量和股票价格变化，得到大量的会计价值相关性证据。进一步地，科林斯和科萨里（Collins and Kothari，1989）、巴斯（Barth，1991）、谢富林（Shevlin，1991）发现账面净资产包含了未来活动的相关信息，可以用来直接进行定价，奥尔森（Ohlson，1995）、菲尔萨玛和奥尔森（Felthama and Ohlson，1996）开创性地提出了一种基于账面价值和未来收益的内在投资价值模型，即 F-O 模型，由此开创了直接利用会计信息进行资产定价的金融时代。此外，学者还发现其他会计信息对未来股票收益也具有较强的预测功能。例如，会计指标（盈余和现金流、盈余稳定性、增长稳定性、研发强度、资本支出和广告费等）、财务比率指标（股利收益率和账面市值比等）、信息不确定性、非预期收入、会计稳健性、审计报告、剩余利润估值模型、现金流组成部分、分析师预测误差、应计项目等。会计具有信息含量和决策有用性是会计治理功能的最基本的表现，是维护投资者权益和其他利益相关者权益的首要前提。

同时，会计信息具有重要的资本成本效应。在权益资本市场上，有研究表明稳健性与预期的资本成本之间存在着显著的负相关关系，有助于降低企业无法分散的固定风险，以降低权益资本成本（Easley and O'Hara，2004；Leuz and Verrecchia，2004；J. Manuel et al.，2007）。

会计信息质量会被投资者定价，代表信息不对称程度的稳健性指标能够在权益资本成本高低上显现出来。已有研究证明了这一点，例如伊斯利和奥·哈拉（Easley and O'Hara，2004）、兰伯特等（Lambert et al.，2007）的分析式研究表明会计信息质量可以影响权益资本成本。弗朗西斯等（Francis et al.，2005）和阿布迪等（Aboody et al.，2005）使用四因素资本资产定价模型修正了法玛和弗伦奇（Fama and French，1993）的三因素资本资产定价模型，发现了盈余质量与权益资本成本之间正向的相关关系，因此认为会计信息质量可以被定价。阿布迪等（Aboody et al.，2005）进一步的研究显示，盈余质量指标所代表的质量不对称程度确实可以被予以定价，他观察到盈余质量因素有正向的风险溢价。正如拉富德和瓦茨（LaFond and Watts，2007）指出的，稳健性成功地减少了会计操纵的动机和机会，进而，减少了投资者信息不对称问题风险及其损失，带来公司价值和权益价值的提升。

有两条理论线索支持会计信息质量与资本成本之间存在着负相关关系。其一是德姆塞茨（Demsets，1968）、科普兰和加雷（Copeland and Galai，1983）、阿米胡德和曼德尔森（Amihud and Mendelson，1986）、阿布迪等（Aboody et al.，2005）、拉富德和瓦茨（2007）相继提出的高质量会计信息降低了信息不对称，提高了公司股票的流动性，从而降低了权益资本成本和股票交易成本；其二是巴恰塔亚等（Battacharya et al.，2003）；研究发现，会计信息质量的提高使投资者对公司财务的预测精度上升，从而降低投资者的预测风险及权益资本成本。也就是说，如果预测风险是不可分散的，那么会计信息质量的提高可以提高投资者对公司未来现金流量的预测精度，更好地认识公司价值，从而降低资本成本。然而，盈余稳健性与权益资本成本的关系研究似乎更集中于后者，即盈余稳健性对公司定价精度的提高比之对公司股票流动性的提高作用更大。

在债务市场上，已有研究证据表明，贷款人会为更稳健的借款人提供更低利率的贷款，更稳健的财务报告降低了与债务契约相关的信息成本，也降低了当期对应的贷款交易的借贷价差，进而提高了借贷市场的效率（Wittenberg - Moerman，2006）。

国内学者也注意到我国资本市场中存在这些特征。叶康涛、陆正飞（2004）发现公司股权融资成本主要受 β 系数的影响，同时信息不对称程度等因素也是重要的影响因素。曾颖、陆正飞（2006）发现在控制 β、杠杆率、资产周转率等因素的条件下，信息披露质量较高的样本公司边际股权融资成本较低。陈胜蓝、魏明海（2006）的研究表明，公司管理层倾向于报告更稳健的盈余以补偿弱投资保护所带来的负面效应，从而指出稳健性是重要的投资者保护程度代理指标。

(三) 会计信息的治理功能：信息、契约、决策与选择观点

关于会计信息的治理功能，有五种主要观点与理论进行了解释，分别是：缓解信息不对称理论、契约要素理论、契约优化理论、治理机制选择理论、优化决策理论。

1. 缓解信息不对称理论

根据此理论，会计信息主要通过降低外部者信息不对称风险以保护投资者利益。瓦茨（Watts，2003）、鲍尔和西瓦古玛（Ball and Shivakumar，2005）认为高质量的会计信息能够减少代理成本，如能够优化管理层酌量性投资决策、约束高管对他们自身和其他利益体的机会性支付、提高契约效率、方便投资者对管理层的监督、减少诉讼成本等，从而有利于保护外部投资者利益。会计信息的这些有利作用可以在一定程度上抵消公司契约方由于不对称信息、不对称报酬、有限责任及有限时间等所带来的负面影响（Watts，2003）。所以，曼纽尔等（Manuel et al.，2007）认为，管理层知道如果盈余的可靠性降低（如通过盈余管理以避免盈余被投资者低估，通过盈余平滑使其显得更持续）会加大信息不对称风险，这些风险会被投资者定价，管理层在权衡权益资本成本增减后，可能会减少采用激进会计政策的动机和行动，从而间接起到投资者保护作用。同时，盈余稳健性预期会通过减少公司契约方的信息不对称程度而降低公司均衡的回报率，高质量的会计信息提供更低的资产账面价值和（基于稳健盈余的）未来现金流量估算，能够减少信息不对称风险，直接减少了投资者的投资风险。通过使用由伊斯利等（Easley et al.，2002）提出的 PIN 稳健性得分法，以及投标溢价代表信息不对称程度，拉富德和瓦茨（2007）发现更有更大信息不对称公司会报告更高质量的会计信息。拉富德和瓦茨认为在具有和不具有内部信息的投资者（或管理层）之间产生了稳健性会计信息的需求，这些需要会附加到契约、诉讼、税收和管制活动之中。

2. 契约要素理论

基于契约要素理论，会计信息是企业契约的要素之一，会计信息通过缓解契约各方的信息不对称、降低契约不完备程度发挥内在治理功能而起到投资者保护的目标。企业是一种法律虚构（legal fiction），其本质上是一系列契约关系的结合（Jensen and Meckling，1976）。对这些不同契约关系实施一种有效的组织安排便构成了公司治理所要研究的焦点与核心，因而公司治理的本质就是一个关于企业所有权安排的契约。企业这个契约完备程度较低，体现为一项不完备的契约（Cheung，1983），由此引发了剩余索取权与剩余控制权的匹配及监督和激励的相容问题（杜

兴强，2005）。会计信息是衡量企业剩余索取权和控制权是否匹配、监督和激励的是否相容的关键变量，能够降低契约的不完备程度（潘琰、辛清泉，2004），是公司治理机制中必不可少的有机组成部分。当然，对于债权人来说，会计信息可以对债务契约进行监督（Watts and Zimmerman，1986），会计信息对公司破产概率的预测能力也证明了会计信息的债务契约有用性（Altman，1968；Ohlson，1980）。

作为契约要素，会计信息在公司特定治理机制中会直接发挥作用，如管理层对抗中的诉讼举证（Francis，1994；Skinner，1996）、投票权争夺中业绩举证（DeAngelo，1988；Bushman and Smith，2001）。

根据会计信息的契约观点，田昆儒（2000）、雷光勇（2004）分别从不同角度指出会计的本质是契约的集合体；刘建秋（2007）将会计契约分为显性契约的会计规则和隐性契约的会计诚信两类。它们的共同点在于都把会计契约看作是权利的保障，通过会计信息，对交易和交换进行反映、监督（控制），保证特定主体（主要是经济主体）契约的执行和有效。会计的治理功能是会计信息契约有用观的反映，基本目的在于缓解事后的信息不对称程度，约束内部人的机会主义行为，保护投资者获取投资回报（魏明海等，2007）。会计信息在组织设计和组织控制中的一个重要作用即在于为企业中各类契约的订立与执行提供相应的数据，会计信息成为管理者报酬激励机制实施的基本前提（卢静、胡运权，2007）。

3. 契约优化理论

根据此理论，会计具有优化契约设计、控制道德风险、约束机会主义行为的功能。会计与公司治理具有密切关系，会计长期被作为一种公司监控技术用来缓解代理成本（Watts and Zimmerman，1986；Ball et al.，1989），甚至作为一种公司治理机制用于限制管理层机会主义行为（Ball and Shivakumar，2005；LaFond and Watts，2008）。客观、可验证的会计信息能够帮助投资者监管和有效行使其合法权利；通过建议、审批和监督管理层决策来使管理层致力于提高公司价值；按照旨在协调管理层和投资者利益的激励计划设置管理层激励合同条款；及时更换不称职的管理层（Bushman and Smith，2001）。例如，鲍尔（Ball，2006）指出会计稳健性能够提高公司治理、薪酬契约和债务协议在激励和约束管理层行为方面的有效性，能够降低管理层事前选择负净现值项目、随后把其业绩后果推给下一届管理层的可能性，激励管理层放弃负净现值项目。下面以投资者与管理层之间契约为例，探讨会计在控制管理层道德风险方面的证据。

（1）会计与高管薪酬激励。在高管薪酬契约中使用基于会计的业绩指标也许代表了会计治理功能最著名、最集中的研究领域（Sloan，2001）。会计在高管薪酬契约中的作用证据主要包括会计业绩评价指标的使用情况、高管薪酬会计业绩敏感性和会计信息质量对高管薪酬业绩敏感性的影响等方面。

关于高管薪酬中使用会计业绩评价指标情况，韬睿（Tower Perrion）咨询公司的调查结果表明，在薪酬计划中采用单一指标的公司中，95%的公司运用了包括收入、净收益、税前收益、息税前利润或经济增加值在内的会计指标，所有样本中（含采用单一指标及多元指标）有91%的公司在其年度薪酬计划中至少明确地使用了会计利润指标（Murphy, 1999）。伊特纳等（Ittner et al., 1997）发现317家美国公司样本中，有312家公司在年度薪酬计划中至少使用一种会计指标，每股盈余、净收益和营业收益是最常用的会计指标。华莱士（Wallace, 1997）、霍根和刘易斯（Hogan and Lewis, 1999）研究了60家上市公司采用剩余收益（如EVA）作为激励计划中的业绩评价方法。

关于高管薪酬会计业绩敏感性，大量的研究证据表明公司高管现金报酬与收益和股东财富作为业绩衡量的指标显著正相关（Bushman and Smith, 2001）。阿加沃尔和萨姆维克（Aggarwal and Samwick, 2003）、克雷赫德等（Craighead et al., 2004）发现公司高管报酬与会计业绩具有较强的敏感性。

关于会计信息质量对高管薪酬业绩敏感性的影响，彭（Peng, 2008）发现应计质量等会计信息质量指标影响高管薪酬业绩敏感性。高曼和史利赞克（Goldman and Slezak, 2006）发现赋予管理层股票报酬，固然一方面可以增强管理层努力的积极性；另一方面也会诱使管理层进行盈余管理，最优的股票报酬应该在增进管理层努力程度与控制会计盈余管理之间进行权衡。科尼特等（Cornett et al., 2008）也发现盈余管理降低了薪酬业绩敏感性。

(2) 会计与管理层更换。在公司内部治理机制中，董事会起着举足轻重的作用。董事会的一项重要职能就是评价管理层的业绩，并做出是否续聘或更换管理层的决策。已有的实证研究表明，董事会在做出续聘或更换管理层的决策时会参考会计业绩，即会计盈余表现差的公司，更换管理层的可能性较大。魏斯巴赫（Weisbach, 1988）发现以息税前收益为替代变量的会计盈余比股票价格表现更能解释CEO离职的可能性。墨菲和齐默尔曼（Murphy and Zimmerman, 1993）发现会计盈余、股票价格和高管离职之间都存在显著的负相关关系。范等（Fan et al., 2007）发现中国公司较差的业绩与公司CEO更换显著相关，从而得出中国已经迎来了公司治理发挥效率的时代。

会计信息质量也会对高管更换产生重要影响。恩格尔等（Engel et al., 2003）研究表明，当会计信息越能准确反映CEO努力积极性时，则CEO的更替与会计信息的相关程度便越高，表明一个精确的会计业绩衡量体系能够增强会计信息在约束高管方面的作用。卡普兰和名顿（Kaplan and Minton, 2006）进一步把高管变更区分为内部因素导致的变更（如董事会决策）和外部因素导致的变更（公司被兼并或破产）两种类型，发现内部因素导致的高管变更与三种市场业绩计量方式都表现出显著的相关性，但外部因素导致的高管变更与业绩计量方式没有显著关系。

4. 治理机制选择理论

以布西曼（Bushman）为代表的会计学者认为，会计信息能够发挥治理功能的表现是可以带来公司治理机制选择的后果。会计信息可以带来公司治理结构的变化和治理机制的选择，包括管理层报酬、股权集中度、董事会组成、管理层更换等方面。蓓克等（Baker et al., 2000）、布西曼等（2001）认为高质量的会计信息需要良好的公司治理与之相对应，良好的对外报告会计信息可以提高公司治理的效率。布西曼（2004）在此基础上进一步研究了信息的治理机制选择问题，他们认为，盈余及时性作为一种公司信息体系的内在属性影响治理选择，他们以财富1000强中的784家企业截面数据为基础，发现了盈余及时性与公司治理机制选择关系的有力的证据。在控制了包括增长机会、回报波动、企业规模、公司上市时间、CEO任职年限、CEO或董事会主席是否是创始人、历史业绩、是否属于银行或公用事业的行业后，发现股权集中度、内部董事及前五位执行官的股票联系报酬随盈余及时性的变化而变化，外部董事的声望与盈余及时性呈负相关关系。恩格尔等（2003）研究表明，当会计信息越能准确反映CEO努力积极性时，则CEO的更替与会计信息的相关程度便越高，表明一个精确的会计业绩衡量体系能够增强会计信息在内部治理中的作用，进行治理机制的选择。伊斯顿等（Easton et al., 1991）通过对管理层持股水平较低（持股比例在5%以下）的204家上市公司的研究，发现盈余的信息含量同管理层持股水平正相关，盈余的信息含量随管理层持股水平的提高而增加。同样，艾森伯格等（Eisenberg et al., 1998）发现盈余信息中有用信息的含量同股东的持股比例正相关。布西曼等（2001）则是发现美国上市公司的股权集中度与盈余的及时性有显著的负向关系。鲍尔等（Ball et al., 2000）认为盈余及时性较高，其公司治理结构较偏向经理人与其他利益关系人的分离，外部股东持股量高并积极参与治理。

5. 优化决策理论

主要表现在会计可以优化公司的投资行为，如并购等。并购作为一种重要的公司治理机制，会计在其中发挥的功能证据主要有两个方面。

第一，目标公司会计信息对并购决策与并购效果的影响。早期在公司会计信息基础上建立的并购预测模型都宣称具有很强的预测能力。艾里克森和王（Erickson and Wang, 1999）发现并购前目标公司盈余管理行为导致错误的并购决策，因此并购后公司短期与长期业绩较差。阿哈罗尼和巴尼夫（Aharony and Barniv, 2004）发现目标公司的会计信息影响不同类型并购公司对并购目标的定价和并购决策。安纳罗斯基等（Anilowski et al., 2009）、麦克尼科尔斯和斯塔宾（McNichols and Stubben, 2009）也发现目标公司的会计信息质量低下是导致主并公司并购后业绩不好的重要原因。艾里克森等（2007）则发现财务分析师对目标公司的财务分析质量不高是公司并购后业绩不佳的原因之一。斯凯福和温格林（Skaife and Wangerin, 2011）提供证据显示目标公司会计信息质量低下会导致并购交易失败，这些交易失败公告则会导致主并公司获得正的市场反应，因此，目标公司会计信息质量低下导致了更高程度的信息不对称，主并公司做出错误并购决策的可能性增大，由于主并公司进一步获取信息后决定放弃错误并购决策的时候，会受到市场的欢迎。这也说明目标公司的会计信息质量会对并购决策成本产生影响。

第二，主并公司会计信息质量对并购决策与并购效果的影响。由于主并公司管理层有牺牲投资者利益而进行过度投资的倾向（Shleifer and Vishny, 1989; Morck et al., 1990），卡诺迪亚等（Kanodia et al., 1989）认为管理层很可能继续失败的项目以避免放弃项目而引起的相反的声誉影响，对此，主并公司的会计信息在抑制这种过度投资倾向中发挥着重要作用。詹森（Jensen, 2000）强调主并公司会计稳健性在抑制管理层过度投资中的作用，如果管理层进行不盈利的并购，稳健性对损失的及时确认会减少当期以盈余为基础的报酬（Ball and Shivakumar, 2005），还可能引发董事会、投资者、证券分析师以及财经媒体调查损失原因，并由此导致的薪酬降低、丢掉工作或损害声誉的可能后果可以阻止管理层进行净现值为负的并购项目，因此，稳健会计下的损失确认及时性将导致并购盈利的提高，且并购后再进行剥离的可能性降低。弗朗西斯和马丁（Francis and Martin, 2010）检验了主并公司会计稳健性与公司并购决策及并购效果之间的关系，发现会计稳健越高的公司能够获得更高的并购收益，这些公司也更少可能地发生事后的资产剥离，并且发现事前代理成本越高，会计稳健性与公司并购获利程度之间的正相关关系越明显。

三、会计信息质量的经济后果

（一）经济绩效

会计信息质量会影响经济绩效，这是其基本经济后果。国内外对经济绩效的研究基本是从两个维度进行的：一方面，对经济绩效的考评指标的构建与改进，基于实现企业生产的目标，企业绩效评价指标评价的目的在于分析被评价企业经济行为低效的原因并帮助其寻找差距，从而调动它们创造效益的积极性，提高企业的管理水平。另一方面，对照统一的评价标准，采用一定的数理方法，运用特定的指标体系，针对企业在生产经营过程中所取得的业绩，定量计算与定性分析相结合并对企业的经营起着导向性的作用，直接关系到企业核心竞争力的形成与保持，从而对企业的生存与发展产生深远的影响。

20世纪初，国外就出现了对企业绩效评价理论与方法的探索，此后管理学界一直将此问题热点进行不断的探讨。在全球经济的一体化、市场经济的自由化的大背景下，企业绩效的评价体系得到了不断的推进。最早对经营业绩的考评主要集中于财务指标，特别是与收入直接挂钩的各项指标，如营业收入与净利润等指标。最典型的即《财富》（*FORTUNE*）杂志早在1955年就开始通过营业收入对全美公司（后来拓展至全球）进行的排名（"世界500强"）。但随着认知的加深，与收入挂钩的指标的弊端逐渐显现。首先，其忽视了与收入对应的资本投入，即公司规模会对收入有直接影响；其次，营业收入等指标作为绝对数，很难进行公司之间的横向比较；最后，收入等指标不具有可持续性，特别是在某些季节波动剧烈的行业，因此很难评判公司的发展前景。之后对经济绩效的评价逐渐改进了这些缺点，开始引入资产收益率（return on assets，ROA）、净资产收益率（rate of return on common stockholders' equity，ROE）等指标以更好地度量公司实际绩效，因为考虑了投入资本的规模，而且有助于不同企业之间的横向比较。但资产收益率也有其固有的缺陷，虽然考虑了投入资本，但并没有考虑相应资本对应的资本成本，特别是权益资本成本。后者对公司价值最大化的现代企业管理目标具有重要影响。

$$资产收益率 = \frac{净利润}{(期初总资产 + 期末总资产)/2}$$

$$净资产收益率 = \frac{净利润}{(期初所有者权益总额 + 期末所有者权益总额)/2}$$

西方从20世纪末起就重新探索了企业经营绩效的评价问题，使一些比较成熟的理论逐步形成。实际中的企业在考评中运用得最多且影响最大的是EVA和平衡计分卡。美国学者斯图尔特（Stewart）提出了经济增加值（economic value added，EVA）指标，其在资产收益率（ROA）等指标的基础上充分考虑了企业投入资本的资本成本，并且脱离了单纯的会计利润，可以更好地实现企业价值管理；现代企业绩效评价理论的新变革源于凯文·克罗斯（Kelvin Kron）和理查德·林奇（Richard Lynch）的等级制度评分法，包括罗伯特·霍尔（Robert Hall）的四尺度评价法，这些方法同时也对现代企业经营管理实践有一定启示。

2006年9月，国资委针对中央企业制定了《中央企业综合绩效评价实施细则》，这是我国目前施行的绩效评价财务指标体系。2006年2月15日，财政部正式颁布于2007年1月1日起在上市公司施行新《企业会计准则》，中央企业绩效评价财务指标体系受到了重大影响。因此，我国国务院国有资产监督管理委员会在其2009年第二次修订《中央企业负责人经营业绩考核暂行办法》中就明确将经济增加值作为对中央企业考核的目标之一，它考虑了所有者权益的机会成本，并通过在计算过程中针对企业实际情况对会计信息做出调整，从而使报表信息更加真实准确地反映企业真实的业绩情况，克服了传统会计利润指标的缺陷，比较准确地衡量了企业在一定时期内为股东创造的价值。杜等（Du et al., 2018）也对这一考核方式的转变是否会影响管理层决策进行了研究，并且发现新的考核方式更加公平，管理层的决策方式也随之进行了一定调整。

$$经济增加值=税后经营净利润-资本成本$$
$$=税后经营净利润-资本\times 资本成本率$$

此外，在"安然"事件出现后，由于大范围财务造假引发了人们对会计信息失真的担忧，对企业绩效的考评开始引入非财务指标，以更好关注公司未来发展的前景而非过去的业绩。由于此部分内容与我们要研究的问题相关度比较低，因此不再赘述。

另外，从公司治理的角度来说，国内外学者对如何提高上市公司经营绩效进行了广泛而深入研究，而股权结构可能对公司投资产生影响，进而对公司经营绩效产生影响（Cho, 1998），所以如何构建适合一个公司战略的公司治理结构就成为目前研究的一个热点。企业要想在日益激烈的竞争中保持不败的地位，需要不断革新管理方法以增强企业活力，提高自身经济绩效，因此企业对其自身绩效的评价越发重视，那么必须对影响企业绩效的因素做出正确而全面的分析，借此对企业绩效做出正确而客观评价（李吕，2017）。学术界更加关注影响经济绩效的因素。目前，国外对企业绩效影响因素的研究，最活跃的三个领域分别是管理决策与企业绩效、知识和企业绩效研究、战略性人力资源与企业绩效研究等。国外虽然对经济绩效的研究开展较早，但基于代理理论框架下的实证研究也是起步于20世纪90年代。詹森和墨菲（Jensen and Murphy）开创性地将首席执行官的薪酬与公司业绩进行了实证检验，但结果发现美国上市公司中CEO薪酬与公司业绩之间的相关度极低。在此之后，拉姆等（Ram et al., 1996）发现与学界内的假设不相符的是，CEO兼任董事长对公司业绩无论短期或长期几乎没有影响；艾普丽尔（April, 1998）则发现董事会结构的差异不会对公司业绩造成显著影响，但进一步研究后发现了内部董事的财务或投资背景可以提高公司业绩；威尼斯和什里达尔（Vinish and Shridhar, 1999）研究了董事会规模对业绩的影响，并发现了两者的正相关关系等。

我国基于公司治理对公司业绩的研究经历了不同的发展阶段。早期对经营业绩的研究，主要集中于验证在国外有效的机制能否有效提升公司业绩水平。如魏刚（2000）发现在20世纪90年代我国企业高管普遍表现为"低持股"甚至"零持股"，因此，股权激励对公司业绩无显著提升作用；徐晓东等（2003）则探讨了不同所有制结构下第一大股东及其变更对公司业绩的影响；刘斌等（2003）实证研究了公司业绩与高管薪酬之间的相互关系，并认为二者之间存在"互动效应"；杜兴强等（2007）在此基础上进一步发现高管的现金薪酬水平会直接影响公司业绩；

还有学者分别从研发支出（程宏伟等，2006）、外部董事独立性（胡勤勤等，2002）、政府干预（陈晓等，2001；陈信元等，2007）等方面论述了公司业绩的影响因素。

高绩效工作系统与企业绩效标志着我国在绩效评价方面较成熟的研究。程德俊、赵曙明（2006）发现环境动态性对高参与工作系统和企业绩效关系具有调节作用，而高参与工作系统通过人力资源专用性对企业绩效产生影响。探讨高新技术企业人力资源管理系统与组织绩效之间关系的入手点在于找到适合高新技术企业的人力资源管理系统，从而探讨创新能力对人力资源管理系统和组织绩效的中介效果（刘善仕、刘婷婷等，2007）。程德俊、王蓓蓓（2011）研究发现高绩效工作系统通过认知信任和情感信任对组织公民行为产生积极影响，同时受到分配公平感的调节影响，两种信任与组织公民行为之间的相关关系会产生变化。王辉、吴荣斌等（2012）从提升科研机构知识创新绩效的角度并从提升科研机构知识创新绩效的角度，以组织知识学习理论为基础，提出包含整合能力、吸收能力和知识创新三项要素的理论模型，从提升科研机构知识创新绩效的角度，进一步探讨了培养学习能力的内容、结构以及方式。

另外，我国国有企业独特的股权结构特征，而股权结构决定公司治理，这意味着我国国有企业的股权结构与企业绩效之间的关系研究存在着一种特殊性。目前公司股权结构的研究虽然已经取得了很多的理论成果，且这些成果促进了公司治理的发展，但许多方面的研究还存在着缺陷，如研究结论不统一等。基于这一视角，陈子龙（2015）通过分析我国国有企业股权结构现状，根据"终极产权理论"，把国有企业分为中央直属国有企业、地方所属国有企业和国有资产管理机构控股国有企业，得出我国国有上市公司股权结构特征，并根据股权结构特点来分析国有上市公司股权结构对公司业绩产生的影响。这种影响表现在三个方面：第一大股东持股比例和经营绩效之间呈现出显著的正向线性关系；但我们同时看到，在进一步探索公司股权结构与公司绩效领域时出现了新问题。彭中文、何静雅（2009）选取 2003～2005 年上市公司发生的控制权转移案例，运用面板数据分析方法对 2002～2008 年的财务数据进行实证检验，研究说明，第一大股东持股比例和经营绩效呈正"U"形曲线。而詹森和梅克林（Jesen and Meckling，1976）基于标准委托—代理理论，研究公司内部决策者与外部股东的利益冲突；随后许多学者在此基础上展开了一系列的研究，主旨在于当股东不参与经营管理公司时，所有者（委托人）与管理者（代理人）之间会产生利益冲突进而引发代理问题。以此为基础产生了研究股权集中度与公司股份所有权之间的关系问题，而由于良好的公司治理机制能够有效减缓代理冲突，所以该理论假设认为大股东持股比例越高，企业的经济绩效会有积极的表现。

股权结构与公司绩效的关系是最近 50 年研究公司治理方面的一个热点话题。一般来说，股权制衡度与公司绩效呈负相关关系。贝利和米恩斯（Berle and Means）在1932年合著的奠基之作即《现代公司和私有产权》是最早开始对此问题展开研究的文献，他们的核心观点是，股权分散化是美国公司普遍存在的现象，且大部分企业都认为股权的分散有利于公司绩效的提升。相反，股权制衡度对公司绩效有明显的负面影响。所有者和经营者之间的代理问题在股权集中的股权结构下明显下降，较为突出的则是第一大股东与小股东之间的代理问题。这是因为小股东在没有获取信息的优势，所以第一大股东会对小股东进行利益剥削。当引入多个大股东时，鉴于他们之间存在利益的制衡，加之剩余股东能够对大股东进行有效的监督和限制，进而维护了小股东的利益以减少了大股东对上市公司资源的侵占，其"隧道效应"随之得到显著下降，公司的绩效逐渐得到了提升（安烨、钟延勇，2011）。

剩余索取权和剩余控制权的分离导致了代理成本的产生，导致了管理层持股对企业绩效有正向的激励作用，管理层持股在一定程度上解决了公司的经营者只拥有剩余控制权而不拥有剩余索取权的问题。这样使高管在个人利益上与公司的股东实现了利益共享和风险共担，对实现一个企业长远的发展有重要的意义。詹森和梅克林（1976）提出了当管理层只拥有部分公司剩余索取权的时候，其利益最大化会使其一方面给公司盈利，另一方面损害公司的利益给自己谋利，这种代理成本随着管理层持股的增加而降低。刘小玄认为让经理层拥有部分剩余权可以产生一定的正面激励，这对企业效率来说是一种帕累托改进。改善企业治理结构和解决委托—代理问题的关键要看管理层持股能否使企业高管从单一的管理者向管理所有者的角色转变（鄂继明，2009），这就说明进一步研究国有上市公司股权结构与企业绩效实证研究具有一定的学术价值，这对优化我国国有上市公司股权结构也存在一定的启示。

（二）权益资本成本

会计信息质量代表公司的信息风险，是公司的特质性个别风险之一，这个风险会影响到投资者对公司的风险预期及回报预期的评价，从而影响企业的权益资本成本。企业权益资本成本的高低受到其所固有的商业模式和经营环境所蕴含的风险的直接影响（Miller and Modigliani，1958），权益资本成本是决定资本市场规模和运作效率的关键因素，也是评估企业价值的重要因素（李小荣、董红晔，2015），因此一直备受理论界和实务界的关注。关于权益资本成本的文献综述我们希望从以下几个方面展开。

1. 权益资本成本的计量模型

权益资本成本的计量问题一直是资本成本研究的重点和难点。一般而言，权益资本成本即融资成本的度量分为两类：一是以事后收益率作为代理变量；二是以事前预期回报率作为度量的依据。以下将以这两条主线具体阐述权益资本成本的度量模型。

第一，以事后收益率作为度量标准的模型有 CAPM 模型、FF 三因子模型以及套利定价模型。CAPM 模型（Sharp et al.，1967）股票收益率等于无风险收益率加上风险溢价，其中风险溢价是将超额市场回报率与该公司所对应的贝塔系数相乘。经过大量文献的研究验证，得出该模型较好地度量了股票收益率的结论。但时过境迁，随着资本市场的不断完善，上市公司规模的不断扩大，法玛和弗伦奇（Fama and French，1992，1993）研究发现，用 CAPM 模型来度量权益资本成本有局限性，出现了诸如规模效应、账面市值比效应、财务杠杆效应等模型无法解释的异象。随后经过大量实证研究，得出三因子模型，即 $R_i = R_f + \beta_1(R_m - R_f) + \beta_2 Sizefactor + \beta_3 BE/ME\ factor$。罗尔和理查德（Roll and Richard，1983）检验 CAPM 模型时发现，该模型对于权益资本成本的估计有误差，低估了资本成本。然而罗斯（Ross，1976）提出的套利定价模型（APT 模型）对于权益资本成本的度量要优于 CAPM 模型。套利定价模型指出 $R_i = \alpha_i + \beta_{ij} F_j + \mu_i$，其中，$R_i$ 是第 i 种股票的收益，是影响收益率的第 j 种系统风险因子，μ 是随机误差项，β_{ij} 是第 i 种股票的收益率对 j 因子的敏感程度。

第二，以事前预期回报率作为度量标准的模型有戈登增长模型、GLS 剩余增长模型、PEG 模型等。以事前预期回报率作为度量标准比用事后度量更加准确，避免了已实现收益率及股票价格的影响。事前权益资本成本的测度分为三类：戈登增长模型、剩余收益模型和非正常盈余增长模型（Lee，So and Wang，2010）。

目前，学术界对于权益资本成本的度量模型未达成共识，对于各类模型在中国资本市场的适用性检验也相对较少。毛新述等（2012）认为在众多衡量权益资本成本的模型中，PEG 模型能更好地度量事前权益资本成本。

2. 权益资本成本的影响因素

就国内外现有研究而言，其他对权益资本成本的研究基本是围绕着哪些因素影响了权益资本成本以及如何降低权益资本成本的思路展开的。在研究权益资本成本的影响因素时，理论界普遍认为存在着两种作用路径：其一是通过影响会计信息质量，进而影响到企业管理层与外部投资者、外部投资者之间的信息不对称状况，最终影响权益资本成本。李姝等（2013）通过研究发现，那些披露了企业社会责任报告的上市公司，因其会计信息更多地包含了社会普遍认可的行为价值观，吸引了更多的机构投资者，使其权益资本成本更低；李慧云、刘镝（2016）的研究则更进一步综合考察了企业披露的公司战略、社会责任、公司治理效果等方面的信息所引起的市场反应，其实证结果证实了这些信息的披露避免了"柠檬市场"条件下的价值损耗，降低了权益资本成本；来自美国和新加坡资本市场的经验证据也支持了企业自愿性信息披露与权益资本成本的负相关关系（Jianga，2011；Shroff，2013）。同时，高质量的会计信息披露有助于抑制管理层的盈余管理活动（王亮亮，2013），使外部投资者更充分地了解企业价值（Healy，2001），增强资本的流动性，降低权益资本成本（Gunny，2010）。其二是通过缓解代理问题进而影响到权益资本成本。雷霆、周嘉南（2014）研究认为，高管持股可以强化所有者对代理人的监督与制衡，二者的利益也会趋于一致（Jensen and Meckling，1976）使股东要求的必要报酬率降低，从而减轻了公司的权益资本成本。但与之相对应，高管权力的不断扩大会增强高管对董事会的议价能力，加剧代理冲突，增加了权益资本成本（李小荣、董红晔，2015；Barth et al.，2013）。此外，产权性质的差异也会导致权益资本成本的差异，国有企业受制于政府多重的政治和经济目标（林毅夫，2004），加之国有企业高管都是由上级政府任命，因此相比于民营企业，国有企业高管更加注重政治关系的维护（刘青松、肖星，2015），历史上长期的终极所有人缺位问题进一步加重了国有企业高管与外部投资者的代理问题，因此，国有企业的权益资本成本普遍高于民营企业（肖作平，2014）。金智（2013）则从更加宏观的社会规范视角探讨了权益资本成本，研究发现，在正式制度不健全的地区，非正式的社会规范作为重要补充调节着企业财务报告质量，进而影响了权益资本成本。

3. 会计信息质量与权益资本成本

会计信息作为连接外部投资者与内部经营管理者的重要纽带，其重要性不言而喻，同时作为会计信息质量经济后果的重要体现，会计信息质量对事前权益资本成本的影响是财务会计与资本市场实证研究的重要课题。梳理关于该研究方向的文献可以得出，上市公司的会计信息质量与事前权益资本成本间存在负相关关系，具体而言会计信息质量越低，事前权益资本成本越高。上市公司会计信息质量对事前权益资本成本的影响主要通过两种路径。

第一，对于资本供给方的外部投资者而言，低质量的会计信息意味着信息的可靠性低，可信度差，若以此作为投资参考依据将会伴随高的投资风险。外部投资者很难根据其做出最佳的投资决策，使其对于上市公司相关经营状况的预测具有不确定性，因此投资者对这类上市公司要求更高的投资回报率，即事前权益资本较高。

该视角的理论研究可追溯到巴瑞和布朗（Barry and Brown，1984）、汉达和林（Handa and Lin，1993）。他们的研究发现投资者评价投资风险时，会给予会计信息质量低的上市公司更高的投资风险，进而表现出对该类上市公司的股票需求减少、出价降低、要求的最低投资回报提高的特点，使该类上市公司的权益资本成本增加。基于上述研究结论，布尚（Bhushan，1989）、兰等（Lang et al.，1993，1996）认为提高会计信息披露水平使投资者更加准确地分析上市公司的实际经营状况，降低分析预测的不确定性，提升分析师的预测精度，从而外部投资者的风险溢价要求降低，上市公司的权益资本成本降低。

第二，对于作为资金需求方的上市公司而言，上市公司会计信息质量的提升将会改善上市公司与外部投资者之间的信息不对称程度，使潜在投资者更愿意增强，提高股票的流动性，从而降低股权融资成本。

阿米胡德和门德尔松（Amihud and Mendelson，1986）研究发现，若上市公司具有较高的会计信息披露质量，那么其股票的流动性增强，买卖价差缩小，从而事前权益资本成本下降。迪亚蒙和韦雷基亚（Diamond and Verrecchia，1991）、金和韦雷基亚（Kim and Verrecchia，1994）经过研究发现，上市公司会计信息披露的增加将减弱外部投资者之间以及外部投资者与内部管理经营者之间的信息不对称程度，从而增强股票的流动性，降低权益资本成本。布卢姆菲尔德和威尔克斯（Bloomfield and Wilks，2000）研究认为外部投资者若认定某上市公司的会计信息具有质量高、可靠性强等特点，那么将会对其股票出价更高，相应提高其流动性，从而事前权益资本成本更低。巴塔查里亚等（Bhattacharya et al.，2003）使用1986~1998年34个国家的上市公司的财务数据来验证会计信息质量与权益资本成本之间的关系，结果发现会计信息质量差的国家，其上市公司的股票交易活跃程度不高，权益资本成本相对较高。

因此，会计信息质量能够在一定程度上影响事前权益资本成本，高质量的会计信息，一方面可以减低外部投资者的预测风险，另一方面可以提升投资者的投资意愿，从而吸引更多的投资，增强股票的流动性，降低交易成本，最终事前权益资本成本降低。此外，关于会计信息质量与事前权益资本成本关系的研究还通过对会计信息质量的不同衡量测度方式来深化研究会计信息质量与权益资本成本之间的负相关关系。

国内方面，我国学者在研究会计信息质量与事前权益资本成本时与上述国外研究路径相似，也采用不同的度量方式来衡量会计信息质量，进而深入探讨二者间的相关关系。

首先，在信息披露水平方面，最具代表性的文献是汪炜、蒋高峰（2004）为探讨上市公司会计信息披露水平与事前权益资本成本之间的关系，将上市公司全年的临时公告和季报的数目之和作为自愿披露水平，用股利折现模型度量事前权益资本成本，通过线性回归验证了会计信息披露水平与权益资本成本间的负相关关系。

其次，公司透明度方面，最早的研究是黄娟娟、肖珉（2006）以1990~2003年全部A股上市公司的会计数据作为研究对象，通过构造总收益不透明度来衡量会计信息披露质量。通过研究发现虽然我国上市公司会计信息质量与权益资本成本之间具有显著的负相关关系，提高会计信息披露质量将有效地降低上市公司的权益资本成本。随后，陆颖丰（2007）以 2001~2002 年深市数据为样本，研究上市公司信息透明度与权益资本成本的关系。与黄娟娟、肖珉（2006）有所不用的是其利用深市上市公司信息披露的考核结果来测度透明度，权益资本成本的度量采用 GLS 剩余收益模型。研究结果也显示出上市公司的信息透明度越低，其事前权益资本成本将越高，并且在控制了盈利水平、公司规模、市净率和财务杠杆率等变量后，该实证结果更加显著。该实证研究结果说明我国上市公司提高信息披露的质量将有助于降低其事前权益资本成本，且该降低效应较为明显。进一步说，上市公司及其管理层为了自身利益也将会主动提高上市公司的信息透明度，以求降低事前权益资本成本。

最后，在会计信息质量方面，李伟和曾建光（2012）将稳健性与上市公司的权益资本成本进行线性回归分析，研究表明会计信息稳健性越高，上市公司的权益资本成本越低，呈显著的负相关关系。进一步研究发现，会计信息稳健性的提高更能降低其事前权益资本成本，并且分样本研究发现国有企业更为显著。胡海川、张心灵（2013）利用 2007~2011 年证交所的诚信档案评级制度来度量深市 A 股上市公司的会计信息质量，证实了会计信息披露质量与权益资本成间存在负相关关系。

该角度最新的研究是在原有实证研究方法下，将样本量增加同时放到更长的研究区间来考虑我国制度改革对其二者间关系的影响。赵耀、乔贵涛和张健（2014）以 2004~2012 年沪深 A 股上市公司数据为研究样本，探讨我国实施新会计准则后会计信息质量的提高是否有助于降低权益资本成本。其研究结论是会计准则的实施，引入了公允价值计量和资产负债观，这导致会计从业人员有较大自主判断的空间，从而降低了我国上市公司的会计信息质量，导致权益资本成本上升。

通过以上梳理我们可以清晰地发现，虽然已经有学者就会计信息的稳健性、信息透明度等因素与权益资本成本的相关性进行了研究，但尚未将盈余管理、盈余稳健性、盈余价值相关性等因素很好地整合为一个整体，以此探讨会计信息质量对权益资本成本的影响。我们希望通过本次研究可以填补在这一领域的空白，为实务界提供理论支撑。

（三）股价崩盘风险

股价崩盘风险（stock price crash risk）来源于坏消息的隐藏和突然暴露，盈余管理、盈余平滑、信息披露操纵都会带来这种隐藏风险。高质量的会计信息具有抑制股价崩盘风险的内在功能和属性。股价崩盘风险是指股票价格短时间内的"骤降"，一经发生不但会使投资者蒙受严重损失，更会影响金融市场的稳定性。与之前的研究相比，对股价崩盘风险的研究起源于21世纪初叶。但其重要性毋庸置疑，以我国为例，2015年发生的"股灾"，连续数日"千股跌停"，短短18个交易日内上证指数暴跌将近35%，市值蒸发多达数十万亿元。因此，股价崩盘不仅仅是学界内研究的热门领域，更是实务界乃至政府监管的重中之重。

在这一领域较早展开相关研究的是莫克、杨和余（Morck, Yeung and Yu, 2000），他们发现与发达国家市场相比，在新兴市场国家的股价波动更具有同步性（stock price synchronous）。进一步研究后，他们认为这是由于二者的制度背景差异导致的，在新兴国家市场中可能尚未达到有效市场（efficient market），而有效市场的一个重要功能就是提升股价的信息含量，进而使股价的波动更趋合理，在新兴国家市场，由于制度因素如政治驱动或噪音交易等，股价不能很好地反映其信息含量，因此就会导致股价具有同步性，但默克等（Morck et al.）只是从理论上进行了推导，并未进行计量上的实证研究。吉恩和迈尔斯（Jin and Myers, 2006）在此基础之上进一步进行了研究。一方面，他们认为虽然新兴国家对投资者保护的程度较低，会产生较高的股价同步性，但同时也认为宽泛的"制度因素"一概而论存在本身的问题。影响公司股价的除了宏观因素或中观因素外，公司微观因素也导致股价的波动，因此他们认为通过进一步研究可以找出真正影响股价波动的因素。另一方面，他们对1990~2001年40个股票市场的回报进行了实证研究，发现股价同步性会进一步引发股价的崩盘，而其成因正是公司内外部之间信息不对称性。一方面，公司内部管理层（inside managers）出于短视或者自利的目的，有动机暂时隐瞒公司内出现的"坏消息（bad news）"；而另一方面，外部投资者（outside investors）由于无法掌握公司全部情况，就会在管理层通过盈余管理等粉饰报表的行为下继续投资于公司。即二者之间的信息不对称这种隐瞒行为提供了环境与可能性。但当坏消息累积超过一定限度时，就会集中爆发至市场，从而引发短期内股价的剧烈下跌。

在此之后，国内外对股价崩盘风险的研究主要集中于其成因或抑制机制，具体而言又可以分为以下两个方面：（1）内部视角。主要集中于管理层行为或者其个人特质对企业层面股票价格崩盘的影响，如金等（Kim et al., 2011）通过对1995~2008年美国上市公司的数据实证研究后发现公司管理层的避税行为与其股价崩盘风险之间呈现正相关关系，他们认为避税为管理层进行个人寻租行为提供了机会，进而增加了管理层对坏消息的瞒报，坏消息的释放就会表现为股价的崩盘；李小荣等（2012）分别从代理成本、信息不对称程度以及女性对风险的规避角度探讨了公司内部女性担任首席执行官（CEO）和财务总监（CFO）对股价崩盘风险的抑制作用，并且发现CEO与CFO之间这种抑制作用不尽相同，他们认为这种差异是由于CEO与CFO本身的职能与权力大小导致的；有学者（江轩宇等，2015）认为管理层的具体决策行为（如非效率投资），特别是过度投资行为会加剧企业的股票崩盘风险；叶康涛等（2015）则就股价崩盘风险的成因，以中国上市公司为研究样本，从降低信息不对称的角度研究了内部控制信息披露的作用，黄政等（2017）在其基础上进一步通过内部控制对管理层信息披露的影响路径，进一步完善了内部控制在抑制股价崩盘风险中的积极作用。（2）外部视角。主要是从外部制度因素与外部监管的角度寻求降低股价崩盘风险的路径。如国内外的学者（Callen，2013；许年行等，2013；曹丰等，2015）分别以西方发达资本市场与新兴国家资本市场为研究对象，一致认为机构投资者的行为会加剧管理层与所有者的信息不对称程度，从而显著增加了股价崩盘风险；从地区中观层面看，地区法律法规完善程度以及对投资者保护的差异程度（王化成等，2014）、地区内宗教信仰（Callen et al.，2015）对股价崩盘风险都存在不同程度抑制作用；从外部监管角度看，罗进辉与杜兴强（2014）认为媒体频繁报道具有积极的信息中介作用，对上市公司来说是一种很好的外部治理机制，即媒体报道能够抑制公司的股价崩盘风险；林乐等（2016）则以2012年我国证监会开始实行更加严格的退市监管制度作为外生事件冲击，探讨了其对股价崩盘风险的影响，并发现在新规定开始实施后，股价崩盘风险有显著的降低，从而验证了外部监管对股价崩盘风险的抑制效应。此外，还有其他学者分别从分析师乐观偏差（许年行等，2012）、审计行业专长（江轩宇等，2013）等角度探索了股价崩盘风险的影响因素。

通过对股价崩盘风险相关文献的梳理与阅读，我们发现股价崩盘风险虽然是一个新兴的研究领域，但国内外已经有大量学者对其成因及抑制路径进行了不同程度的探讨。但美中不足的是股价崩盘究其根本是因为信息的失真导致的（Jin and Myers，2006），但尚未有学者直接基于会计信息质量视角，探讨其与股价崩盘风险之间的联系，我们认为通过研究二者的关系，能够更好地理清股价崩盘风险的抑制路径，并为相关投资者、监管机构提供决策依据及新思路。

（四）应计异象

应计异象来源于投资者对公司应计利润持续性的过高估计，这一方面源于市场的无效性；另一方面是由于公司对应计利润的操纵，应计利润中的操纵性应计部分是造成应计异象的主要原因。关于应计异象的研究最早来自斯隆（1996）。斯隆认为，应计异象是指由于应计项目被市场错误定价从而可以通过构造套利组合产生超额收益的现象。他主要研究了两个问题：一是当期盈余中的应计部分和现金流量的持续性如何，在预测未来盈余时两者的贡献到底有多大，也就是应计项目和现金流量在预测未来盈余时是否存在差别；二是证券价格能否反映出应计项目和现金流量信息含量的差别。对于第一个问题，斯隆认为经营现金流量（CFO），相对于应计部分（accruals），不太容易被操纵且更具客观性，故会计盈余的持续性随着当期盈余中应计项目的增加而下降，随着现金流量的增加而增加，也就是说，现金流量在预测未来盈余时的贡献比应计项目的贡献更大。对于第二个问题，斯隆利用理性预期模型（Mishkin模型）证明了由于投资者幼稚地将目光锁定在报告盈余（reported earnings）中，股票价格不能正确反映应计项目和现金流量对会计盈余持续性的差别。因此，如果投资者构建投资组合，在盈余公告日，抛售应计项目比例高的公司股票，买入现金流量比例高的公司股票，投资者可以获得10.4%的超额回报。

应计异象的提出，一方面，意味着超常收益能够根据公共可获得的信息通过执行简单易懂的投资策略获得，使有效市场假说在会计学领域受到质疑。另一方面，应计异象为投资者提供了套利组合，在一定程度上引导了社会资金的流向，促进资源的有效配置，提高资金的使用效率，反过来有助于证券市场的有效性。

然而斯隆的研究仅仅指出了当期盈余中应计项目过多会导致盈余的持续性低，但是并没有明确指出具体哪些项目会导致应计过多，以及为什么企业应计项目的比例过高？应计异象是世界各国普遍存在的现象，还是一种偶然现象？应计异象与其他市场异象有何关系？既然投资者无法识别应计异象，那么分析师或审计人员能否发现应计异象呢？随后国外学者的研究主要围绕以上五个问题展开。

1. 国外文献综述

（1）应计成分的分解。此类研究主要围绕哪些应计项目可能会造成应计的低持续性展开的。谢（Xie, 2001）主要研究股票价格能否反映未来一年应计项目的信息含量。谢使用理性预期模型和投资组合方法检验发现市场高估非正常应计项目的持续性，并且对非正常应计项目定价过高，在控制了非可操纵性应计之后结论仍然成立。说明应计项目的低持续性来自可操纵应计项目。

赫里巴尔（Hribar, 2000）发现产生应计项目低持续性的原因主要是存货项目的异常变动，同时也没有足够证据证明比较透明的应计项目出现定价错误。赫里巴尔分析了营运资本，根据与销售增长的相关性将存货和应收账款分解为可操纵部分和不可操纵部分，他发现市场定价错误主要来自可操纵性部分。托马斯和张（Thomas and Zhang, 2002）与赫里巴尔（2000）的发现相似，应计项目与未来股票收益的负向相关关系主要由于存货项目的变动。存货增加（减少）的企业在前五年都具有较高（低）的盈利水平和股票收益率，但是如果存货发生变化这种趋势将发生逆转。在存货的构成项目（原材料、在产品和完工产品）中，原材料的变动会产生最高的超额回报，并且超额回报集中在随后的季度盈余公告日期前后。

理查森、斯隆、索利曼和图纳（Richardson, Sloan, Soliman and Tuna, 2005）

考察了应计项目的可靠性与会计盈余持续性之间的关系。研究发现：低可靠性应计项目的确认将导致会计盈余的低持续性从而投资者做出错误的定价；盈余持续性程度与股价定价错误程度直接与应计项目的可靠性相关。另外，理查森等人提出关于应计的一个全面定义，并据此对应计项目进行分解，认为总应计应包括非流动性营运资本变动，如果忽略非流动性应计将会在应计项目的计量上产生噪音。

(2) 应计异象产生的原因。应计异象产生的原因大致可以分为以下四个方面。一是投资者错误定价，投资者不能识别应计项目对会计盈余的低持续性，目光锁定会计盈余；二是管理层的盈余管理，即管理层的盈余操纵行为导致应计项目的低持续性；三是增长的低持续性，而非盈余管理造成；四是根据套利成本理论，由于处理会计信息的成本过高，导致投资者只采用简单的方式来解释会计信息的价值相关性，从而导致了错误定价。

第一，投资者的错误定价。斯隆（1996）将会计盈余分解为应计项目和现金流量，认为会计应计的持续性小于现金流量的持续性，然而投资者不能识别两者对会计盈余不同的持续性，在做出投资决策时仅仅将注意力放在报告盈余上，高估高会计盈余、高应计项目的公司价值，低估低会计盈余、高现金流量的公司价值。赫舒拉发、霍和泰奥（Hirshleifer, Hou and Teoh, 2010）在控制了公司规模等因素后，研究了应计项目和股票收益之间的协动性关系，认为应计异象是由于投资者错误定价，并对风险溢价导致应计异象提出了质疑。

第二，管理层的盈余管理。在市场研究学派之前的规范研究学派认为，财务报表体系应该以应计制（而非现金制）为基础来编制。投资者对财务报表有定期的需求，而现金制会计无法合理报告某一特定期间经济业务所带来的所有经济后果，因此仅仅报告现金流量是不够的，只有应计制会计才能提供有关公司经营业绩更为全面的信息。现金制下单纯记录现金的流入和流出不能产生配比，而应计制下的会计可以做到合理配比。FASB也同样认为，应计制会计为基础的会计信息通常在反映公司当前和持续产生现金流量的能力方面优于现金收入、支出方面的财务信息。

应计制一方面可以为投资者提供完整的信息，另一方面却为管理层操纵盈余提供了合理的借口。应计制的采纳是导致公司财务报告出现许多复杂情况的根源。特别是随着所有权和经营权的分离，管理层往往对公司实际经营状况了如指掌，具有相对的信息优势，增加了财务报表的"噪音"。

根据谢（2001）的观点，将应计分为可操纵性应计和非可操纵性应计，在控制了非可操纵性应计项目后，应计仍然呈现低持续性，说明应计低持续性是可操纵性应计项目引起的，应计异象很可能源于管理层的盈余扭曲。

按照现代企业理论，由于代理成本存在，会导致公司的管理层去干预会计信息的准确性，从而干扰了投资者对会计信息的理解。科塔里、洛茨科纳和尼古拉耶夫（Kothari, Loutskina and Nikolaev, 2005）运用代理理论解释了应计异象。科塔里等人认为产生应计异象的原因不是投资者目光锁定盈余，而是权益被高估。权益被高估的公司的经理有动机向上操纵盈余延长市场对公司的高估期限。但这种高估毕竟是不能持久的，股价被高估的公司后续的盈利能力及股票价格将会下降。与之相反，权益被低估的公司没有动机报告低应计项目，其未来股票收益保持正常水平。因此应计项目和前期及未来的股票收益呈现相关关系。另外，科塔里等人还发现高应计公司的投融资策略及内部经营活动也存在着不同程度的扭曲，并且分析师对高应计公司持过于乐观态度。

第三，增长的低持续性。费尔菲尔德、惠斯特南和约恩（Fairfield, Whisenant and Yohn, 2003a）认为斯隆（1996）仅仅将应计项目作为会计盈余的一部分，忽略了会计应计实际上也是净经营资产增长的组成部分。费尔菲尔德等人把净经营资产的增长分解为应计项目和长期净经营资产的增长，发现二者与未来一年股票回报呈负相关关系，并且应计项目和长期净经营资产均被高估，从而认为斯隆（1996）发现的应计异象实际上只是增长异象的一种特殊形式。费尔菲尔德、惠斯特南和约恩（2003b）认为应计项目比现金流量对未来一年的总资产有更显著的影响。当期应计与未来盈利能力之间更低的相关性的原因在于，应计项目与净经营资产增长之间的相关性比现金流量与净经营资产增量之间的相关性更强，即盈余中的应计导致了更多的净经营资产增长。

张（Zhang, 2007）认为应计项目中包含了关于投资增长的信息，产生应计异象是投资增长的原因。应计持续性和投资/增长信息因行业而不同。如果应计项目与增长属性（如员工增长率）之间有很强的同步变动性，那么应计项目有很强的股价预测能力；反之，应计异象要弱得多，由此可见，应计不仅是盈余的组成部分，同时也是净经营资产增长的组成部分。

第四，套利成本理论。有效资本市场假说认为套利无成本，一旦市场上出现错误定价，总会有聪明的投资者从中套利获取回报，因此，在有效资本市场上任何投资者都不可能获得超额回报，所以错误定价会很快地被铲除，市场迅速恢复到有效状态。

然而在现实中，套利行为不仅有成本，而且还有套利风险的存在。套利成本包含信息成本、交易成本、持有成本。所以正是由于套利风险和套利成本的存在，聪明的投资者不可能快速有效地铲除错误定价，因此可以观察到应计异象。根据列夫和尼西姆（Lev and Nissim, 2006）从机构投资者和个人投资者的角度研究了应计异象的持续性。对机构投资者而言，经过检验发现他们能够识别应计异象，但是他们却较少地从事与应计相关的投资策略，因为异常应计公司的规模小、盈利能力差、风险高，因此机构投资者不能通过构造应计项目投资组合获得超额回报。对于个人投资者而言，要利用应计异象获益，就需要大量的交易成本和信息成本，以及支付后续的管理成本，这些都是个人难以负担的。因而，无论是从机构投资者还是从个人投资者角度考虑，应计异象都将存在。

（3）应计异象的存在性。

第一，全球普遍存在的现象。奥道迈克和卡泽尔（Adamek and Kaserer，2005）发现德国投资者也不能正确理解应计项目和现金流量信息含量的差异，在做出相应的投资决策时没有考虑应计项目计量方法带来的影响。科和金（Kho and Kim，2007）说明韩国证券市场1987～2005年存在应计异象，并指出应计异象更可能是由于个别公司应计项目的错误定价而非风险因素。加布里埃尔松和贾埃弗（Gabrielsson and Giaever，2007）发现瑞典在某些年份存在应计异象。苏达、穷田和竹原（Suda，Kubota and Takehara，2005），穆拉姆维亚、音川和高田（Muramiva，Otogawa and Takada，2007）证明日本的应计异象是由于非正常应计项目引起的。苏亚雷斯和斯塔尔克（Soares and Stark，2009）指出，在不考虑交易成本和价格干扰成本时，英国资本市场上也发现了应计异象。克林奇、菲莱、戈文迪和韦尔斯（Clinch，Fuller，Govendir and Wells，2010）仿照斯隆（1996）的方法验证了澳大利亚资本市场上存在应计异象。平卡斯、拉杰戈帕和文卡塔查拉姆（Pincus，Rajgopal and Venkatachalam，2007）首次对应计异象是否是全球普遍存在的现象进行了研究，发现仅澳大利亚、加拿大、英国和美国存在应计异象，认为应计异象具有一定的地域性而非普遍现象。拉丰（Lafond，2005）对上述观点持否定看法，认为应计异象是一种全球现象，数据显示澳大利亚、比利时、加拿大、丹麦、德国、意大利、日本、荷兰、挪威、新加坡、西班牙、瑞典、瑞士、英国和美国等15个国家和中国香港地区存在不同程度的应计异象，且应计项目的错误定价大部分集中在营运资本应计项目上。

第二，反对观点。有一部分学者认为，应计异象并非是由于错误定价，而只是风险理性溢价的具体表现，或者是定价模型遗漏风险的结果，也称为风险基础假说。正如法玛（Fama，1970）所指出的，市场效率检验实际上是定价模型和市场效率研究的联合检验，即使发现了一些错误定价的证据，也并不能表明市场的非效率，因为错误定价可能是定价模型缺陷的一种反映。汉（Khan，2005）从风险角度解释异常应计，其中风险使用跨期资本资产定价模型推导得出的四因素模型衡量，研究发现高应计会计和低应计会计应计公司平均回报率的横截面差异可以用风险因子来解释，在对冲投资组合检验中，四因子模型下的套利组合收益小于其他模型下的套利收益，即投资收益仅有1.6%。这表明产生应计异象的原因是风险的理性溢价。

（4）应计异象与其他市场异象的关系。比弗（2002）最早研究"价值—魅力股"异象与应计异象的关系，他认为"价值—魅力股"异象可能包含了应计异象，应计异象只是"价值—魅力股"异象的一种特殊情形。德赛、拉杰戈帕尔和文卡塔查拉姆（Desai, Rajgopal and Venkatachalam, 2004）系统地考察了应计异象是否是"价值—魅力股"异象的一种表现形式。通常价值股具有高账面—市值比、高市盈率、高现金流量—股价比、未来回报率高的特征，研究发现新变量 CFO/P（现金流量 CFO=盈余+折旧-营运资本应计）被错误定价要归因于四个"价值—魅力"表征变量及应计项目。该如何解释这项发现通常取决于投资者的偏好。如果投资者把"价值—魅力股"异象看作基本价格异象，那么变量 CFO/P 可以视为广义上的"价值—魅力股"表征变量，应计异象是"伪装的"（in disguise）价值—魅力股异象，即应计异象是价值—魅力股异象的一种具体形式。如果应计项目在销售增长、账面—市值比、市盈率等几个"价值—魅力"代理变量之外仍能赚取超额回报，这说明应计异象和"价值—魅力股"异象是独立的。

在应计异象与外部融资异象的关系方面，布拉德肖、理查森和斯隆（Bradshaw, Richardson and Sloan, 2003）验证了权益融资和债务融资与未来股票收益的关系（在这之前的研究仅局限于权益融资或者债务融资），研究表明公司外部融资活动与公司股票未来收益、未来盈利能力呈负相关关系。为了进一步解释负相关关系的原因，布拉德肖、理查森和斯隆（2006）考察了外部融资和卖方分析师预测的相关关系，发现外部融资活动与未来收益负相关关系是由于分析师的过度乐观引起的，而非风险因素。但科恩和利斯（Cohen and Lys, 2006）却对上述观点持怀疑态度，在控制了总应计后，外部融资活动和未来股票收益之间的负相关关系减弱，并且在统计意义上也不显著，这说明外部融资异象是应计异象的一种特殊形式。

（5）分析师、审计人员是否能够识别应计异象。既然广大投资者受专业知识所限不能识别应计项目和现金流量信息含量的差别，那么作为专业的分析师、审计人员能否识别应计异象呢？布拉德肖、理查森和斯隆（2001）研究了卖方分析师和审计师是否可以为投资者提供专业建议，结果发现分析师的报告中没有包含因高应计产生的盈余问题，同样，审计人员也没有通过审计意见提醒投资者高应计比例公司可能存在盈余问题。他们认为有两个原因可能使卖方分析师不尽责：一个原因可能是卖方分析师不够专业，不能识别高应计项目隐含的信息；另一个原因可能是因为卖方分析师与管理层合谋。而使审计师不尽责的原因，除了上面两个因素外，还有一个原因是审计师并没有被要求公布盈余质量方面的信息。埃尔加、罗和法伊弗（Elgers, Lo and Pfeiffer, 2003）的研究结论与布拉德肖、理查森和斯隆（2001）不同，他们实证检验发现分析师对应计项目的高估程度低于投资者的高估程度，分析师盈余预测能够引导投资者降低因为应计项目错误理解产生的错误定价。康和刘（Kang and Yoo, 2007）发现分析师预测会计盈余的偏差高于理解了应计项目股价发生的偏差，并且这两种偏差之间的差异至少持续到预期后的一年，说明分析师的预测无助于投资者对应计项目的正确定价。

2. 国内文献综述

目前，我国关于应计异象方面的研究成果还不多，在研究方法上大多都是借鉴国外的成果。现有的国内文献主要分为两类：应计异象的存在性研究和应计异象的成因研究。

（1）应计异象存在性研究。国内关于应计异象最早的研究来自刘云中（2003）。刘云中（2003）沿用斯隆（1996）的方法，使用1998~2001年上市公司的数据，结果发现现金流量的持久性要大于应计项目的持久性，然而中国股票市场并不能有效地区分这种差异，上市公司的股票价格似乎高估了因应计项目所产生的会计盈余的低持久性，而低估了因现金流量所产生的会计盈余的高持久性。这与国外研究的结论一致。但是若按照斯隆（1996）的投资策略，超额平均回报只有3.1%左右。徐浩峰、王正位（2006）以中国A股上市公司1998~2004年的财务数据作为研究样本，发现现金流量比应计项目有更高的持续性和累计超额回报解释能力。同时还发现我国投资者不能理解不同盈余构成项目对企业估值的影响，买入应计项目最小组卖出应计项目最大组并持有2年，投资者就可以获得18%的超额回报。

樊行健、刘浩和郭文博（2009）以我国1999~2005年的上市公司数据为研究对象，从企业成长性的角度研究应计异象。研究发现应计利润与企业的成长性正相关，与未来股票收益负相关，应计利润与企业成长性的正相关程度越强，应计异象越明显，企业成长性是引起应计异象的一个原因。其结论是，我国资本市场上存在较为明显的应计异象，单变量回归结果和构建套利投资组合的结论一致。其中，在1998年、2003年和2004年采用斯隆（1996）套利策略不能获得正的超额回报。

与国内以往研究不同，宋云玲、李志文（2009）以1998~2005年A股上市公司数据为基础，通过验证发现中国A股上市公司应计异象的特殊之处，即投资者不仅存在功能锁定，而且，这种功能锁定与前期和当期的市场形势高度相关。

（2）应计异象原因研究。刘云中（2004）沿用谢（1999）的方法，运用修正的琼斯（Jones）模型将总的会计应计分解为可操纵和不可操纵的会计应计量，但这两种会计应计的持久性并没有显著的区别，它们共同导致了会计应计所带来的会计盈余的持久性低于现金流量所带来的会计盈余的持久性。在理性预期检验中，拒绝了股票市场能够有效反映可操纵和不可操纵会计应计量以及现金流量所带来的会计盈余持久性的差异，但可操纵性会计应计的盈余预测系数和价格反应系数并没有显著的差别，市场对于可操纵会计应计量的短暂性质还是有所反映。按不可操纵的会计应计分组的投资组合能够获取1.87%左右的超额平均回报，而可操纵会计应计与超额收益率之间的关系并不明显。

李远鹏、牛建军（2007）以1998~2002年中国A股上市公司为样本，研究发现中国证券市场并不存在应计异象。另外，还发现按照斯隆（1996）对应计项目进行分组后，最小应计组的亏损公司超过半数，而最大应计组的亏损公司尚不足5%，如果利用斯隆（1996）的套利策略则会买入过多亏损公司股票。但是在控制亏损公司之后，中国证券市场表现出显著的应计异象，可见亏损公司的"洗大澡"行为造成了中国资本市场的应计异象。

林翔、陈汉文（2005）首先检验了现金流量和应计项目的持续性，其检验结果与国外大多数研究结果一致，即现金流量的持续性大于应计项目的持续性；接着研究增长、盈余管理和应计持续性三者的关系，检验结果表明造成应计项目低持续性的原因来自增长因素而非盈余管理因素。

可以看出，国内对应计异象的研究基本沿用了斯隆（1996）的方法，首先验证应计项目和现金流量对会计盈余的持续性，然后构建套利组合观察是否能够获得超额收益。然而在股价对盈余构成项目的反映、构造套利组合后可获得多少超额回报等方面尚未达成一致。

综合以上研究成果可以发现，以往的研究对于应计异象的存在性以及是哪些主要因素导致了应计异象的产生并没有得出一致的结论。本书试图在以往研究的基础上，进一步检验我国资本市场中应计异象的存在性及会计信息质量对应计异象的抑制作用及路径，以进一步打开应计异象的"黑箱"，完善对投资者利益的保护机制。

（五）投资者保护方面的评价研究

拉波特等（La Porta et al.，1998）较早从国家法律渊源及法律执行层面构建指标，对世界上49个不同法源系国家的投资者保护状况进行了分析与评价，反映了不同法源系、不同收入水平国家投资者保护程度的差异，其评价指标见表1-1。

表1-1　　　　　　　　拉波特投资者保护评价体系

	法律投资保护指标					会计投资者保护
	司法系统的效率	法律条款	腐败	侵占风险	违约风险	准则评级
平均得分	7.67	6.85	6.9	8.05	7.58	60.93

沈艺峰（2004）在此基础上从股东权益、其他制度与政策及法律条款三个层面构建了共17项基于中小股东保护的投资者保护具体指标（见表1-2）。

表 1-2　　沈艺峰构建的中小投资者保护指标

股东权利							其他制度与政策									法律
临时股东大会召集权	代理表决权	通信表决权	一股一票	股东起诉权利	累积表决权	重大事项表决方式	上市公司信息披露	会计政策与审计制度	外部独立董事	送配股政策	内部人股权转让	管理层、董监事持股规定	内幕交易	关联交易	限制大股东行为的规定	新增法律保护条款

在借鉴拉波特等（1998、2000）投资者保护指标的基础上，姜付秀等（2008）构建了主要基于公司治理与公司财务视角的投资者保护指标，通过知情权、股东对公司权利的平等享有权、股东财富最大化、投资回报和上市公司诚信共 11 项指标对上市公司的投资者利益保护状况进行评价（见表 1-3），他们的评价结果认为，中国的股东保护程度较低。以 2000~2004 年为例，各年投资者保护的平均数分别仅有 52、40、40、43 和 42，上市公司各年得分超过 60 的上市公司占全体上市公司的比例分别为 30%、9%、9%、16%和 18%。

表 1-3　　姜付秀等构建的投资者保护指标

保护指标	权重（%）	明细	评价方法
知情权	10	财务报告质量	审计意见类型
股东对公司权利的平等享有权	20	关联交易	关联交易额占收入的比例
		大股东占款	占款占总资产的比例
股东财富最大化	35	营利性	净资产收益率
		市场评价	Tobin'Q
		营利潜力	利润增长率
投资回报	35	现金分红	股利率
		股票股利	股票占股本比例
		持有股票收益	股票持有年回报
上市公司诚信	扣分项	被证监会处罚	被证监会、证交所通报批评

肖松（2010）认为，中小投资者法律保护的水平实质上是当权者的法律供给程度，因此每年法律供给程度必须综合考虑每年的立法与执法供给程度，基于此他建立了立法与执行两个层面的投资者保护指标（见表 1-4），他设定的每年的法律

分值是综合考虑了立法和执法情况的综合分值。

表 1-4　　　　肖松构建的中小投资者保护指标体系

立法	内部人义务与责任	大股东
		管理层
	中小投资者参与权	提案权
		股东大会召集主持权
		表决权行使方式
		累计投票制度
		独立董事制度
	中小投资者知情权	信息披露
		会计审计制度
	中小投资者诉讼权	一般诉讼
		代位诉讼
执法	法院	执法次数
		执法权
	证监会	执法次数
		执法权

魏明海（2010）从法律、地区环境与公司治理方面建立了全面的投资者保护评价体系，其投资者保护指标涵盖的范围较广，有一级指标 3 项，二级指标 9 项，三级指标 51 项（见表 1-5）。

表 1-5　　　　魏明海等的投资者保护指标体系

一级指标	二级指标	三级指标（略）
法律与证券市场监管	证券市场立法	
	证券市场监管	
	法律和监管制度执行	
地区治理环境	地方政府治理	
	中介组织发展	
公司治理	公平性	
	透明与合规性	
	激励性	
	独立与约束性	

始于 1998 年标准普尔针对公司治理评价目前更为成熟和普遍，国外比较著名的有法国戴米诺（Deminor）评级机构（1999）、里昂证券亚洲（2000）、穆迪公司（Moody's，2003）、世界银行、富时国际（FTSE）以及泰国、韩国、印度等国家和地区的评级机构所开发的评价指数。国内治理评价则以南开大学的公司治理评价指数为代表。然而，基于会计角度对投资者保护进行评价的研究并不多见。

（六）基于会计的公司评价及指数研究

1. 基于财务透明度与信息披露的公司评价

在基于会计的评价体系中，比较有影响的有普华永道 2001 年发布的不透明指数、标准普尔 1998 年建立的"财务透明度与信息披露评价指标体系"、国际财务分析和研究中心（CIFAR）的信息披露评价体系、标准普尔 2002 年公布的"标准普尔透明度指标"（T&D），以及美国投资管理和研究协会（AIMR）的披露指数等。由普华永道所开发的不透明指数主要进行国家层面的透明度的衡量，会计不透明指数是其组成部分，能体现各个国家的会计透明度整体状况及披露状况，但无法反映每家公司的透明度。T&D 指标、CIFAR 的指标同样比较各国内部的会计透明度以及信息披露状况，具体来看是在一国抽取公司样本，利用相应指数进行评价，以公司的评价结果代表国家的透明度状况，并根据得分进行透明评级，结果非常便于国际比较。AIMR 的评级是针对美国上市公司的评价，评价人为财务分析师，此评级在 1995 年后中止。但对 1995 年的财务报告进行评级后，就停止了该项工作。20 世纪 90 年代末 21 世纪初，标准普尔、里昂信贷、德米诺等评级机构在新兴市场和发达市场推出的公司治理评价服务中都包含了会计信息披露的评价子系统。在中国，也建立了一些会计信息披露的评级体系，主要包括深交所的信息披露评级体系、南开大学的公司治理指数中的信息披露评级子系统以及南京大学的"投资者关系评级体系"等。还有学者采用自建信息披露指数（Botosan，1997；Francis et al.，2008），还有其他一些替代性的评价指标，如上市公司的声誉指数（Ting，2008）、证券市场的流动性指数（Rogers，2008）、上市公司自愿性披露指数（谢志华、崔学刚，2005）等。

2. 以披露指标对公司信息质量的衡量

一些学者通过信息披露指数（index of information disclosure）对公司的信息质量进行评价，这些评价多见于理论研究之中。波托桑（Botosan，1997，2002）、兰格和伦德霍恩（Lang and Lundholn，2000）等都利用自建的信息披露评价体系进行相关研究。这些研究在信息披露的方式上，或针对企业的强制性披露情况进行衡量，或仅限于自愿性披露进行研究，而很少针对公司信息披露的整体进行全面研究；在信息披露的内容上，多数研究主要局限于年报；在对评价体系中各指标的权重确定上，部分研究根据重要程度差异赋予了不同指标相应的权重，较多的则是赋予各指标相同的权重。李维安等（2005）在其建立的公司治理评价体系中建立了信息披露评价子系统，从完整性、真实性、及时性三个方面对公司信息披露进行评价，但目前尚未对外公开相应的数据库；崔学刚（2004）利用自建的自愿披露评价指标衡量公司透明度进行了相关研究。对于自建指标的方法，虽然研究者可以根据研究目的建立相应的评价体系，并使指标反映所要研究的主要问题，但在有关衡量标准中不可避免地携带了研究者的主观判断，很难复制相同的方法去验证其研究结果的合理性、正确性及客观性。而且，由于自建披露评价体系以及相应的数据收集需要花费巨大的工作量，这使许多研究局限于对公司年报的披露评价上，而将公司的其他信息拒之门外，因而对公司信息披露的评价并不完整。同时，也使研究样本局限于很小的范围，影响实证结果的解释力。

3. 对会计信息质量的评价

在对会计信息质量评价时，大多是对盈余质量的评价（Basu，1997；Ball et al.，2000，2003，2005；Penman and Zhang，2002；Francis et al.，2004；Wang，2005），盈余质量是公司会计信息质量和重要代表性指数，在评价中也使用较多。盈余是外部投资者非常关心的指数，传递出关于公司收益的综合性信息，也能代表公司会计确认与计量的质量的高低。因此，在理论与实务中，会计信息质量经常以盈余质量作为代表性变量。有大量的实证研究文献聚焦于盈余质量（Healy and Wahlen，1999；Barth，Cram and Nelson，2001；Dechow and Dichin，2000），研究的角度包括盈余管理、盈余的市场反应（ERC）、盈余稳健性等。弗朗西斯等（Francis et al.，2004）从会计与市场两个方面总结了七个盈余质量指标，以从不同侧面评价一个公司的会计信息质量，包括：应计质量（accrual quality）、持续性（persistence）、可预测性（predictability）、盈余平滑（smoothness）、价值相关性（value relevance）、及时性（timeliness）、稳健性（conservatism）。巴斯等（Barth et al.，2008）在对会计信息质量的度量上，采用了三类指标，包括盈余管理（包括盈余平滑与微利报告倾向管理）、盈余稳健性、价值相关性。

4. 其他度量方法

一些研究运用特殊事件或构建特殊信息披露质量指标对公司进行评价，如采用会计丑闻（Beasly，1996；陆正飞等，2002）；构建收益激进度（EA）、收益平滑度（ES）、总收益不透明度（OEO），用此三个指标综合起来代表会计透明度指数（Bhattacharya et al.，2003）。另外，还可以使用一些信息反映信息披露的某一特定方面，例如，管理层讨论与分析、盈利预测、社会责任披露等。

除了上述类型和方法外，还包括年报的主题内容分析（Jones and Shoemaker，1994；Rutherford，2002）、年报可读性研究（阎达五、孙蔓莉，2002）、年报语言分析（Sydserff and Weetman，1999）、年报印象管理分析（Bekey，1990；Clark，1997）。关于其他方法，我国学者在研究中也有不同程度的涉及（孙蔓莉，2004）。

5. 基于会计投资者保护评价方面的研究

通过以上分析可以发现，理论上已经提供了会计与投资者保护之间的理论基础与证据，但需要构建会计与股东保护一般性的理论框架。学界目前对会计的投资者保护功能基本达成一致，但在对公司基于会计的投资者保护程度进行评价时，并没有形成统一而完善的指标，大多根据研究需要设定所需要指标，这些个别、零散的指标不能满足对公司会计投资者保护评价的一般要求。虽然已有一些评价指数（如公司治理指数、投资者保护指数）对上市公司的投资者保护进行了评价，但并没有考虑或充分考虑作为底层保护指标的会计的作用。本书将在此方面进行补充或突破。

基于会计的投资者保护理论框架

一、会计信息的功能：从决策有用到投资者保护

（一）财务会计目标的演进：受托责任—决策有用—投资者保护

从国内外研究来看，对财务会计目标的认识经历了不同的阶段，学者对会计（信息）经济功能的内涵有不同的理解与认识，基于不同的理解与认识，在实证领域也有不同的证据与发现，对于投资者保护及投资者保护的实现机制，学界也进行了一定的探索。

早期关于会计的目标以受托责任观为主导，它源于对中世纪欧洲庄园经济中贵族聘请管家管理庄园财务的经济活动（A.C. 利特尔顿，1989），随着以所有权和经营权的分离为特征公司的演进而得以深化和发展。在这种观念下，管理当局是资本提供人（股东和债权）授权控制其部分财务资源的受托人，而财务报表就是提供给资本提供人易于评价管理当局受托关系的报告（Beaver, W. H., 1999）。会计学者井尻雄士（Ijiri Yuji）是受托责任观的代表人物和坚持者，他认为会计的目标就是向资源的提供者报告资源受托管理的情况，以历史的客观信息为主，着眼于财务会计的传统角色，不考虑受托者如何理解并利用这些信息去制定什么决策，会计是"一个便于顺利履行各利益集团之间的受托责任关系的系统"（Ijiri Yuji, 1975）。自从美国会计学家斯朵伯斯（G. J. Staubus, 1952）提出会计目标是"提供对投资人决策有用的信息"后，决策有用观逐渐为理论界和实务界所接受。决策有用观主要代表人物是罗伯特·N·安东尼（Robert Anthony）、罗伯特·T·斯普劳斯（Robert T. Spruse）、E. S. 亨德里克森等美国会计学会 AAA 和美国财务会计委员会 FASB 也是主要倡导者。该观点认为，会计信息系统的根本目标就是为信息的使用者提供对他们决策有用的信息，着眼于财务会计的现代角色，强调会计信息系统在提供信息时，应该考虑信息使用者可能的决策需要，信息使用者主要包括现在的和潜在的投资者、信贷者、企业管理当局和政府。

然而，在追求会计信息决策有用性的同时，盈余管理、会计丑闻等问题则日益成为侵害投资者利益的最大杀手，会计准则制定机构与资本市场监管部门开始反思"一味追求会计信息决策有用性"是否恰当，会计信息的评价观念开始发生变化，由早期的"强调决策有用性的用户需求观"，逐渐演化为当前"强调透明度的投资者保护观"（崔学刚，2007）。

以美国前证监会主席阿瑟莱维特（Arthur Levitt，1998）演讲的《数字游戏》为标志，投资者保护观开始流行，"安然"事件发生后，投资者保护观更是受到前者未有的重视。因为，在资本市场中，最重要的信息使用者就是股东即投资人，所谓保护他们的利益，最主要的就是向他们提供高质量的、有助于投资决策的信息（葛家澍、陈守德，2001）。正如拉波特等（La Porta et al., 1998，2000）指出的，由于能为投资者行使相关权利提供所必需的信息，会计在投资者保护的有关制度中发挥了相当重要的作用。探讨会计对投资者保护的可能影响、影响的具体途径以及两者之间的相互作用等问题，既可从会计学角度发展投资者保护研究，也有助于在投资者保护框架下进一步深化对相关会计问题的认识（Bushman and Smith，2001）。会计信息的投资者保护观点被逐渐接受，弗朗西斯等（Francis et al., 2003）使用投资者保护的框架，分析了财务会计信息在证券市场中的作用。魏明海等（2007）、陆正飞等（2007）认为，财务会计信息在投资者保护中具有重要作用，其主要通过股票定价、收益预测、降低资本成本和治理功能等发挥投资者保护作用。

（二）财务会计发挥投资者保护的机制及功能

概括国内外学者对财务会计和会计信息发挥投资者保护的机制及经济功能内涵的理解与认识，有以下四种观点。

1. 会计是企业契约签订与执行的要素

基于契约要素理论，会计是企业契约的要素之一，在债务契约、管理人员报酬契约等的制定与执行中不可或缺。企业是一种法律虚构（legal fiction），其本质上是一系列契约关系的结合（Jensen and Meckling，1976）。对这些不同契约关系实施一种有效的组织安排便构成了公司治理所要研究的焦点与核心，因而公司治理的本质就是一个关于企业所有权安排的契约。企业这个契约完备程度较低，体现为一项不完备的契约（Cheung，1983）。会计信息是衡量企业剩余索取权和控制权是否匹配、监督和激励是否相容的关键变量，能够降低契约的不完备程度（潘琰、辛清泉，2004；杜兴强，2005），是公司治理机制中必不可少的组成部分。当然，对于债权人来说，可以通过会计所提供信息保证债务契约的有效履行（Watts and Zimmerman，1986）。

2. 会计能够缓解事前决策中因信息不对称而导致的逆向选择问题

资本市场中（潜在）投资者与公司内部人之间的信息不对称引发的"逆向选择"问题将会导致市场失败（Akerlof，1970）。会计通过向投资者提供形成正确资产定价和投资项目价值的相关信息，将公司内部信息转化为外部信息以控制可能的逆向选择（Scott，2003），从而可以减少投资者由于错误定价或投资决策带来的损失，促进有效资本结构和所有权结构的形成，提高资本市场资源配置效率。这一功能主要表现在三个方面：一是会计能够向投资者（潜在投资者）传递某种有助于判断和估计经济收益的"信息"，并带来其股票买卖决策的变化（Ball and Brown，1968；Beaver，1968），具有事前的决策价值相关性（Holthausen and Watts，2001；Barth，Beaver and Landsman，2001）；二是会计数字（特别是账面净资产信息）不但包含了企业未来活动的相关信息（Collins and Kothari，1989；Barth，1991；Shevlin，1991），而且对未来股票收益也具有较强的预测功能，体现了会计对股东决策的支持作用；三是会计信息是公司风险因子之一（Francis et al.，2005；Ecker et al.，2006），是投资者确定公司风险回报的重要决策参数，直接影响公司权益资本成本的高低（Easley and O'Hara，2004；Leuz and Verrecchia，2004；Francis et al.，2004）。总之，这种观点认为，会计的投资者保护功能体现为降低外部投资者的信息不对称程度，提高对公司价值与风险估计的精度，降低投资失误的概率。这是会计通过信息功能降低事前代理成本，从而起到投资者保护功能的最基本表现。

3. 会计能够缓解事后决策中因代理问题而导致的道德风险问题

会计通过提供透明而高质量的会计信息有利于投资者对股东的监督与约束、有利于增强激励的有效性、有利于降低代理成本并提高公司投资效率。会计与公司治理具有密切关系（Basu et al.，2001），会计长期被作为一种公司监控技术用来缓解代理成本（Watts and Zimmerman，1986；Ball，1989），甚至作为一种公司治理机制用于限制管理层的机会主义行为，优化管理层酌量性投资决策、约束高管对他们自身和其他利益体的机会性支付、减少诉讼成本等（Watts，2003；Ball and Shivakumar，2005；LaFond and Watts，2008），高质量的信息可以在一定程度上抵消公司委托—代理关系中由于不对称信息、不对称报酬、有限责任及有限时间等所带来的负面影响（Watts，2003）。客观且可验证的会计信息能够帮助投资者有效行使其合法权利，通过建议、审批和监督管理层促使管理层致力于提高公司价值，制定更有效的管理层激励合约，并能及时更换不称职的管理层（Bushman and Smith，2001）。例如，鲍尔（Ball，2001）指出会计稳健性能够提高公司治理的有效性，能够降低管理层事前选择负净现值项目、随后把其业绩后果推给下一届管理层的可能性，促使管理层放弃净现值为负的项目。曼努埃尔等（J. Manuel et al.，2007）

认为，管理层知道盈余的可靠性降低（如通过盈余管理以避免盈余被投资者低估，通过盈余平滑使其显得更持续）会加大信息不对称风险，这些风险会被投资者用于定价，管理层在权衡权益资本成本增减后，可能会减少采用激进会计政策的动机和行动，从而起到投资者保护作用。

4. 会计与治理能够实现相互替代而保护投资者

与前一种观点认为高质量会计信息可以起到良好治理作用而保护投资者不同，这种观点认为，在"弱"会计下，更有可能通过"强"公司治理机制保护投资者，在"弱"治理下，更有可能通过"强"会计保护投资者。布什曼等（Bushman et al.，2004）发现会计透明度与公司治理机制（包括股权集中度、董事激励及独立董事质量）之间呈负相关关系，他们认为这是由于低会计质量下会产生更大的"强"治理需求，以减少道德风险问题（moral hazard problems），会计在公司治理的制衡中保护投资者。

拉波特等（1998）在对不同法源系国家投资者保护状况评价时提出一种观点，他们认为会计是对弱投资者保护的一种替代和补偿机制，一些国家和地区治理机构不完善、投资者保护程度较低，会计系统通过提供更加透明的会计信息，能够在一定程度上对这种低投资者保护进行弥补。还一种观点与此类似，但这认为会计（包括审计）是一个独立的投资者保护变量，它对资本市场的影响独立于投资者法律保护（Francis et al.，2003），高质量的财务会计系统能够替代投资者法律保护促进证券市场的发展。

从上面的观点与理论可以看出，学界普遍认可会计具有投资者保护功能，但对会计发挥投资者保护的形式、机制与方式并未形成统一的认识，也未形成统一的会计投资者理论架构。更重要的是，在中国特殊的制度背景、经济背景、文化背景与治理背景下，上述观点与理论能否解释会计治理功能，现有文献并未深入研究。因此，建立适合我国资本市场发展的会计投资者理论框架，对于会计准则效果评估、会计监管、投资者保护评价具有重要的理论与实践意义。

我们认为，会计信息投资者保护的经济后果表现在两个方面：一是收益；二是风险。高质量的会计信息会带来良好的投资者保护，在公司层面会表现为良好的经济绩效、较低的权益资本成本、更低的股价崩盘风险、更低的应计异象；而较低的会计信息质量会破坏投资者保护，表现为公司较低的经济绩效、较高的权益资本成本、更高的股价崩盘风险和更高的应计异象风险。

二、会计信息质量与经济绩效

根据前面的综述，投资者保护观下的会计信息具有重要的治理功能，因此，会计信息质量的提升有助于提升公司整体经济绩效。我们将对其渠道进行论述，通过其路径研究以更好地发挥会计信息在公司治理中的价值。

这里，我们将直接探讨财务会计信息对经济绩效的影响。我们将从以下几个方面展开探讨。首先是投资者保护观下的会计信息质量（即前文中涉及的会计信息的稳健性、相关性以及信息披露质量等方面）是否会对经济绩效造成影响，以及其影响的程度。我们预计在投资者保护观下的会计信息质量将从公司治理机制以及其他更加有效的渠道对经济绩效产生长期稳定的综合效应。下面我们重点对会计信息质量对经济绩效产生影响的作用机制进行探讨。

首先，我们认为公司高质量的财务会计信息质量有助于管理者和投资者更加准确地识别与甄选投资机会（项目识别）。阿克洛夫（George Akerlof）于1970年的论文《柠檬市场：产品质量的不确定性与市场机制》中以二手车交易为例提出了一个重要的理论，即信息不对称理论。而在现实经济活动中由于可靠信息的缺乏，投资者与公司之间存在着严重的信息不对称，而在事前表现为逆向选择（adverse selection），在事后表现为道德风险（moral hazard）。这两种行为不仅会招致"劣币驱逐良币"，更会降低资本市场资源配置效率。因此，真实可靠的会计信息将有助于投资者进行项目的识别与甄选，进而提高资本市场资源配置效率，更好地保护投资者权益的同时，也有助于管理层更加有效地利用公司闲置资金为股东创造更多财富。高质量的会计信息可以给管理者和投资者对识别投资机会提供直接有效的帮助。例如，管理者可以根据其他公司公开的会计信息及其质量来判断该公司的发展前景，从而发掘新的投资机会，利用公司的闲置资金更好地提升公司价值（见图2-1中A-A1）。

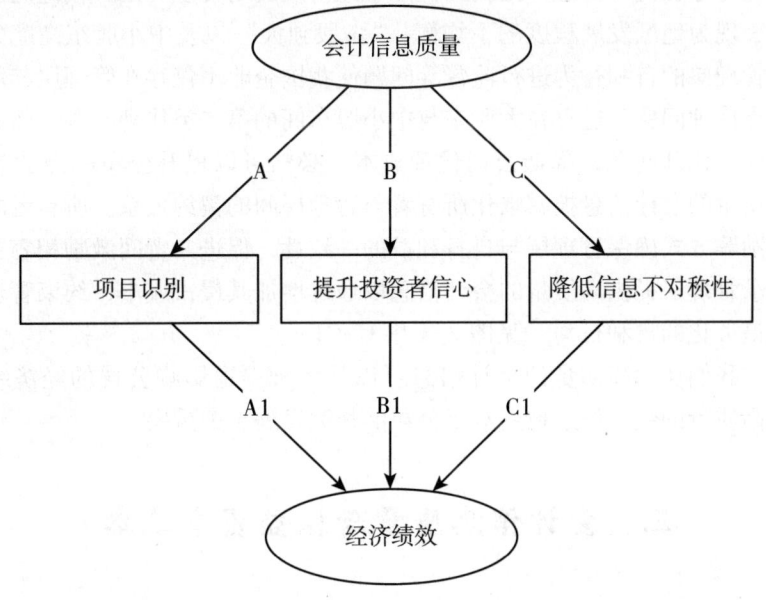

图2-1　会计信息质量与经济绩效

其次，根据斯宾塞（Spence，1973）提出的信号传递理论，会计信息质量也属于投资者了解公司情况的直接信息来源。会计信息质量具有重要的信号传递功能，在股票市场中表现为定价作用。根据有效市场假说（efficient markets hypothesis），在半强式有效资本市场条件下，股票价格会反映所有有关公司前景的公开信息，这些信息又会反过来通过股价反馈给潜在投资者与公司股东，即信息聚合和监测功能。此时，市场会对分散在各个个别投资者手中的公开信息自动进行收集与传播，股东或潜在投资者通过观察这些会计信息，就对公司的前景有了更加明晰的认知。而如果会计信息质量保持在较高的水平，会向股东或潜在投资者释放利好的信号，增强其购买意愿，公司股价随之上扬。因此，高质量的会计信息可以通过股价的影响直接提升公司绩效。

再次，在公司的资金来源中，除股东外，债权人也是重要的资金来源。而债权人所要求的资本回报率往往与风险水平直接相关。高质量的会计信息往往意味着较低的风险，此时债权投资者的信心得到了增强，对风险补偿要求的溢价进一步降低，外部筹资资本成本随之下降，而且公司的外部筹资效率也得到了提升。而那些披露会计信息质量较低公司的投资者会对这种信息披露的差异性提出溢价补偿的要求，变相增加了公司的外部筹资成本，因此会计信息质量较高的公司相对筹资成本就会下降，进而间接提升公司经济绩效水平（见图2-1中B-B1）。

最后，我们认为高质量的会计信息能够通过提高公司的信息透明度，进而降低代理成本提高经济绩效，这也是其最后一个作用渠道。根据詹森和梅克林（Jensen and Meckling，1976）的观点，由于两权分离下所有者与管理层的利益冲突，现代制公司内普遍存在代理问题。而我国正处于经济发展的转型时期，代理问题尤为突出，主要表现为地区发展程度的不均衡、"一股独大"以及中小股东高度分散，无法有效对管理层的自利行为进行监督等问题使我国企业不仅存在管理层与所有者之间的第一类代理问题，还存在大股东与中小股东间的第二类代理问题。因此，如果能有效地处理代理问题，降低公司代理成本，必然可以提升公司的经营效率与绩效。而高质量的会计信息披露强化所有者与管理层间的契约关系。所有者既可以通过股权激励等方式确保管理层与自身利益的一致性，促进二者间激励相容；也可以在事先要求管理层提供高质量的会计信息以通过增加其侵占成本，约束管理层偏离股东价值最大化的自利行为（见图2-1中C-C1）。

总之，我们认为高质量的会计信息可以从多种渠道影响公司的经济绩效。因此，保持高质量的会计信息披露对于公司的长远发展至关重要。

三、会计信息质量与权益资本成本

如前所述，会计信息具有重要的定价功能。而权益资本成本是一个公司未来发展的基石。究其根本，从宏观层面来看，权益资本成本在现实经济运行中、在资金的融通过程中起着至关重要的作用。权益资本成本过高将阻碍资金的融通，导致资本市场融资功能的失灵。从微观层面分析，公司投资方案的影响因素之一就是权益资本成本，权益资本成本太高，公司需要付出大的代价，这将导致公司投资不足，影响公司发展。因此，权益资本成本可以很好衡量公司融资能力与融资效率及未来持续收益。我们认为会计信息质量的定价功能将降低投资者或市场对公司权益资本成本的错误定价风险，即提高其定价的准确性。由于权益资本成本可以通过模型准确度量，因此在这一部分我们希望通过模型推导与理论推导构建会计信息质量与权益资本成本之间的理论框架。

我们假设会计信息质量（代表了外部投资者与内部股东的信息不对称风险）可以部分地为市场所定价。这里需要说明的是，传统的风险理论难以满足解释会计信息质量与权益资本成本关系的需要。第一，传统风险理论一般分析公司信息风险对 β 的影响，同时认为，信息风险会对所有单个公司和对市场组合的影响是同质、同量的，现实中是不可能的，信息风险对不同的公司以及市场组合的风险是不一致的；第二，传统风险理论较少关注风险环境因素对公司的个别变化的影响，公司特有信息环境对公司资本成本的影响往往被忽略；第三，传统风险理论研究认为公司历史回报在时间序列观察中得到，而事实上，历史观察的时间序列信息是模型协方差的重要构成部分，而且新消息与同时观察的信息有条件相关，并与其他信息有条件独立。我们在下面的分析框架中，适当修正了这些局限，认为公司的会计信息质量会影响到公司现金流量与市场上其他公司现金流量的协方差，这与传统风险理论（Brown，1979；Barry and Brown，1984，1985；Coles and Loewenstein，1988；Coles et al.，1995）有所不同。

根据财务学基本定义，证券 j 的期望收益（权益资本成本）为

$$\tilde{R}_j = \frac{\tilde{V}_j - P_j}{P_j}$$

其中，P_j 为证券 j 当前价格，$\tilde{V}_j$ 为证券 j 期末预期的现金流量（预期价值）。

Φ 为市场参与者可获得的关于证券期末预期现金流量的信息集：

$$E(\tilde{R}_j | \Phi) = \frac{E(\tilde{V}_j | \Phi) - P_j}{P_j}$$

根据 CAPM 模型（Fama，1976），考虑条件信息：

$$\begin{aligned} E(\tilde{R}_j | \Phi) &= R_f + [E(\tilde{R}_j | \Phi - R_f)] \beta_j \\ &= R_f + \frac{E(\tilde{R}_j | \Phi - R_f)}{\text{Var}(\tilde{R}_m | \Phi)} [\text{Cov}(\tilde{R}_j, \tilde{R}_m | \Phi)] \end{aligned} \quad (1)$$

根据式（1），可以得到 CAPM 的价格模型。

已知 $\text{Cov}(\tilde{R}_f, \tilde{R}_m) = \text{Cov}(\frac{\tilde{V}_j}{P_j}, \frac{\tilde{V}_m}{P_m}) = \frac{1}{P_j \cdot P_m} \text{Cov}(\tilde{V}_j, \tilde{V}_m)$，则

$$P_j = \frac{E(\tilde{V}_j|\Phi) - \frac{E(\tilde{V}_m|\Phi) - (1+R_f)P_m}{\text{Var}(\tilde{R}_m|\Phi)}[\text{Cov}(\tilde{V}_j, \sum_{k=1}^{J}\tilde{V}_k|\Phi)]}{1+R_f} \quad (2)$$

其中，$j=1, 2, \cdots, J$，即市场中有 J 种证券。

式（2）表明，证券 j 当前价格是预期期末现金流量减去一个风险缩减因子，并以无风险利率进行折现。同时，式（2）中包括一个宏观市场因素：$\frac{E(\tilde{V}_m|\Phi)-(1+R_f)P_m}{\text{Var}(\tilde{R}_m|\Phi)}$，同时包括一个公司特有因素，$j$ 公司与其他公司现金流的协方差：$\text{Cov}(\tilde{V}_j, \sum_{k=1}^{J}\tilde{V}_k|\Phi)$。

当市场中有 N 个参与者，市场的风险承受因子为（与股票价格呈负效应，即风险承受系数越高，期望回报越高，股票价格越高）。假设期末现金流量服从同方差的正态分布，此股票的期初价格为：

$$P_j = \frac{E(\tilde{V}_j|\Phi) - \frac{1}{N^\tau}[\text{Cov}(\tilde{V}_j, \sum_{k=1}^{J}\tilde{V}_k|\Phi)]}{1+R_f} \quad (3)$$

同理，所有证券市场组合的价格为：

$$Pm = \frac{E(\tilde{V}_m|\Phi) - \frac{1}{N^\tau}[\text{Var}(\tilde{V}_m|\Phi)]}{1+R_f}, \quad \text{即} \quad \frac{1}{N^\tau} = \frac{E(\tilde{V}_m|\Phi)-(1+R_f)P_m}{\text{Var}(\tilde{V}_m|\Phi)}, \text{也就是说，}$$

市场风险承受因子决定了市场风险溢价水平。

由此，我们可以得到：

$$E(\tilde{R}_j|\Phi) = \frac{E(\tilde{V}_j|\Phi) - P_j}{P_j}$$

$$= \frac{E(\tilde{V}_j|\Phi)(1+R_f) - E(\tilde{V}_j|\Phi) + \frac{1}{N^\tau}[\text{Cov}(\tilde{V}_j, \sum_{k=1}^{J}\tilde{V}_k|\Phi)]}{E(\tilde{V}_j|\Phi) - \frac{1}{N^\tau}[\text{Cov}(\tilde{V}_j, \sum_{k=1}^{J}\tilde{V}_k|\Phi)]}$$

$$= \frac{R_f E(\tilde{V}_j|\Phi) + \frac{1}{N^\tau}[\text{Cov}(\tilde{V}_j, \sum_{k=1}^{J}\tilde{V}_k|\Phi)]}{E(\tilde{V}_j|\Phi) - \frac{1}{N^\tau}[\text{Cov}(\tilde{V}_j, \sum_{k=1}^{J}\tilde{V}_k|\Phi)]} \quad (4a)$$

假定 $\text{Cov}(\widetilde{V}_j, \sum_{k=1}^{J} \widetilde{V}_k | \Phi) \neq 0$，则：

$$E(\widetilde{R}_j | \Phi) = \frac{R_f H(\Phi) + 1}{H(\Phi) - 1} \tag{4b}$$

其中，

$$H(\Phi) = \frac{E(\widetilde{V}_j | \Phi)}{\frac{1}{N^\tau}[\text{Cov}(\widetilde{V}_j, \sum_{k=1}^{J} \widetilde{V}_k | \Phi)]}$$

式（4）说明，公司的权益资本成本由四个因素决定：无风险利率（R_f）；市总的风险承受因子（N^τ）；公司未来预期的现金流量（$E(\widetilde{V}_j | \Phi)$）；公司未来预期现金流量相对于所有公司现金流量的协方差 $[\text{Cov}(\widetilde{V}_j, \sum_{k=1}^{J} \widetilde{V}_k | \Phi)]$。

假设其他因素不变：

当 R_f 上升时，$E(\widetilde{R}_j | \Phi)$ 上升；

当总的风险承受因子（N^τ）上升时，期望收益上升；

公司未来预期的现金流量 $E(\widetilde{V}_j | \Phi)$ 上升时，期望收益下降；[①]

公司未来预期现金流量相对于所有公司现金流量的协方差 $[\text{Cov}(\widetilde{V}_j, \sum_{k=1}^{J} \widetilde{V}_k | \Phi)]$ 上升时，期望收益提高。

根据传统的 CAPM，收益增加的同时风险也会增加，即当 $E(\widetilde{V}_j | \Phi)$ 和 $\text{Cov}(\widetilde{V}_j, \sum_{k=1}^{J} \widetilde{V}_k | \Phi)$ 同时上升，且比例相同时，$H(\Phi)$ 不变，$E(\widetilde{V}_j | \Phi)$ 也不发生变化。

我们认为，由于固定成本、规模经济的存在，二者不会相同比例升降，同时新的信息也会对二者产生影响。

会计信息披露是投资者最新的信息来源，投资者会根据会计信息提供的增量信息对权益资本成本重新定价，进而影响对股票的定价，并据以进行买卖决策，这样会计信息很快表现在股票的价格中（Ball and Brown，1968）。那么，会计信息及其质量是如何影响投资者对权益资本定价的呢？

[①] 直观上举例，一家公司未来有两组预期现金流量，一组为 V_j^a 为无风险现金流量，其对应的期望收益为 $E(\widetilde{R}_j^a)$，一组为 V_j^b 为风险现金流量，其对应的期望收益为 $E(\widetilde{R}_j^b)$，则 $E(\widetilde{R}_j^a) < E(\widetilde{R}_j^b)$，公司的期望收益 $E(\widetilde{R}_j)$ 介于二者之间。当 $E(\widetilde{V}_j)$ 上升时，风险不变，说明 $E(\widetilde{R}_j^a)$ 上升，公司的期望收益 $E(\widetilde{R}_j)$ 更接近于无风险回报，即期望收益降低。

根据式（4），会计信息及其质量同样会影响投资者对 $E(\tilde{V}_j|\Phi)$ 和 $\mathrm{Cov}(\tilde{V}_j, \sum_{k=1}^{J}\tilde{V}_k|\Phi)$ 的估计，与低质量的会计信息相对，高质量的会计信息会对 $H(\Phi)$ 产生影响，最终会传递到 $E(\tilde{R}_j)$ 之中，会对权益资本成本产生直接影响。不考虑盈余稳健性的间接影响，假定特定公司 j 的运营、投资和融资决策不变，会计不影响公司真实的现金流量，但会直接影响到市场参与者对公司 j 现金流量分布的评估和预期，这最终会影响到公司的均衡价格和期望回报。下面将分别进行讨论：

1. 会计信息质量对未来现金流量 $E(\tilde{V}_j|\Phi)$ 的影响

$E(\tilde{V}_j|\Phi)$ 是建立在投资者公司未来预期收益回报的基础上的，高质量的会计信息更快地确认"坏消息"，而对于"好消息"递延确认。两家公司 j 和 k，当前价格相同（$P_j=P_k$），但会计信息质量有差异（$Cons_j > Cons_k$），由于投资者面对的信息函数 Φ 不同，公司 j 对于"好消息"更可能以递延方式确认，投资者对其未来预期的现金流量的预期更高，因而，$E(\tilde{V}_j|\Phi_j) > E(\tilde{V}_k|\Phi_k)$，反映到权益资本成本上，$E(\tilde{R}_j|\Phi_j) < E(\tilde{R}_k|\Phi_k)$，即会计信息质量高的公司权益资本成本更低。

2. 会计信息质量对公司 j 未来现金流量方差的影响

由于 $\mathrm{Cov}(\tilde{V}_j, \sum_{k=1}^{J}\tilde{V}_k|\Phi) = \mathrm{Cov}(\tilde{V}_j, \tilde{V}_j) + \mathrm{Cov}(\tilde{V}_j, \sum_{k\neq j}\tilde{V}_k|\Phi)$

稳健性是高质量财务报告的一个重要特征和惯例，遵循此惯例，形成财务信息编制者和使用者在生成和使用信息时的稳定预期，对于公司的"坏消息"，是其发生当时即予以确认，而对于"好消息"，其在消息得到确证时确认或递延确认。而与之相对应，较低质量的会计信息一方面会破坏编制者与使用之间已经达成的非正式信息提供契约，打破二者所形成的相对均衡，降低投资者对未来会计信息预测的精度；同时，使投资者对公司未来现金流量分布预期的波动性加大，提高了预期未来现金流量的方差 $\mathrm{Cov}(\tilde{V}_j, \tilde{V}_j)$，使 $E(\tilde{R}_j|\Phi_j)$ 提高。即高质量的会计信息能够降低未来现金流量的波动性（方差），使投资者预测更加精确。

3. 会计信息质量对公司与市场上其他公司现金流量协方差的影响

$$\tilde{Z}_j = \tilde{V}_j + \tilde{\varepsilon}_j$$

其中，$\tilde{Z}_j$ 为投资者可得到的现金流量信息集；$\tilde{V}_j$ 为公司 j 预期的现金流量；$\tilde{\varepsilon}_j$ 为

噪音或估计误差。公司 k 的现金流量信息集与预期现金流量也遵循同样的关系。

公司 j 和公司 k 现金流量的协方差依赖于公司 j 的现金流量信息,当公司 j 的会计信息稳健性上升带来未来现金流量估计精度上升时,会使 $\text{Cov}(\tilde{V}_j, \tilde{V}_k)$ 趋于 0。

即:

$$\text{Cov}(\tilde{V}_j, \tilde{V}_k | Z_j) = \text{Cov}(\tilde{V}_j, \tilde{V}_k) \frac{\text{Var}(\tilde{\varepsilon}_j)}{\text{Var}(\tilde{Z}_j)} \tag{5}$$

从式(5)可以看到,j 和 k 的条件协方差等于其非条件协方差乘以一个系数,此系数为估计误差的方差占可获信息方式的比例。

当 $\tilde{Z}_j$ 的估计误差下降,$\tilde{V}_j$ 与 $\tilde{V}_k$ 的协方差下降,存在两种极端情况:(1)当 $\tilde{Z}_j$ 有无限大的估计误差时,此时 $\tilde{Z}_j$ 没有任何信息含量;(2)当 $\tilde{Z}_j$ 完全精确没有误差时,$\tilde{Z}_j = \tilde{V}_j$,由于 $\tilde{V}_j$ 可以在当前观测到,为确定变量,所以 $\text{Cov}(\tilde{V}_j, \tilde{V}_k) = 0$。

一般情况下,当 $\tilde{\varepsilon}_j$ 下降时,$\text{Cov}(\tilde{V}_j, \tilde{V}_k | Z_j)$ 下降。

推而广之:

$$\sum_{k=1}^{J} \text{Cov}(\tilde{V}_j, \tilde{V}_k | Z_j) = \sum_{k=1}^{J} \frac{\text{Var}(\tilde{\varepsilon}_j)}{\text{Var}(\tilde{Z}_j)} \text{Cov}(\tilde{V}_j, \tilde{V}_k) = \frac{\text{Var}(\tilde{\varepsilon}_j)}{\text{Var}(\tilde{Z}_j)} \text{Cov}(\tilde{V}_j, \sum_{k=1}^{J} \tilde{V}_k)$$

即对公司 j 现金流量的预期不但改变公司 j 自身现金流量的方差,而且改变公司 j 与市场上所有公司现金流量预期的协方差。

设公司 j 未来现金流量的分布为"单因素模型"(single-factorindex model),即:

$$\tilde{V}_j = a_j + b_j \tilde{\theta} + \tilde{\mu}_j$$

其中,$\tilde{\theta}$ 为市场因素,设 $\tilde{\mu}_j$ 为公司特有因素($\tilde{\mu}_j$ 之间相互独立),则:

$$\text{Cov}(\tilde{V}_j, \tilde{V}_k) = b_j b_k \text{Var}(\tilde{\theta})$$

那么:

$$\text{Cov}(\tilde{V}_j, \tilde{V}_k | Z_j) = b_j b_k \text{Var}(\tilde{\theta}) \frac{\text{Var}(\tilde{\varepsilon}_j)}{\text{Var}(\tilde{Z}_j)}$$

推而广之,

$$\text{Cov}(\tilde{V}_j, \sum_{k \neq j} \tilde{V}_k | Z_j) = b_j b_k \text{Var}(\tilde{\theta}) \frac{\text{Var}(\tilde{\varepsilon}_j)}{\text{Var}(\tilde{Z}_j)} \sum_{k=j} b_k$$

因此，公司未来预期现金流量与其他公司的协方差受到估计误差和市场因素双重因素的影响。

其经济含义为，当公司会计信息质量更高时，会带来三个方面的经济效应：现金流量预期上升；现金流量的方差预期降低；现金流量与市场上其他公司的协方差降低。而根据式（4），其经济后果的综合表现为公司权益资本成本的降低。因此，我们预期会计信息质量的提高会被市场中的投资者所定价。所以，我们预期高质量的会计信息和权益资本成本之间应当呈现负相关关系。

四、会计信息质量与股价崩盘风险

股价崩盘是指在资本市场中，股票价格在较短时间内出现"骤降"（crash）的事件。股价的崩盘，不仅严重影响了投资者对于资本市场的信心，更会进一步给实体经济造成巨大损失。而我国与西方发达国家相比，监管体系尚未成熟，存在"庄"家对股票市场价格的操纵行为与非理性投资者的"羊群效应"等行为，会进一步加剧股价的崩盘，因此股价崩盘一经发生，后果更为严重。股价的崩盘，不仅严重影响了投资者对于资本市场的信心，更会进一步给实体经济造成巨大损失。因此，股价崩盘不仅仅是学界内研究的热门领域，更是实务界乃至政府监管的重中之重。2017年5月召开的全国金融工作会议上，习近平总书记就曾明确提出"防止发生系统性金融风险是金融工作的永恒主题。要把主动防范化解系统性金融风险放在更加重要的位置，科学防范、早识别、早预警、早发现、早处置，着力防范化解重点领域风险，着力完善金融安全防线和风险应急处置机制"。我们试图在本节探讨会计信息质量与股价崩盘风险的理论相关关系，为风险的防范与化解提供理论支持。

早期对股价崩盘风险的研究主要集中于其形成原因，学界内普遍认为股价崩盘的发生是由于公司管理层出于自利动机的考虑对负面消息进行了隐瞒，而当负面消息累积达到一定阈值时会集中爆发，此时就导致了股价的崩盘。高质量的会计信息有助于降低股票价格崩盘风险，因为它一方面可以使管理层对公司的业绩、投资机会与发展前景有更明晰的认知，从而使其决策更加有效，从根本上减少"坏消息"的产生；另一方面，高质量的会计信息披露也增加了内部知情人对坏消息和会计舞弊行为的隐瞒成本，从而降低了股价崩盘的风险。此外，就中国特有的第二类代理问题而言，高质量的会计信息也增加了大股东侵占中小股东利益的成本，使管理层和控股股东更难以掩盖其业绩不佳的信息，提升其侵占及谋取私利的成本。因此，高质量的会计信息能够降低了股价崩盘发生的可能性（见图2-2）。

第二章 基于会计的投资者保护理论框架

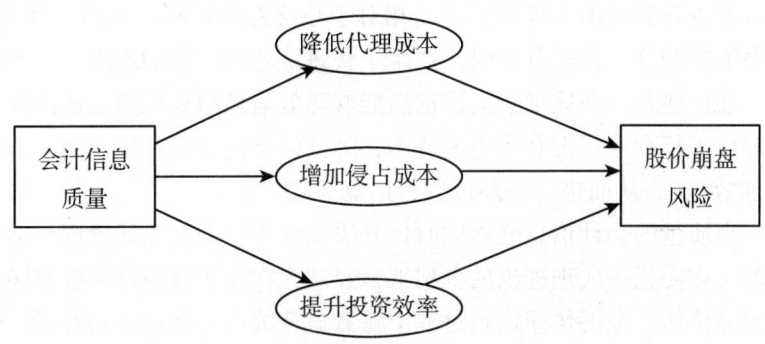

图 2-2 会计信息质量与股价崩盘风险

具体而言，会计信息质量对股价崩盘风险的抑制作用可以从以下三个路径解释：

第一，高质量的会计信息能够降低"坏消息"隐藏的代理成本及风险。实证显示，代理理论能够很好地解释企业股价崩盘风险，大量实证研究代理理论表明，对于"坏消息"瞒报的代理问题会增加崩盘风险。吉恩和迈尔斯（Jin and Myers，2006）发现，公司业绩缺乏透明度，会使内部人在业绩表现好时攫取更多的现金流，而在业绩表现差时隐瞒负面信息。但是，当累积亏损超过管理者可控的阀值时，突然发布的坏消息就会导致公司股价崩盘。会计信息质量可以防范股价崩盘，因为其可以降低内部人瞒报坏消息的可能性和隐藏欺诈性信息的动机，并有利于外部投资者及时采取行动保护自身利益。因此，会计信息质量较高的公司发生股价崩盘的概率较低。会计报表信息质量和信息披露质量是投资者保护的基本要素，从公司内部来看，会计信息质量具有抑制股价崩盘风险的重要信息属性：一是更低程度的盈余管理，盈余管理（一般指正向，在上市公司也是最常见形式）程度越低，公司"坏消息"会更公允地被揭示和报告，由于"好消息"变"坏消息"、"好消息"被放大而产生的"坏消息"积累及反转风险会更低，从而股价崩盘的可能性降低；二是高质量信息意味着更高的会计稳健性（Basu 意义上），高的稳健性意味着"坏消息"更及时地被确认，避免或减少由于"坏消息"隐藏、堆积或递延揭示而对公司股价的反转风险。

第二，会计信息质量提高了高管和控股股东对外部投资者进行利益侵占的成本。侵占行为有多种形式。如内部人为了保护其私人收益，会进行盈余管理以向外部人隐藏企业的绩效，并将资产转让给内部人控制的其他公司等。内部人掩饰业绩的方式，如盈利平滑，股权激励以及避税最终都可能导致股价的突然崩盘。在中国特定的制度背景下，既存在包装、盈余管理，以及国有公司的内部人控制等第一类代理问题，也存在大量的第二类代理问题，主要表现为控股股东的利益侵占，控股股东可能通过多种手段掏空上市公司，侵占上市公司利益，掏空本身会积累股价崩盘风险，这本身是公司由于代理问题（相对于经营失败）而带来的"坏消息"，而此坏消息叠加隐藏这一代理行为时，产生了代理成本的"叠加效应"，无疑会增加崩盘风险。前已述及，高质量的会计信息能够降低信息隐藏风险，进而提升了控股股东和管理层进行利益侵占和掏空的成本，降低两类代理成本以及第二类代理成本中的"叠加效应"，从而进一步降低股价崩盘风险。

第三，高质量的会计信息能够同时提升决策效率，抑制无效投资，从而降低股价崩盘风险。在委托—代理理论的框架下，经理人存在普遍的过度投资倾向，而我国作为新兴经济体，经济快速增长过程中具有显著依靠投资拉动的特征，普遍都存在过度投资倾向。有研究发现，很多崩盘风险都是基于投资无效或投资失败所引起的，而由于管理层的过度自信倾向，使他们更容易投资于 NPV 为负的项目，因此会带来股价崩盘风险。高质量的会计信息不仅涵盖了事前与事中的完善或强化投资者保护的实现机制与行为，其中的管理决策和财务决策质量是其重要组成部分，管理决策质量提升，要求企业合理使用管理决策工具，着眼于行业竞争优势的提升和内部管理流程的优化，有利于降低管理层的盲目决策风险，缓和过度自信风险。另外，会计信息质量的重要组成部分是评价公司的财务决策质量，包括投资质量、筹资质量，好的财务决策会综合考虑项目的投资方向，项目的收益与融资成本，这会大大降低 NPV 为负项目出现的概率。综合来看，无论是管理决策优化还是 NPV 为负项目的减少，都会有力减少过度投资和无效投资，而这是抑制股价崩盘风险的一个重要因素。

综上所述，我们认为高质量的会计信息能够有效降低股价崩盘风险，能有效防范股价崩盘事件的发生。

五、会计信息质量与应计异象

关于应计异象最早的研究来自斯隆（1996）。斯隆认为：应计异象是指由于应计项目被市场错误定价从而可以通过构造套利组合产生超额收益的现象。他主要研究了两个问题：一是当期盈余中的应计部分和现金流量的持续性如何，在预测未来盈余时两者的贡献到底有多大，也就是应计项目和现金流量在预测未来盈余时是否存在差别；二是证券价格能否反映出应计项目和现金流量信息含量的差别。对于第一个问题，斯隆认为经营现金流量（CFO），相对于应计部分（accrual），不太容易被操纵且更具客观性，故会计盈余的持续性随着当期盈余中应计项目的增加而下降，随着现金流量的增加而增加，也就是说，现金流量在预测未来盈余时的贡献比应计项目的贡献更大。对于第二个问题，斯隆利用理性预期模型（Mishkin 模型）证明了由于投资者幼稚地将目光锁定在报告盈余（reported earnings）中，股票价格不能正确反映应计项目和现金流量对会计盈余持续性的差别。

那么,哪些应计项目可能会造成应计的低持续性?谢(2001)主要研究股票价格能否反映未来一年应计项目的信息含量。谢使用理性预期模型和投资组合方法检验发现市场高估非正常应计项目的持续性,并且对非正常应计项目定价过高,在控制了非可操纵性应计之后,结论仍然成立。说明应计项目的低持续性来自可操纵应计项目。

赫里巴尔(Hribar,2000)发现产生应计项目低持续性的原因主要是存货项目的异常变动,同时也没有足够证据证明比较透明的应计项目出现定价错误。赫里巴尔分析了营运资本,根据与销售增长的相关性将存货和应收账款分解为可操纵部分和不可操纵部分,他发现市场定价错误主要来自可操纵性部分。托马斯和张(Thomas and Zhang,2002)与赫里巴尔(2000)的发现相似,应计项目与未来股票收益的负向相关关系主要由于存货项目的变动。存货增加(减少)的企业在前五年都具有较高(低)的盈利水平和股票收益率,但是如果存货发生变化,这种趋势将发生逆转。在存货的构成项目(原材料、在产品和完工产品)中,原材料的变动会产生最高的超额回报,并且超额回报集中在随后的季度盈余公告日期前后。

理查森、斯隆、索利曼和图纳(Richardson,Sloan,Soliman and Tuna,2005)考察了应计项目的可靠性与会计盈余持续性之间的关系。研究发现,低可靠性应计项目的确认将导致会计盈余的低持续性从而投资者会做出错误定价;盈余持续性程度与股价定价错误程度直接与应计项目的可靠性相关。另外,理查森等人提出关于应计的一个全面定义,并据此对应计项目进行分解,认为总应计应包括非流动性营运资本变动,如果忽略非流动性应计将会在应计项目的计量上产生噪音。

根据上述学者观点,应计分为可操纵性应计和非可操纵性应计,在控制了非可操纵性应计项目后,应计仍然呈现低持续性,说明应计低持续性是可操纵性应计项目引起的,应计异象很可能源于管理层的盈余管理和盈余操纵。高质量的会计信息一方面意味着盈余的持续性较高,缺乏产生应计异象的基础,更重要的是有较少的盈余管理和盈余操纵,因此应计异象产生的信息障碍更少。也因此,会计信息质量的提高会降低应计异象。

基于会计的投资者保护指数：构建与评价

我们分三个方面对上市公司的会计信息质量进行测度，并构建投资者保护指数。本章从指标的构建与权重的分配两个维度进行阐述。

一、评价指标的构建

我们将从以下三个方面构建中国上市公司会计投资者保护指数。

（一）可靠性

可靠性主要通过盈余管理和盈余稳健性来衡量。具体分析如下：

1. 盈余管理（ACCU）

我们使用应计利润分离法以测试盈余管理，把应计总额分解为操控性应计利润和非操控性应计利润，并假定非操控性应计利润随经济环境的变化而变化。夏立军（2001）发现，分行业估计并且采用线下项目前总应计利润作为因变量估计特征参数的基本琼斯模型和 KS 模型最能有效揭示出盈余管理。考虑到模型的普遍适用性，我们采用基本的琼斯模型来测度上市公司的盈余管理程度。模型构建如下：

$$TCA_{j,t} = a_0 + a_4 \Delta REV_{j,t} + a_5 PPE_{j,t} + \varepsilon_{j,t}$$

其中，$TCA_{j,t}$ 代表公司的总应计利润，$TCA_{j,t}$ = 净利润（$NI_{j,t}$）- 经营活动的净现金流量（$CFO_{j,t}$）；$\Delta REV_{j,t}$ 指公司 j 在第 $t-1$ 年与第 t 年之间的收入变化量；$PPE_{j,t}$ 指公司 j 第 t 年的固定资产净值；$\varepsilon_{j,t}$ 为残差。式中的所有变量都除以年初总资产进行平减。

2. 盈余稳健性（CONS）

大量文献认为，稳健的财务报告是高质量的，或者说高质量的财务报告应当是稳健的（Ball, Robin and Wu, 2003; Ball and Shivakumar, 2005），稳健的会计信息有助于通过降低信息不对称、提高公司治理水平而发挥投资者保护作用。

本指数以改进的公司层面的巴苏（Basu）模型（Khan and Watts, 2009）作为稳健性的基本测度方法。

用来估计单个公司稳健性的基本模型为巴苏模型（Basu, 1997）：

$$X_i = \beta_1 + \beta_2 D_i + \beta_3 R_i + \beta_4 D_i R_i + \varepsilon_i$$

其中，X_i 代表净收益（用总资产平减）；R 代表公司的股票投资收益，用考虑现金分红再投资者股票年回报率代表；D 是一个虚拟变量，当 $R<0$ 时，D 取 1，其他情况，D 取 0；ε 是残差。

同时，我们使用下面的模型估计每个公司的稳健性（C_Score）：

$$C\_Score_i = \beta_4 = \lambda_1 + \lambda_2 Size_i + \lambda_3 M/B_i + \lambda_4 Lev_i$$

其中，$Size$ 为公司的年末总资产；M/B 为公司期末市场价值与账面价值比；Lev 为公司年末的资产负债率。λ_i（$i = 1, 2, 3, 4$）由扩展的巴苏模型估计得出，模型为：

$$\begin{aligned}X_i = &\beta_1 + \beta_2 D_i + R_i(\mu_1 + \mu_2 Size_i + \mu_3 M/B_i + \mu_4 Lev_i) + D_i R_i(\lambda_1 \\ &+ \lambda_2 Size_i + \lambda_3 M/B_i + \lambda_4 Lev_i) + (\delta_1 Size_i + \delta_2 M/B_i + \delta_3 Lev_i \\ &+ \delta_4 D_i Size_i + \delta_5 D_i M/B_i + \delta_6 D_i Lev_i) + \varepsilon_i\end{aligned}$$

同时，在稳健性测度中，考虑了年报审计意见及年报重述对稳健性的影响。

（二）相关性

按照 FASB 和 IASB 的观点，财务报告的主要目标是向会计信息使用者提供与决策相关的信息，从投资者保护观点出发，财务报告能够为投资者提供决策相关的信息，可以促进外部投资者的投资决策，以维护其投资利益。

我们使用以下两个指标来测度公司层面的会计信息的相关性。

1. 年报盈余的信息含量（INFO）

计算公司年报的 CAR（+1, +5），我们以年报公布日为第 1 日，若该股票当日停牌，则以年报公布次日第 1 日。CAR 的计算使用市场模型，即：

$$CAR_j = \sum_{d=1}^{5} [R_{j,d} - E(R_{j,d})] = \sum_{d=1}^{5} (R_{j,d} - \hat{\beta}_j \cdot R_{m,d})$$

其中，$R_{j,d}$ 为考虑现金分红再投资的个别日收益率；$R_{m,d}$ 为第 d 日考虑现金分红再投资流通市值加权的 A 股市场平均收益；$\hat{\beta}_j$ 为公司 j 在 2009 年度市场数据估计的贝塔系数。

以 CAR 与公司的未预期盈余 UE_j（$UE_j = EPS_{j,t} - EPS_{j,t-1}$）相对比率作为公司年报信息含量的测试指标，即：

$$INFO_j = \frac{CAR_j}{UE_j / P_{t-1}}$$

其中，P_{t-1} 为公司上年末股票收盘价。

2. 年报盈余的价值相关性（REVE）

我们以公司当年未预期回报（UR）与未预期盈余（UE）的比率作为年报盈余的价值相关性代理指标。

$$REVE_j = \frac{UR_j}{UE_j / P_{t-1}}$$

其中，$UR_j = R_{j,t} - \hat{\beta}_j \cdot R_{m,t}$。$R_{j,t}$ 为会计年末前 8 个月到年末 4 个月（-8，+4）的股票考虑现金分红再投资的收益率；$R_{m,t}$ 为会计年末前 8 个月到年末 4 个月（-8，+4）的股票考虑现金分红再投资的 A 股市场收益率（流通市值加权）。

（三）信息披露

信息披露侧重于非财务信息披露及自愿性信息披露度的测量。本指标主要从公司使命与章程、股东、董事会及董事、激励与约束、监事会、社会责任与遵循、审计与风险管理机制 7 个方面分 48 个具体条目对上市公司信息披露状况进行评价（见表 3-1）。

表 3-1　　　　　　　公司非财务信息披露及评分

二级指标	分数	三级指标	具体条目
公司使命与章程	2	公司使命与章程	略
股东	8	股权结构 股东性质 关联交易	略
董事会及董事	13	董事背景 董事会下属专业委员会 董事与 CEO 独立董事	略

续表

二级指标	分数	三级指标	具体条目
激励与约束	9	激励考评机制 选聘情况 高管薪酬	略
监事会	4	监事背景	略
社会责任与遵循	4	社会责任 员工治理的作用 其他利益相关者保护机制	略
审计与风险管理机制	8	内部控制风险管理 外部审计 内部审计	略

在评价中，特定公司如果披露了上述信息，则记 1 分，满分为 48 分。

根据以上论述，我们建立的基于会计信息的投资者保护评价指标体系见表 3-2。

表 3-2　　基于会计信息的投资者保护评价指标体系

会计信息质量	可靠性	应计质量
		盈余稳健性
		财务报告重述
		审计意见
	相关性	年报盈余信息含量
		年报盈余的价值相关性
	信息披露	公司使命披露等 48 项

二、权重的确定

（一）概述

我们选择使用 AHP 方法确定评价指标体系的权重。在经济、管理、环境、社会等学科的评价与评估研究中，特别在对目标对象进行综合评价过程中，常常需要确定指标体系中各指标的权重，AHP 方法是常用的权重确定方法之一。

美国运筹学家、匹兹堡大学萨迪（T. L. Seaty）教授提出了著名的层次分析法

(analytic hierarchy process，AHP）。这是一种定性和定量相结合、系统化、层次化的分析方法。AHP 从本质上讲是一种思维方式。它把复杂问题分解成各个组成因素，又将这些因素按支配关系分组形成递进层次结构，通过两两比较的方式确定各个因素的相对重要性，然后综合决策者的判断，确定决策方案相对重要性的总排序（权重）。

在综合评价过程时，指标体系是一个多层次的体系。因而，在不经过多轮修正的情况下，对于这种多层次、多指标的评价体系来说，AHP 方法具有独特的优点，能够得到比较理想和科学的指标权重。

（二）层次分析法（AHP）的原理及其运用步骤

通过层次分析法（AHP）来确定的基本步骤可分为四个步骤，即建立问题的递阶层次结构模型；构造判断矩阵，进行外部专家调查；建立子指标层次权重并进行一致性检验；建立指标体系总体权重并进行一致性检验。

1. 建立递阶层次结构模型

首先把要研究的实际问题分解为若干因素，然后按属性的不同把这些因素分成若干组，划分递阶层次结构，一般可分为最高层（总目标指标）、中间层和最低层。

2. 构造两两判断矩阵，进行外部专家调查

建立递阶层次结构以后，上下层之间的元素的隶属关系应确定了，假定上一层次的元素 C_k 作为准则层，对下一层次的元素 A_1，A_2，…，A_n 有支配关系，我们的目的是对 A_1，A_2，…，A_n 赋予相应的权重，但直接得到这些权重并不容易，在 AHP 方法中使用的是两两比较法。对 A_1，A_2，…，A_n 中两个元素 A_i 和 A_j 哪一个更重要些，AHP 使用的是 1~5 的比较标度。[①] 根据判断值可以得到两两比较判断矩阵 A，即 $A=(a_{ij})_{n\times n}$，A 为正互反矩阵。

3. 建立子指标层次权重并进行一致性检验

首先要求出正互反矩阵 A 的最大特征值 λ_{max}，其次利用 $AW=\lambda_{max}W$，解出 λ_{max} 所对应的特征向量 W，W 标准化（归一化）的结果即为同一层次中相应于上一层次某个因素 C_k 的相对重要性的排序权重值。

---

① 在两两判断矩阵中，需要进行两个元素的比较，前一个元素与后一个元素同等重要，即标为 1，随着数字加大，前一个元素的相对重要性增加，5 为极大值；相反，数字减小，则前一个元素比后一个元素相对重要性减弱，1/5 为极小值。这是一个把模糊因素定量化的过程。

一般利用随机一致性比率 CR（consistency ratio）作为判断矩阵是否具有满意的一致性的检验指标。其中 $CR = \dfrac{CI}{RI}$，$CI = \dfrac{\lambda_{\max} - n}{n-1}$，其中 $\lambda_{\max}$ 为判断矩阵的最大特征值，n 为判断矩阵的阶数。RI 值根据前任研究直接得出（常大勇，1996），见表 3-3。

表 3-3　　　　　　　　萨迪的判断矩阵 RI 值表

n	1	2	3	4	5	6	7	8	9
RI	0	0	0.58	0.94	1.12	1.24	1.32	1.41	1.45

当 CR<0.1 时，可以认为判断矩阵具有满意的一致性，否则必须调整判断矩阵中的元素。这时从判断矩阵中计算出最大特征根所对应的特征向量，经过标准化后，就可以作为该层次指标体系的权重值。

4. 建立指标体系总体权重并进行一致性检验

计算同一层次所有指标对于总指标相对重要性的排序权值，称为指标体系的总体权重，这一过程是由最高层到最低层逐层进行的。

设上一层次 A 包含 m 个因素 A_1，A_2，…，A_m，它的层次总排序权值分别为 a_1，a_2，…，a_m，下一层次 B 包含因素 B_1，B_2，…，B_n，它们对 A_j 的层次单排序权值分别为 b_{1j}，b_{2j}，…，b_{3j}（当 B_k 与 A_j 无联系时，记 $B_{kj}=0$），得到 B 层总指标权重值。

层次总权重也要进行一致性检验，检验是从高层指标到底层指标进行的，设 B 层中某些因素对 A_j 的子指标层的一致性指标为 R_{ij}，则 B 层总排序随即一致性比率为 $CR = \sum\limits_{j=1}^{m} a_j CI_j \Big/ \sum\limits_{j=1}^{m} a_j RI_j$，当 CR<0.1 时，则通过检验，可以认为指标体系总体权重结果具有满意的一致性，否则拒绝此评价权重体系。

为了取得比较理想的结果，在进行效益评价时，一般应选取各相关学科领域的专家参与此评价过程（一般 5~10 名代表性专家即可达到目的）。在此过程中，一些专家的评价体系可能会被拒绝，综合通过检验的专家（可以采用简单平均方法）的权重体系，可以得到最终的评价指标体系权重。

层次分析法的中心思想是充分利用外部专家工作，并一次性地把外部专家的评价意见内化于指标体系的权重之中，形成一些标准的、格式化的评价框架体系，使综合评价体系更具有科学性、代表性、准确性与权威性。

（三）层次分析法的应用及结果

为了完成相关专家意见的汇总，需要采用专家调查问卷形式进行调查。本次调查对象为会计、审计、内部控制及财务方面的专家,既有理论研究学者,也有实务人员。我们选取了中国人民大学、北京大学、南开大学等学者及审计署、会计师事务所、金融机构及企业财务负责人等实务界人士。调查发放专家调查问卷20份,回收20份,有效问卷18份,有效率90%。

对以上18位专家的AHP问卷(见附录)进行逐一计算及随机一致性检验(CR),得到每一位专家对以上指标体系的权重赋值。对这些专家的权重进行简单平均,可以得到总体的指标体系权重(见表3-4)。

表3-4　　　　　　　　　　　权重分配

一级指标	权重(%)	二级指标	权重(%)	三级以下(略)
会计信息质量	100	可靠性	40.95	
		相关性	29.18	
		信息披露	30.87	

三、中国上市公司会计投资者保护结果:2010~2015年

(一)被评价上市公司的基本情况

中国上市公司会计投资者保护指数被评价公司来源区间为2010~2015年,每年的数据于截至第二年4月30日公布的公开信息(公司网站、巨潮资讯网、中国证监会、沪深交易所网站、上市公司网站等)以及国泰安CSMAR数据库、万德(Wind)、北京色诺芬CCER数据库。我们对所有A股上市公司进行了评价,包括主板、中小企业板和创业板上市公司,剔除数据不全公司,共13211家,被评价上市公司的年度分布见表3-5。

表3-5　　　　　　　　　　被评价公司的年度分布

年份	数量(家)	比例(%)
2010	1347	10.22
2011	1882	14.28
2012	2340	17.76
2013	2470	18.75
2014	2515	19.09
2015	2621	19.89
总计	13211	100.00

2010~2015年中国上市公司的上市类型、行业、省份、控制人类型及第一大股东持股比例构成分别如表3-6至表3-10所示。

表3-6   被评价上市公司上市类型构成

上市类型	公司数（家）	比例（%）
创业板	1442	10.92
沪市主板	5479	41.47
深市主板	2744	20.77
中小板	3546	26.84
总计	13211	100.00

表3-7   中国上市公司行业构成（2001年版行业分类）

行业名称	公司数量（家）	比例（%）
A 农、林、牧、渔业	242	1.83
B 采掘业	330	2.50
C 制造业	7956	60.22
C0 食品、饮料业	526	3.98
C1 纺织、服装、皮毛	446	3.38
C2 木材、家具	65	0.49
C3 造纸、印刷	246	1.86
C4 石油、化学、塑胶、塑料	1406	10.64
C5 电子	745	5.64
C6 金属、非金属	1088	8.24
C7 机械、设备、仪表	2514	19.03
C8 医药、生物制品	788	5.96
C9 其他制造业	132	1.00
D 电力、煤气及水的生产和供应业	429	3.25
E 建筑业	297	2.25
F 交通运输仓储业	443	3.35
G 信息技术业	1009	7.64
H 批发和零售贸易	721	5.46
I 金融业	204	1.54
J 房地产业	696	5.27
K 社会服务业	416	3.15
L 传播与文化产业	168	1.27
M 综合类	300	2.27
合计	13211	100.00

表 3-8　　　　　　　　　中国上市公司地区构成

地区	公司数量（家）	比例（%）
安徽	420	3.18
北京	1101	8.33
福建	444	3.36
甘肃	135	1.02
广东	1892	14.32
广西	171	1.29
贵州	119	0.90
海南	160	1.21
河北	258	1.95
河南	332	2.51
黑龙江	164	1.24
湖北	463	3.50
湖南	390	2.95
吉林	221	1.67
江苏	1224	9.27
江西	183	1.39
辽宁	358	2.71
内蒙古	120	0.91
宁夏	73	0.55
青海	63	0.48
山东	777	5.88
山西	194	1.47
陕西	222	1.68
上海	1105	8.36
四川	496	3.75
天津	215	1.63
西藏	53	0.40
新疆	218	1.65
云南	172	1.30
浙江	1245	9.42
重庆	223	1.69
合计	13211	100

表 3-9　　　　中国上市公司按最终控制人类型的构成

最终控制人类型	公司数（家）	比例（%）
国有控股	5782	43.77
民营控股	6731	50.95
其他控股	186	1.41
外资控股	223	1.69
无控制人	289	2.19
合计	13211	100

表 3-10　　　　中国上市公司按第一大股东持股比例的构成

持股比例（%）	公司数（家）	比例（%）
持股比例<20	2002	15.15
20≤持股比例<40	6107	46.23
40≤持股比例<60	4006	30.32
持股比例≥60	1096	8.30
合计	13211	100

被评价上市公司主板数量为8223家，占62.24%，其中深市主板2744家，沪市主板5479家，中小板公司3546家，创业板公司1442家见表3-6。

我们以中国证监会发布的《上市公司行业分类指引（2001年版）》为基本依据，进行行业比较和分析。从证监会2001年版的行业构成来看（见表3-7），制造业公司最多，达7956家，占到60%以上，说明我国上市公司以制造业为主体的基本格局没有变化，但有下降趋势。信息技术业上市公司数量（1009家）居第二位，占7.66%，传统的批发与零售业公司数量居第三位，并呈下降态势，代表科技型、创新型、成长型企业的软件和信息技术服务业数量呈上升态势，体现了我国上市公司由传统制造业、商贸业为主向科技型、服务型、创新型变化的趋势。房地产业上市公司的数量占第三位，说明我国经济仍然存在房地产拉动的特征。其他行业公司比例均在4%以下。需要指出的是，由于制造业上市公司数量较多，我们在分析时细化到其二级代码（如食品、饮料业的行业代码为C0）。

同时，为了分析不同地区的投资者保护状况，我们以省（自治区、直辖市）（以下简称"省份"）为对象，进行了地区分类。

从被中国上市公司的地域构成来看，发达地区所占比例较大，前三名分别是广东、浙江和江苏，占比都在9%以上。西藏、青海和宁夏的上市公司所占比例最少。在上市公司数量上东西部有较大差距。

从最终控制人的构成来看，国有与民营控股公司合计占了大部分，其中民营控股最多，占50%以上，国有控股公司平均占近44%，其他类型公司的数量和比例都比较少。

2011年后，民营控股公司超过国有控股公司，占比最大，已经成为上市公司的主力军，平均占比超过一半。由于国家大力推动"大众创业、万众创新"，加大对中小型民营企业的扶持力度，近几年民营上市公司的数量明显增多，民营上市公司数量目前已经远远超过国有上市公司。截至2015年，国有控股上市公司占比已经下降到不足40%，民营控股上市公司占比超过50%（见图3-1），外资企业、无控制人类型和其他类型企业（包括集体控股、社会团体控股、职工持股会控股等）的企业数量都比较少。

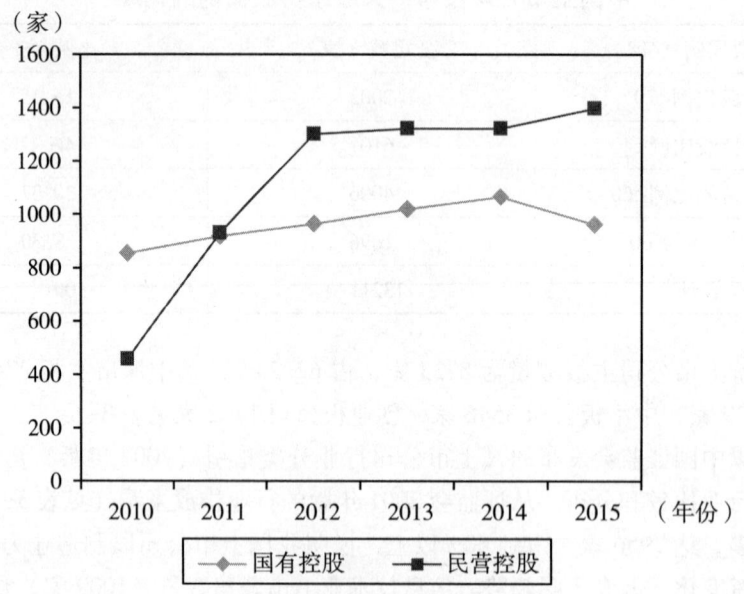

图3-1 国有控股与民营控股上市公司变化趋势

从第一大股东持股比例来看，大部分公司分布在20%~60%（平均超过75%），持股比例在20%以下公司占到15.15%，持股比例在60%以上公司仅占8.30%（见表3-10）。

（二）中国上市公司会计投资者保护总体状况

我们采用评价体系对2010~2015年的上市公司基于会计信息质量的投资者保护状况逐一进行了评价，建立了会计投资者保护评价指数和数据库，此指标统称会计投资者保护指标。评价结果的总体描述性统计见表3-11、表3-12与图3-1。

表 3-11　　　　2010~2015 年上市公司会计信息质量评价描述性统计

年份	平均	最大值	最小值	标准差
2010	55.53	83.11	19.53	7.05
2011	54.54	68.23	25.25	5.56
2012	55.11	84.45	0.00	13.08
2013	55.23	78.53	21.36	6.52
2014	56.50	81.57	19.86	8.47
2015	56.42	74.20	25.40	5.23
合计	**55.62**	**84.45**	**0.00**	**8.21**

表 3-12　　　　　中国上市公司会计投资者保护分指数状况

各级指数	平均	最大值	最小值	标准差
会计投资者保护指数	**55.62**	**84.45**	**0.00**	**8.21**
——可靠性指数	55.24	97.28	0.00	14.11
——相关性指数	49.75	100.00	0.00	16.94
——信息披露指数	62.74	100.00	0.00	12.71

从表 3-11 中可以看到，会计投资者保护指数各年的平均值基本上在 55~57 分，呈波动上升态势，由 2010 年的 55.53 分上升到 2015 年的 56.42 分，但各年的离差在逐渐缩小，说明会计投资者保护具有缓慢上升、保护趋同的趋势。

从总体上看，2010~2015 年，中国上市公司的投资保护者得分大部分分布在 40~70，其分布形式基本上呈正态分布（峰度为 6.54，偏度为 6.54），中国上市公司会计投资者保护总体略呈尖峰且略左偏分布状态（见图 3-2）。

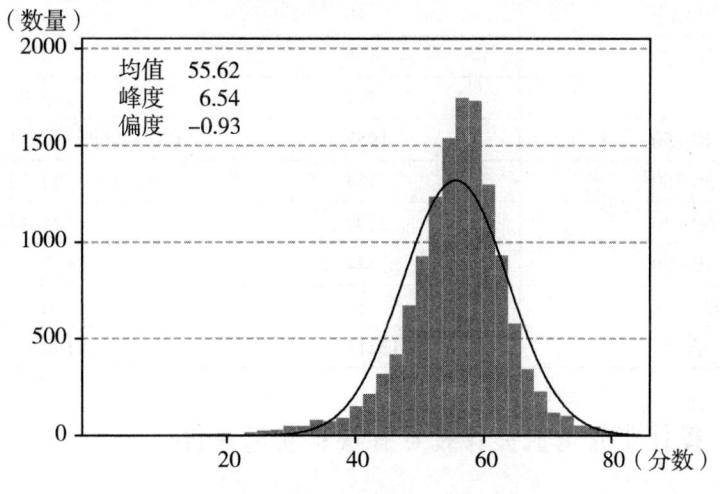

图 3-2　中国上市公司投资者保护指数总体分布

如图 3-3 所示,2010~2015 年,我国上市公司会计信息质量总体趋势向好,虽然在个别年份有小幅度下降。但整体保持稳中向好,这充分说明会计信息质量越来越得到各上市公司的重视,也充分表明会计信息质量在投资者保护、提升经济绩效以及有效降低非系统风险等方面的积极作用得到了实务界与学界的广泛认同。

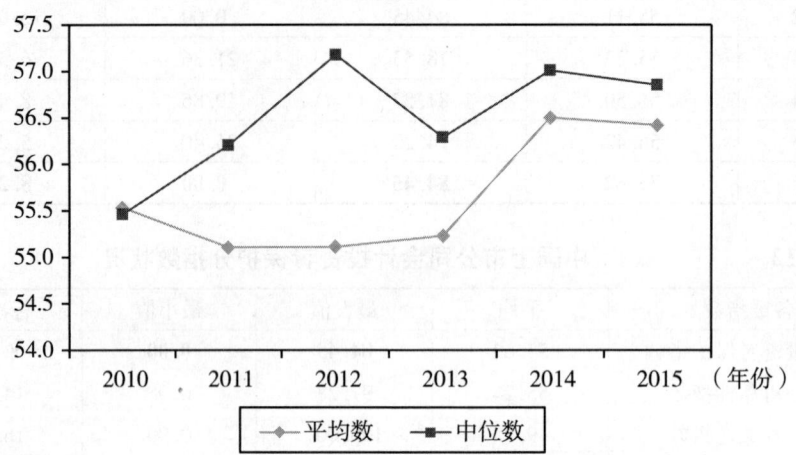

图 3-3 2010~2015 年上市公司会计投资者指数变化情况

在 13211 家公司中,没有一家公司的投资者保护总分数超过 90 分,40 家公司得分在 20 分以下,在 50~60 分的公司占 54.23%,表现出较强的投资者保护趋同现象(见表 3-13)。

表 3-13　　　　　中国上市公司投资者保护指数的分数分布

得分(分)	公司数(家)	比例(%)
20 以下	40	0.30
20~30	105	0.79
30~40	391	2.96
40~50	1957	14.81
50~60	7164	54.23
60~70	3194	24.18
70~80	344	2.60
80 以上	16	0.12
合计	13211	100

(三)按行业分类的会计投资者保护状况评价

本节按照中国证监会 2001 年的行业分类标准,对上市公司所处的 13 个行业门类进行分析,同时对制造业按二级代码进行细分有 10 个制造业细类,共按 22 个行业细类进行分析。我们对 2010~2015 年中国上市公司会计投资者保护状况进行行业分析,并分年度进行分析。

1. 总体状况

从均值来看,投资者保护程度最高的三个行业分别为造纸、印刷(57.94 分)、木材、家具业(57.54 分)及纺织、服装、皮毛业(56.91 分)。投资者保护最差的三个行业分别为石油、化学、塑胶、塑料业(54.62 分),信息技术业(54.42 分),金融业(51.47 分)(见表 3-14)。

表 3-14　　　中国上市公司不同行业的投资者保护得分　　　单位:分

行业名称	均值	最大值	最小值	标准差
C3 造纸、印刷	57.94	80.86	0.00	8.17
C2 木材、家具	57.54	73.44	24.10	8.32
C1 纺织、服装、皮毛	56.91	79.37	16.51	7.74
C5 电子	56.87	84.45	25.03	8.15
C7 机械、设备、仪表	56.10	81.57	0.00	8.04
C8 医药、生物制品	55.98	80.78	0.00	8.68
C6 金属、非金属	55.92	79.03	16.73	7.75
J 房地产业	55.89	83.06	21.91	7.88
L 传播与文化产业	55.77	77.62	16.90	10.41
C0 食品、饮料业	55.76	80.84	0.00	8.83
H 批发和零售贸易	55.65	84.04	15.35	7.72
K 社会服务业	55.62	78.45	24.31	7.94
B 采掘业	55.62	79.98	24.39	6.77
D 电力、煤气及水的生产和供应业	55.56	75.81	33.60	6.30
A 农、林、牧、渔业	55.30	77.94	0.00	9.45
F 交通运输仓储业	55.09	77.72	20.29	7.40
E 建筑业	55.08	81.48	26.16	8.22
M 综合类	54.92	81.81	7.16	8.79
C9 其他制造业	54.65	77.91	14.68	9.37
C4 石油、化学、塑胶、塑料	54.62	83.11	7.38	8.28
G 信息技术业	54.42	81.83	0.00	9.14
I 金融业	51.47	74.48	33.52	7.18
合计	55.62	84.45	0.00	8.21

2. 分年度状况

从 6 年情况来看，波动最大的行业分别是金融业、交通运输仓储业和交通运输业，最稳定的行业分别为石油、化学、塑胶、塑料业、采掘业和社会服务业（见表 3-15）。

表 3-15　　2010~2015 年各行业会计投资者保护状况　　单位：分

行业名称	2010 年	2011 年	2012 年	2013 年	2014 年	2015 年
A 农、林、牧、渔业	53.83	52.41	57.46	53.05	57.86	56.37
B 采掘业	54.68	53.22	56.57	54.41	57.26	56.46
C0 食品、饮料业	53.76	54.44	58.28	54.10	56.58	56.45
C1 纺织、服装、皮毛	56.05	53.88	58.98	55.78	59.16	57.33
C2 木材、家具	58.62	53.22	55.12	54.96	63.66	59.44
C3 造纸、印刷	56.36	55.38	60.21	57.60	58.91	58.24
C4 石油、化学、塑胶、塑料	55.48	53.82	54.29	55.97	52.74	55.63
C5 电子	59.88	56.02	57.80	55.58	57.27	56.25
C6 金属、非金属	53.95	54.46	55.62	54.42	59.29	56.73
C7 机械、设备、仪表	55.96	55.74	51.03	57.41	58.45	57.11
C8 医药、生物制品	54.98	54.11	53.95	55.89	57.26	58.81
C9 其他制造业	57.85	53.87	50.51	55.45	56.25	54.54
D 电力、煤气及水的生产和供应业	56.32	54.23	56.60	49.93	59.57	56.66
E 建筑业	55.39	55.44	54.12	50.14	58.93	56.15
F 交通运输仓储业	58.75	56.15	60.36	55.84	50.51	50.66
G 信息技术业	55.37	56.27	52.63	57.02	49.51	57.12
H 批发和零售贸易	53.86	54.25	57.21	54.24	58.29	55.44
I 金融业	61.48	49.24	51.31	46.49	54.48	53.14
J 房地产业	54.96	54.06	60.70	53.96	56.24	54.81
K 社会服务业	55.57	54.53	54.09	54.03	57.61	57.14
L 传播与文化产业	54.76	54.37	52.67	53.58	58.11	58.36
M 综合类	54.41	51.27	57.55	54.14	57.57	54.64
总计	**55.53**	**54.54**	**55.11**	**55.23**	**56.50**	**56.42**

（四）按地区分类的会计投资者保护状况评价

我们将 2010~2015 年的 13211 家被评价公司，按照注册地的不同分组为 31 个省份，分析不同地区的中国上市公司治理指数的分布特征，以及中国上市公司投资者保护的地区年度变化情况。

1. 总体状况

从地域来看，各省份的平均得分均在 50~60 分，前三名分别为浙江（57.23 分）、江西（56.83 分）和贵州（56.58 分）。后三名分别为宁夏（52.77 分）、吉林（53.40 分）和山西（53.72 分）（见表 3-16）。北京、上海等发达地区的会计投资者保护处于中等水平。

表 3-16　按地区分类的中国上市公司投资者保护指数描述性统计

单位：分

省份	均值	最大值	最小值	标准差
浙江	57.23	80.86	14.45	7.88
江西	56.83	75.99	35.40	6.55
贵州	56.58	73.66	26.16	8.35
福建	56.31	79.17	12.05	8.24
广东	56.16	84.45	0.00	8.46
江苏	55.95	80.84	11.66	8.04
河南	55.92	81.57	15.88	8.26
安徽	55.84	80.63	30.29	7.02
山东	55.70	80.78	0.00	8.29
陕西	55.63	78.04	32.20	7.43
北京	55.54	84.04	11.36	7.86
湖北	55.53	80.35	18.65	8.19
西藏	55.46	71.09	37.54	7.09
湖南	55.41	83.11	20.57	8.77
海南	55.40	75.79	16.89	8.09
甘肃	55.39	79.05	16.82	8.02
河北	55.28	79.76	30.06	7.58
云南	55.20	78.71	12.20	8.13
四川	54.97	81.83	19.53	8.20
天津	54.89	77.32	15.96	8.58
上海	54.88	81.48	13.45	8.22
广西	54.66	78.32	8.78	9.00
内蒙古	54.62	71.90	36.75	6.28

续表

省份	均值	最大值	最小值	标准差
新疆	54.55	77.38	26.50	7.15
辽宁	54.54	81.81	7.38	8.49
黑龙江	54.26	77.56	7.16	8.82
重庆	54.15	78.57	16.73	8.89
青海	53.80	67.05	30.06	7.51
山西	53.72	78.73	22.88	8.11
吉林	53.40	78.40	0.00	10.14
宁夏	52.77	72.13	0.00	11.33
合计	**55.62**	**84.45**	**0.00**	**8.21**

2. 分年度状况

表3-17列示了各地区2010~2015年会计投资者保护的均值，西部地区中的西藏、宁夏和甘肃三个省区的会计投资者保护指数波动较大，安徽、天津和北京的波动较小。

表3-17　　　　2010~2015年各地区会计投资者保护状况　　　　单位：分

省份	2010年	2011年	2012年	2013年	2014年	2015年
安徽	55.16	55.39	55.49	55.99	55.96	56.69
北京	55.99	56.68	54.85	54.43	55.70	56.12
福建	57.51	54.32	57.92	56.28	55.89	56.16
甘肃	54.45	51.76	55.32	52.16	59.85	57.54
广东	56.30	55.79	54.81	56.25	56.40	57.22
广西	55.39	52.01	53.79	53.16	57.12	56.48
贵州	55.13	56.02	57.55	54.45	56.74	59.07
海南	53.84	52.33	58.34	53.26	55.13	58.59
河北	52.27	53.51	56.69	54.02	57.22	56.50
河南	55.68	54.40	53.66	54.93	59.38	56.55
黑龙江	54.40	51.10	54.24	54.20	57.17	53.90
湖北	55.04	54.34	57.05	54.04	55.60	56.82
湖南	54.45	55.08	54.22	54.71	55.89	57.42
吉林	54.34	53.61	50.09	53.20	54.10	55.03

续表

省份	2010年	2011年	2012年	2013年	2014年	2015年
江苏	56.78	55.03	54.41	56.47	56.88	56.21
江西	58.21	54.46	56.22	55.84	59.84	56.42
辽宁	53.90	53.05	54.57	53.30	56.43	55.22
内蒙古	53.87	51.55	56.54	55.06	55.97	53.97
宁夏	51.14	49.19	47.93	55.18	56.38	57.04
青海	51.47	50.26	56.51	53.51	54.81	56.35
山东	55.62	54.37	54.19	55.94	57.13	56.48
山西	51.81	52.23	53.56	53.51	56.24	54.42
陕西	56.18	52.85	54.68	55.23	58.41	56.36
上海	54.52	52.98	55.45	54.81	55.51	55.59
四川	54.62	53.21	55.22	55.05	55.02	56.16
天津	54.74	54.37	56.31	54.92	54.57	54.42
西藏	57.12	48.12	59.18	52.70	55.39	59.39
新疆	53.99	52.70	56.00	52.50	55.81	55.90
云南	55.45	54.91	55.88	53.30	54.63	57.00
浙江	59.16	57.36	56.13	56.66	57.99	57.12
重庆	54.29	52.69	52.67	53.75	56.74	54.93
总计	**55.53**	**54.54**	**55.11**	**55.23**	**56.50**	**56.42**

(五) 按最终控制人性质分类的会计投资者保护状况评价

我们将中国上市公司按照最终控制人性质的不同，分为国有控股、民营控股、外资控股、无控制人和其他控股，其他控股类型包括集体控股、社会团体控股和职工持股会控股。另外，我们对国有控股类型的上市公司进行了深入分析。通过分析不同性质的最终控制人的中国上市公司会计投资者保护指数的数字特征，进一步探讨最终控制人性质对中国上市公司的投资者保护的影响。

1. 总体状况

在不同最终控制人类型的公司中，其他控股公司的投资者保护水平最高，为57.07分，其次为外资控股公司，为55.74分，而国有控股与民营控股的投资者保护程度较弱（分别为55.66分和55.53分），其中，民营控股公司的投资者保护水平垫底（见表3-18）。

表 3-18　　　按最终控制人分类的上市公司会计投资者
保护指数描述性统计

最终控制人性质	均值	最大值	最小值	标准差
国有控股	55.66	84.04	0.00	7.38
民营控股	55.53	84.45	0.00	8.96
其他控股	57.07	71.92	34.72	6.10
外资控股	55.74	73.38	21.43	7.41
无控制人	55.69	79.81	23.00	7.47
合计	**55.62**	**84.45**	**0.00**	**8.21**

2. 分年度状况

为了分析不同最终控制人的投资者保护水平在不同年度之间的变化情况，我们分年度进行了描述性统计。其他控股和无控制人公司的会计投资者保护指数波动较大，国有控股和民营控股公司的会计投资者保护波动程度较小（见表3-19）。整体情况来看，不同控制人性质公司的会计投资者保护水平变化不大，呈现出外强内弱、国强民弱的特点。

表 3-19　　　2010~2015 年各地区会计投资者保护状况

最终控制人类型	2010 年	2011 年	2012 年	2013 年	2014 年	2015 年
国有控股	55.47	54.27	57.56	53.87	56.91	55.77
民营控股	55.50	54.71	53.09	56.40	56.13	56.97
其他控股	58.19	56.30	61.22	55.94	59.27	55.30
外资控股	51.57	55.56	55.78	53.80	56.81	56.40
无控制人	—	54.24	58.64	53.27	55.93	55.64
总计	**55.53**	**54.54**	**55.11**	**55.23**	**56.50**	**56.42**

（六）按第一大股东持股比例分类的会计投资者保护状况评价

我们将中国上市公司按照公司第一大股东持股比例的不同，分为四个等级：小于20%，大于或等于20%但小于40%，大于或等于40%但小于60%，大于或等于60%。通过分析第一大股东持股比例不同的中国上市公司投资者保护状况，可以进一步分析中国上市公司投资者保护差异原因及其治理特征。

1. 总体分析

从第一大股东的持股比例来看，会计投资者保护水平与持股比例呈正向变动关系，即第一大股东持股比例越高，会计投资者保护水平越高。持股比例最高组（56.49 分）与持股比例最低组（54.51 分）的保护水平相差近 2 分。并且，持股比例较低组内的公司间会计投资者保护水平波动较大，持股比例比较高的组内会计投资者保护水平波动较小。这说明，在中国独特的制度背景与市场背景下，股权越分散，无论是治理效率还是运营效率都会下降，而相对集权的股权结构下，能够减少股东"搭便车"行为，降低代理成本，更有利于中小股东利益保护。这是值得投资者和监管层思考的一个现象（见表 3-20）。

表 3-20 按第一大股东持股比例分类的上市公司会计投资者保护指数描述性统计 单位：分

第一大股东持股比例（%）	均值	最大值	最小值	标准差
持股比例<20	54.51	81.81	0.00	9.09
20≤持股比例<40	55.46	83.11	0.00	8.38
40≤持股比例<60	56.17	84.45	0.00	7.67
持股比例≥60	56.49	84.04	19.33	7.14
合计	**55.62**	**84.45**	**0.00**	**8.21**

2. 分年度状况

表 3-21 列示了第一大股东持股比例的投资者保护水平在 2010~2015 年的变化情况。总体上看，2015 年的会计投资者保护指数比 2010 年上升了 0.89 分，而持股比例最低组和持股比例最高组的增长都超过了平均增长值，持股比例在 40%~60% 的上市公司增长最慢，远低于平均值，持股比例在 20%~40% 公司的增长接近平均值。

表 3-21 2010~2015 年按第一大股东分类的会计投资者保护状况 单位：分

第一大股东持股比例（%）	2010 年	2011 年	2012 年	2013 年	2014 年	2015 年
持股比例<20	54.80	52.88	54.07	52.96	55.12	56.26
20≤持股比例<40	55.66	54.32	54.34	55.21	56.27	56.59
40≤持股比例<60	55.89	55.38	56.08	55.94	57.11	56.35
持股比例≥60	54.79	55.56	57.69	55.93	58.12	55.91
总计	**55.53**	**54.54**	**55.11**	**55.23**	**56.50**	**56.42**

(七）按上市板块的投资者保护指数评价

1. 总体状况

按照上市公司的上市板块来分析，如表 3-22 所示，总体来看，深市主板、中小板上市公司的会计投资者保护指数较高，沪市主板和创业板上市公司的会计投资者保护程度较低。分板块的投资者保护状况指数排名如图 3-4 所示。

表 3-22　　　　　按上市板块分类的会计投资者保护指数描述性统计

上市板块	均值	最大值	最小值	标准差
创业板	54.60	81.83	11.36	9.58
沪市主板	54.70	84.04	0.00	7.78
深市主板	55.27	81.81	0.00	8.44
中小板	57.71	84.45	0.00	7.68
合计	**54.38**	**69.27**	**36.01**	**4.19**

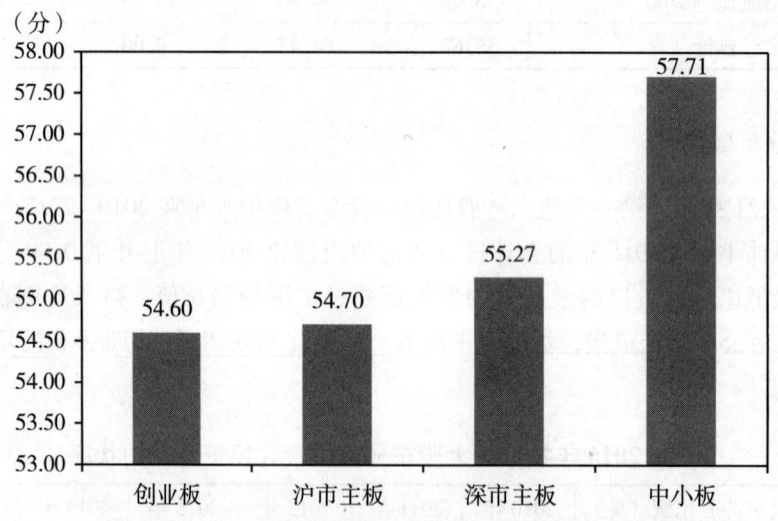

图 3-4　会计投资者保护指数按上市板块分类状况

2. 分年度状况

表 3-23 列示了分上市板块的会计投资者保护水平在年度之间的变化情况，从表中可以看出，创业板、深市主板上市公司的投资者保护质量有所上升，而中小板

和沪市主板的会计投资者保护质量下降。

表 3-23　　2010~2015 年分上市板块的会计投资者保护状况　　单位：分

上市板块	2010 年	2011 年	2012 年	2013 年	2014 年	2015 年
创业板	—	—	47.79	57.80	54.90	56.37
沪市主板	55.04	53.06	55.98	53.42	56.25	54.47
深市主板	54.71	53.48	56.28	53.01	56.42	57.64
中小板	59.37	57.83	56.30	57.85	57.73	58.29
合计	**55.53**	**54.54**	**55.11**	**55.23**	**56.50**	**56.42**

（八）主要结论

第一，会计投资者保护指数各年的平均值基本上在 55~57 分，呈波动上升态势，由 2010 年的 55.53 分上升到 2015 年的 56.42 分，但各年的离差在逐渐缩小，会计投资者保护具有缓慢上升、保护趋同的趋势。

第二，分行业来看，投资者保护程度最高的三个行业分别为造纸、印刷（57.94 分），木材、家具业（57.54 分）及纺织、服装、皮毛业（56.91 分）。投资者保护最差的三个行业分别为石油、化学、塑胶、塑料业（54.62 分），信息技术业（54.42 分），金融业（51.47 分）。

第三，分地域来看，各地区的平均得分均在 50~60 分，前三名分别为北京（56.45 分）、浙江（55.06 分）和广东（54.98 分）。后三名分别为青海（51.12 分）、海南（51.98 分）和广西（52.16 分）。西藏、重庆、内蒙古和宁夏 4 个西部地区的投资者保护程度上升幅度最大。

第四，其他控股公司的投资者保护水平最高，为 57.07 分，其次为外资控股公司，为 55.74 分，而国有控股与民营控股的投资者保护程度较弱（分别为 55.66 分和 55.53 分），其中，民营控股公司的投资者保护水平垫底。整体情况来看，不同控制人性质公司的会计投资者保护水平变化不大，呈现出外强内弱、国强民弱的特点。

第五，从第一大股东的持股比例来看，会计投资者保护水平与持股比例呈正向变动关系，即第一大股东持股比例越高，会计投资者保护水平越高。持股比例最高组（56.49 分）与持股比例最低组（54.51 分）的保护水平相差近 2 分。并且，持股比例较低组内的公司间会计投资者保护水平波动较大，持股比例比较高的组内会计投资者保护水平波动较小。

第六，深市主板、中小板上市公司的会计投资者保护指数较高，沪市主板和创业板上市公司的会计投资者保护程度较低，整体上呈现出深强沪弱的特点。

四、研究结论

本章的主要研究结论为：

第一，会计信息具有重要的经济后果，在资本市场条件下，会计信息作为公司信息的主要来源，能够通过其定价功能和治理功能发挥其在投资者保护中的作用。

第二，高质量的会计信息才能够有效地保护投资者，通过对会计信息质量的评价可以评价会计信息的投资者会计保护功能。会计信息质量从会计信息的可靠性、会计信息的相关性、信息披露质量三个方面进行评价，并可以建立基于会计信息的投资者保护评价指标。

第三，指数结果显示，会计投资者指数能够较好反映行业、地区、最终控制人、第一大股东的会计信息质量状况及其年度变化。我国上市公司会计信息质量总体趋势向好，虽然在个别年份有小幅度下降。但整体保持稳中向好，这充分说明会计信息质量越来越得到各上市公司的重视，也充分表明会计信息质量在投资者保护、提升经济绩效以及有效降低非系统风险等方面的积极作用得到了实务界与学界的广泛认同。

会计投资者保护与经济绩效

本章我们通过使用 2010~2015 年所有上市公司的相关数据为研究对象，运用实证检验的方法研究了企业会计投资者保护的相应经济后果。通过研究发现，企业会计投资者保护质量与经济绩效显著正相关，稳健性检验中该结论依然成立。进一步，将样本按照行业竞争程度和地区市场化程度为标准进行子样本分析，研究发现，那些处于行业竞争程度和地区市场化程度较高的企业，其会计投资者保护质量对企业业绩的促进作用更加明显，也即行业竞争程度和地区市场化程度在会计投资者保护质量与经营业绩的相关关系中起到了正向调节作用。该研究结论对于进一步加强会计信息披露，保护投资者利益有重要启示。

一、导论

会计信息作为引导资源配置的一种重要手段，其信息质量的高低及经济后果一直备受理论界和实务界的关注。具体而言，会计信息通过引导资本流向高资本回报率的投资项目并促使投资者不断追加投资，同时削减资本回报率较低的项目的现金流以实现资本的优化配置（李青原，2009）。如果将这一传导机制纳入古典经济学的完美无摩擦资本市场假设中，就可以实现其理论框架一直所倡导的每个经济项目资本边际产品相等的最优状态。然而，现实的资本市场存在大量的扭曲性因素阻碍了公司资本的最优配置，其中最普遍的因素就是信息不对称和代理问题（Bushman and Smith, 2001; Stein, 2003; 李青原, 2009），加之我国目前正处于新兴加转轨的宏观经济背景，进一步加深了由于信息失真而导致的资本配置扭曲的现象（徐泓、肖楠等，2012）。不断爆发的财务丑闻引起了各界对会计信息质量的担忧，鉴于此，我国继 2006 年、2007 年在上交所和深交所分别发布企业内部控制指引后，在 2008 年财政部又颁布了《企业内部控制基本规范》，这三个文件都强调了企业会计信息质量的重要性。

企业作为市场经济中最活跃的单位，其追求的目标主要是企业价值的最大化或股东财富的最大化，而这两个目标的实现都与企业的经济绩效密切相关，因此，企业的经济活动基本是围绕着提高经济绩效展开的（Healy and Palepu，2001；陈关亭等，2014）。提高企业披露的会计信息质量有助于提高企业经济绩效。高质量的会计信息减轻了企业管理层与外部投资者之间的信息不对称问题，从而加大了企业盈余管理和IPO前业绩粉饰的成本（Baron and Kenny，1986），同时也减少了外部投资者的监督成本，从而有助于减少企业的融资摩擦，降低了企业的融资成本，促进了资本的合理流动和有效配置，进而有助于提高企业的经济绩效。

我们关心的问题是，在我国新会计准则的实施不断深入以及与国际会计准则全面趋同的思路不断走向实践的过程中，我国的会计信息质量是否得以提高，会计信息质量是否显著影响了企业的经济绩效，在不同的竞争程度的行业以及不同的市场化程度的地区的企业，会计信息质量与企业经济绩效是否存在差异。

为了有效开展之后的研究，我们通过开发的公司层面的会计信息质量指数（北京工商大学会计与投资者保护项目组，2014）以对会计信息质量与企业经济绩效的相关关系进行实证检验，鉴于可靠性和相关性是衡量会计信息质量高低的两个关键维度（徐泓、肖楠等，2012；FASB，2008），我们所构建的会计信息质量指数从会计信息的可靠性、相关性和非财务信息披露程度三个方面进行度量，从而构建了能够捕捉公司层面的会计信息质量特征的有效指标。

我们认为对会计投资者保护质量和经济绩效的相关关系进行分析与实证检验是必要的。首先，把会计投资者保护质量与企业经济绩效纳入一个研究框架中，检验了会计投资者保护质量与经济绩效的相关关系，并以我国新兴经济体作为宏观研究背景，丰富了对会计信息质量的经济后果方面的研究，补充了这一领域的文献。其次，在度量指标上，我们构建了公司层面的会计投资者保护质量指数，与以往研究宏观的国家层面（王霞等，2011；Ge et al.，2010）和中观的地区层面（潘红波、余明桂，2014；Stubben，2014）不同，我们进行的研究能够更加深入捕捉到微观的公司层面的会计投资者保护质量对企业经济绩效的影响。最后，我们的研究结论对于进一步提高我国的市场化水平，加强对投资者的保护具有重要的借鉴意义。

二、理论推导

所谓信息，是指经过加工处理后通过传递从而对接受者的行为产生影响的数据。会计信息作为经济信息中与市场经济活动关系最密切的信息类别（徐泓、肖楠，2012），其信息质量的高低将在很大程度上影响着投资者的投资决策，进而影响到市场中的资源配置状况。从会计的决策有用观的角度看，会计信息是否有用取决于会计信息能否满足投资者的需求，布什曼和史密斯（Bushman and Smith, 2001）就认为公司治理的一个主要目标就是阐明企业的财务会计系统所提供的信息在多大程度上缓解了企业内部管理层与外部投资者之间的代理问题，同时又在多大程度上因会计信息的传递促进了企业稀缺的资源（如人力和财务资源）更加有效地流向好的投资项目。由此可见，会计信息质量是决定会计信息是否有用的核心指标，国际标准化组织（ISO）对质量进行了两个维度的界定：质量的核心是满足需要，约束条件是成本效益。从这个角度看，会计信息质量就可以视为对会计信息使用者决策需求的满足程度。

财务丑闻的爆发往往与会计信息质量密切相关（黄世忠，1999），因此学术界早期对于会计信息质量方面的研究主要集中于探讨哪些因素影响了会计信息质量的高低，以此试图发掘会计信息形成过程中的多方面影响因素，从而为实务界及监管当局提供借鉴和依据。哈姆布里克等（Hambrick et al., 1984）的研究表明，高管的年龄越大，其采取的财务政策越保守；王霞等（2011）基于管理层梯队理论，综合了CFO多个维度的背景特征（如年龄、性别、学历等）发现，CFO的个人特征对于企业的会计信息质量有着显著影响，从而证实了管理层梯队理论的适用性（Hambrick et al., 1984; Aier et al., 2005; Li et al., 2010）。企业的内部控制状况作为会计信息生成过程中重要的控制机制，其对会计信息质量高低的影响不言而喻，研究普遍认为，完善的内部控制制度有助于提高会计信息质量（Chan, 2008; Goh and Li, 2011; Doyle, 2007），刘启亮等（2013）则在此基础上进一步考察了管理者权力集中程度对内部控制状况和会计信息质量相关关系的影响，研究发现，高管权力集中度在内部控制状况和会计信息质量的相关关系中起到负向调节作用。此外，外部审计作为重要的监督机制，高质量的外部审计通过提高高管隐藏负面信息的成本进而提高了会计信息质量（陈关亭等，2014）。后来对于会计信息质量的研究主要集中在会计信息质量的经济后果方面。投资作为企业三大财务活动之一成为学术界关注的重点，普遍认为，较高的会计信息质量可以降低道德风险和逆向选择从而提高投资效率（李青原，2009; Biddle, 2008; Verdi, 2009），但郭琦、罗斌元（2013）在考虑融资约束的背景时，发现会计信息质量与投资效率是非线性的关系。

就会计信息质量与企业经济绩效的关系而言，我们认为较高的会计信息质量有助于提高企业经济绩效。这主要有两个方面的原因：其一是信号传递理论；其二是委托—代理理论。基于这两个理论，我们认为会计信息质量作用于企业经济绩效至少存在三个方面的路径。

首先，高质量的会计信息可以有效减少企业管理层与外部投资者之间的信息不对称程度。有大量的实证证据表明，企业内外部信息不对称是导致企业资源未能得到有效配置的重要原因（江轩宇、许年行，2015）。企业管理层与外部投资者的信息不对称，使外部投资者不能及时有效掌握那些被管理层刻意隐瞒的"内幕信息"，而这些"内幕信息"往往是负面信息（刘锋等，2004）。根据管理层防御理论，管理者出于自身职位、薪酬等方面的考虑，有动机刻意隐藏"坏消息"（Kim et al.，2011），这样就产生了一个内在的矛盾，即管理者有动机去隐藏某些信息，而在非强势有效的资本市场中，外部投资者无法利用自身资源接触到这些信息。为了缓解因信息不对称而导致的代理问题，外部投资者付出了高昂的契约制定成本和监督成本（Jensen，1986），这样就在无形中提高了企业的外部融资成本，甚至引发逆向选择的问题，从而不利于资本有效地流向好的投资项目，对经济绩效产生不利影响。而会计信息质量则是保护投资者的基本要素，从其保护机制而言，一方面，更高质量的会计信息往往意味着较高的会计稳健性，较高的会计稳健性可以有效抑制内部管理层的信息管理行为，避免了因某些负面信息的不断积累而导致的股价崩盘等方面的风险，保护了投资者的利益，有助于提高外部投资者的信心，从而降低企业的外部融资成本，提升了企业的经济绩效。另一方面，高质量的会计信息意味着较少的盈余管理，业绩粉饰、IPO前的盈余管理是我国普遍存在的现象（王霞等，2011），而高质量的会计信息意味着在会计信息生成的过程中，如内部控制（Chan，2008；Goh and Li，2011；Doyle，2007）、会计政策的选择（熊家财，2015）、外部审计监督（陈关亭等，2014）等方面都比较好地发挥了作用，从而可以较为有效地抑制盈余管理，提高会计信息质量。

其次，高质量的会计信息可以帮助管理者和投资者识别好的投资项目。一方面，高质量的会计信息有助于管理者识别好的投资项目，提高投资效率。管理者可以通过解读竞争对手披露的会计信息，及时发现有前景的投资机会（Baiman and Verrecchia，1996），从而提高投资效率和企业的经济绩效。另一方面，企业对外披露的会计信息是外部投资者的直接信息来源，其通过影响投资者的投资行为将这些信息传递到股市（Ball and Brown，1968），再通过股市的价格集聚功能将这些信息汇总进而作用于资本流动的方向，实现资源配置（Hayek，1954），高质量的会计信息也正是借助这一作用机理提高了资源配置的效率，引导稀缺资源流向有价值的投资项目，缓解了融资约束和投资不足，提高了企业的经济绩效。

最后，高质量的会计信息有效地保护了外部投资者利益免收控股股东和管理层的侵占。利益侵占有很多种表现形式，在我国经济转轨的特定背景下，既存在着如盈余管理（陈晓等，2004；王建新，2007）、内部人控制（黄兴孪、沈伟涛，2009；马连福、沈小秀，2012）等第一类代理问题，也存在着比较明显的第二类代理问题，其中的突出表现是控股股东对中小股东的"掏空"行为（叶康涛等，2007；贺建刚等，2008；柳建华等，2008）。由于这两类代理问题的存在，使外部投资者特别是中小投资者的利益无法得到保障。前已述及，高质量的会计信息有助于缓解企业内外的信息不对称问题，提升信息透明度，从而有助于缓解这两类代理问题，保护外部投资者的利益，减轻外部融资约束，提高经济绩效。

综合以上三个方面的分析，会计投资者保护质量会通过三种路径提高经济绩效：一是降低信息不对称程度；二是帮助管理者和投资者提高投资效率；三是抑制控股股东和管理层对投资者利益的侵占。因此，我们认为高质量的会计信息有助于提高企业经济绩效，也即会计投资者保护质量与经济绩效正相关。

三、变量、模型及样本

（一）对会计投资者保护质量的度量

对会计投资者保护质量的度量详情可见第三章所述。

（二）对经济绩效的度量

目前已有的关于企业经济绩效的研究成果比较丰富，但在很多方面还没有达成共识，结论不一致的原因，我们认为存在以下方面：首先，以往研究忽视了产权性质（国有企业和非国有企业）的差异而导致的委托—代理问题的差异；其次，对企业经济绩效指标选择的差异也是造成结论不一致的原因。我们希望在克服以上问题的基础上进一步深入研究。关于经济绩效的度量，为了保证稳健性，我们分别借鉴了王福胜等（2014）和周仁俊等（2010）的方法，通过对这两个指标分别进行回归检验。具体方法如下：

1. 调整后的经济绩效

将每个公司的 ROA 分别减去其同年度、同行业的中位数，进而得到调整后的经济绩效度量指标。该指标克服了单纯使用 ROA 不便于在不同年度和不同行业进行比较的缺陷，从而更有利于我们的研究。

2. 调整后的净资产利润率

该指标以依据现行会计准则所得出的营业利润为基础，扣除"投资收益"项目后得到"调整后的营业利润"，在此基础上除以年末净资产，得到经济绩效度量指标"调整后的净资产利润率"。这样处理后最大限度地剔除了来自企业内外部的非理性因素和管理层无法左右的因素，使该指标与企业的经济活动有更大的相关性。

（三）控制变量

为了保证本次实证研究结果的稳健性，我们参考以往的研究，控制了能够对会计投资者保护质量与经济绩效产生较大影响的变量，具体包括：企业规模（Size）、财务杠杆（Lev）、自由现金流量（FCF）、董事会规模（Board）。

（四）调节变量

为了克服以往研究的问题，我们将对会计投资者保护质量与经济绩效的相关关系进行进一步研究，具体而言，我们将样本区分为：国有企业和非国有企业（State）、行业竞争程度较高的企业和较低的企业（HHI）。因此，我们将采用产权性质（State）作为调节变量，将国有企业赋值为 1，非国有企业赋值为 0；我们采用赫芬达尔指数（HHI）作为区分不同行业、不同年度的行业竞争程度的调节变量。

表 4-1　　　　　　　　　　变量定义

变量类别	变量名	变量含义	具体计算公式
解释变量与被解释变量	Infor	会计投资者保护质量指数	见模型（1）及其说明
	Adj. ROA	调整后的经济绩效	见第三部分说明
	ROE	调整后的净资产利润率	见第三部分说明
调节变量	State	产权性质虚拟变量	国有企业赋值为 1，非国有企业赋值为 0
	HHI	行业竞争程度	赫芬达尔指数，行业中各样本公司占行业总收入百分比的平方和
控制变量	Size	企业规模	公司年末总资产的自然对数
	Lev	财务杠杆	负债总额/资产总额
	FCF	自由现金流量	（净利润+利息费用+非现金支出）-资本性支出
	Board	董事会规模	董事会的实际人数
	Year	年度虚拟变量	代表年度固定效应
	Ind	行业虚拟变量	代表行业固定效应

（五）实证模型

为了检验会计投资者保护质量与经济绩效的相关关系，我们构建了实证模型（1）与实证模型（2）。此外，为了便于阅读、易于理解，前面中提及的全部控制变量统一使用 Ctrl 表示。具体回归模型如下：

$$Adj.\ ROA = \alpha_0 + \alpha_1 Infor_{i,t} + \alpha_j \sum_{j=2}^{5} Ctrl + \sum Year + \sum Ind + \varepsilon \quad (1)$$

$$ROE = \alpha_0 + \alpha_1 Infor_{i,t} + \alpha_j \sum_{j=2}^{5} Ctrl + \sum Year + \sum Ind + \varepsilon \quad (2)$$

我们将通过以上两个模型验证我们提出的假设，根据推导，两个模型中的系数 α_1 应当显著为正，以此表明会计投资者保护质量与经济绩效之间的正相关关系。两个模型中的 Year 和 Ind 表明该模型控制了年度固定效应和行业固定效应。

（六）数据和样本

本次研究主要选取了上市公司 2010~2015 年的相关数据，主要的数据来源于国泰安（CSMAR）数据库，为了保证回归结果的稳健性，我们对原始数据做了如下处理：(1) 剔除了数据缺失的样本；(2) 剔除了金融类行业和 ST、*ST 的样本；(3) 对数据进行了剔除极端值（Winsorize）的处理，最终得到了包含 8245 个有效样本的非平衡面板数据。数据通过 Excel 2007 进行基本处理，并通过 Stata 进行回归分析。

四、实证结果及分析

（一）描述性统计

为了对这次实证研究的关键变量的统计特征有一个初步认识，我们对这些变量进行了描述性统计（见表 4-2）。

表 4-2　　　　　　　　关键变量描述性统计

变量符号	变量名称	观测量	平均值	标准差	最小值	最大值
Panel A　解释变量与被解释变量							
Infor	会计投资者保护质量指数	8245	57.16	7.69	0.52	84.45
Adj. ROA	调整后的经济绩效	8245	0.06	0.05	-0.57	0.59
ROE	调整后的净资产收益率	8245	0.05	0.12	-7.28	0.66
Panel B　调节变量							
HHI	赫芬达尔指数	8245	0.21	0.11	0.14	0.97

续表

变量符号	变量名称	观测量	平均值	标准差	最小值	最大值
Panel C　控制变量							
Size	规模	8245	21.72	1.21	16.75	28.24
Lev	财务杠杆	8245	-1.25	0.95	-11.39	2.59
FCF	自由现金流量	8245	18.65	1.77	7.27	24.92
Board	董事会规模	8245	8.83	1.75	4	18

从表 4-2 的描述性统计结果可以发现，会计投资者保护质量指数的平均值为 57.16，按照满分 100 分计算，大多数上市公司能够达到平均以上的水平，但该指数的标准差为 7.69，这说明在不同的上市公司中，会计投资者保护质量存在着较大的差异。从经济绩效的两个度量指标来看，*Adj. ROA* 的平均值和标准差分别为 0.06、0.05，*ROE* 的平均值和标准差分别为 0.05、0.12，两个指标的统计特征比较接近，从而可以保证我们结果的稳健性。

同时，为了初步验证会计投资者保护质量与经济绩效的相关关系，我们对解释变量和被解释变量进行了分组 T 检验。其中高于样本中位数的视为较好组，较差组则由低于样本中位数的上市公司组成，具体检验结果见表 4-3。

表 4-3　　　　　　　　分组 T 检验

变量	Better	Worse	Better-Worse
	(1)	(2)	(3)
Infor	62.82	51.48	11.34***
			(2.78)
Adj. ROA	0.04	-0.02	0.06***
			(2.48)
ROE	0.06	-0.17	0.23***
			(2.81)

注：括号内数值代表 *t* 值，***、**、* 分别代表在 1%、5%、10% 的水平上显著。

从表 4-3 的分组检验结果可以看出，会计投资者保护质量较高一组的经济绩效显著异于会计投资者保护质量较低的一组，具体而言，会计投资者保护质量较高的一组在经济绩效上显著高于会计投资者保护质量较低一组的 0.6% 和 2.3%。

为了初步检验各主要变量的相关关系，同时检验是否存在共线性以为进一步研究奠定基础，我们使用 Spearman 检验法对主要变量进行了相关性检验（见表 4-4）。

表 4-4 相关性检验

变量	*Infor*	*Adj. ROA*	*POE*	*FCF*	*Size*	*Lev*	*Board*
Infor	1.000						
Adj. ROA	0.073*	1.000					
ROE	0.076*	0.037*	1.000				
FCF	−0.001	−0.084*	−0.028	1.000			
Size	0.049*	0.060*	0.064*	0.733*	1.000		
Lev	−0.073*	−0.219*	−0.137*	0.227*	0.305*	1.000	
Board	0.010	0.002	−0.002	0.243*	0.326*	0.133*	1.000

注：右侧数值代表 t 值，***、**、*分别代表在1%、5%、10%的水平上显著。

表 4-4 列示了主要变量的相关性分析结果，正如我们预期的那样，会计投资者保护质量与经济绩效是正相关关系，从而初步验证了我们的假设，即会计投资者保护质量较高的企业，其经济绩效也相对较高。另外，各变量的相关系数远小于 0.8 这一临界值，表明变量之间不存在共线性，为进一步研究创造了条件。

（二）主要回归结果及分析

为了实证检验会计投资者保护质量与经济绩效之间的相关关系，我们对模型（1）与模型（2）进行了回归分析。具体回归结果可见表 4-5 和表 4-6。

表 4-5 会计投资者保护质量与经济绩效的回归结果（Adj. ROA）

回归类型	混合回归 (1)		年度固定效应 (2)		行业固定效应 (3)	
Infor	0.003***	3.83	0.003***	3.70	0.003***	3.15
FCF	0.002***	2.70	0.002***	2.77	0.003***	2.37
Size	0.003***	3.60	0.003***	3.59	0.003***	3.44
Lev	−0.014***	−2.33	−0.015***	−2.30	−0.015***	−2.31
Board	0.004	1.10	0.005	1.17	0.007	1.05
Constant	2.155***	2.34	2.154**	2.16	2.144***	2.43
Year	未控制		控制		控制	
Ind	未控制		未控制		控制	
F 值	21.96		25.60		27.03	
R-square	0.07		0.07		0.09	
Observations	8245		8245		8245	

注：右侧数值代表 t 值，***、**、*分别代表在1%、5%、10%的水平上显著。

表 4-6　　会计投资者保护质量与经济绩效的回归结果（ROE）

回归类型	混合回归 (1)		年度固定效应 (2)		行业固定效应 (3)	
$Infor$	0.008***	3.90	0.006***	3.06	0.008***	3.74
FCF	0.011***	2.28	0.010***	2.26	0.010***	2.37
$Size$	0.023***	2.27	0.023***	2.32	0.024***	2.44
Lev	−0.021***	−3.74	−0.022***	−2.64	−0.019***	−2.28
$Board$	0.001	1.29	0.002*	1.76	0.001	1.34
$Constant$	2.340***	2.28	2.315***	2.45	2.391**	2.12
Year	未控制		控制		控制	
Ind	未控制		未控制		控制	
F 值	31.50		41.24		50.96	
R-square	0.04		0.05		0.07	
Observations	8245		8245		8245	

注：右侧数值代表 t 值，***、**、*分别代表在1%、5%、10%的水平上显著。

表4-5和表4-6分别列示了以调整后的经济绩效和调整后的净资产利润率为经济绩效度量指标的回归结果。表4-5和表4-6的第（1）至第（3）列分别列示了在逐步控制年度固定效应和行业固定效应后的回归结果，综合表4-5和表4-6的回归结果来看，会计投资者保护质量与企业经济绩效在1%的水平上显著正相关，即高质量的会计信息有助于提升企业的经济绩效，在逐步控制了年度固定效应和行业固定效应后，回归模型的解释力相应地有所提高（$R\text{-}square$），保证了回归结果的稳健性，从而验证了我们提出的假设。具体而言，以年度固定效应为例，就表4-5来看，会计投资者保护质量每提高1个单位，在其他条件不变的情况下，企业经济绩效相应提高0.3%。与之相对应，在表4-6中，会计投资者保护质量每提高1个单位，企业经济绩效相应提高0.8%，从而证明了会计投资者保护质量对经济绩效的促进作用。

（三）进一步分析

不同的股权性质会对会计投资者保护质量与经济绩效的相关关系产生影响，具体而言，我们根据上市公司的股权性质将其区分为国有企业和非国有企业两类子样本，国有企业是中国特色社会主义经济制度和分配制度的产物，其追求的目标具有复杂性，不仅包括企业价值最大化，还包括承担诸如缓解就业压力、支持地方建设、承担国家战略性任务等多方面任务，因此，国有企业会或多或少地受到政府的干预，同时，政府为了缓解因国有企业承担社会责任而产生的政策性负担，其对国有企业存在着预算软约束的问题,事实上,此次金融危机中,政府补贴的大部分份额都流向了国有企业,从这个角度看,国有企业的融资渠道更加宽泛,其借助于高质量的会计信息来缓解融资压力从而提高经济绩效的动机不是很强烈,而以民营企业、外资企业为代表的非国有企业则不同,资本市场特别是股市是其融资的主要来源,高质量的会计信息有助于缓解信息不对称,从而吸引资本流入本公司,因此,非国有企业更加注重会计投资者保护质量与经济绩效之间的敏感性。同时,处于不同竞争程度行业中的上市公司对于通过提高会计投资者保护质量以改善经济绩效的动机也是存在差异的,竞争程度越高的行业,企业间融资的压力越大,企业融资与投资者投资的矛盾就越大,因此这些上市公司会更加注重披露的会计投资者保护质量,以此来向市场传递相应信号,而竞争程度较低的行业,其融资压力相对较小,且这类行业市场化程度往往较低,导致其会计投资者保护质量与经济绩效的敏感度相对较差。

基于以上分析,我们将总体样本按照股权性质和行业竞争程度进行区分,进一步研究会计投资者保护质量与经济绩效之间的相关关系。详细分析结果见表4-7。

表 4-7　　　　　　　　子样本分析结果:股权性质

变量	*Adj. ROA*		*ROE*	
	国有企业 (1)	非国有企业 (2)	国有企业 (3)	非国有企业 (4)
Infor	0.001 (1.45)	0.004 *** (3.29)	0.004 ** (1.99)	0.005 *** (3.07)
FCF	0.009 (0.99)	0.004 ** (2.16)	0.021 ** (2.04)	0.002 *** (3.00)
Size	0.007 *** (2.81)	0.003 ** (2.25)	0.040 *** (2.97)	0.013 *** (2.85)
Lev	−0.017 *** (−2.36)	−0.012 *** (−3.48)	−0.025 ** (−2.40)	−0.018 ** (−2.49)
Board	0.008 (1.51)	0.001 * (1.76)	0.005 (0.29)	0.001 (0.20)
Constant	2.215 *** (2.77)	2.174 *** (2.79)	2.515 *** (2.91)	2.236 *** (3.13)
Year	控制	控制	控制	控制
Ind	未控制	未控制	未控制	未控制
Observations	3947	4478	3947	4478
Adj. R²	0.11	0.05	0.06	0.10

注:括号中的数值为 *t* 值,***、**、* 分别表示在1%、5%、10%的水平上显著。

从表 4-7 的回归结果可以发现，无论是通过 $Adj.\ ROA$ 还是 ROE 度量的经济绩效，会计投资者保护质量都与其保持了显著的正相关关系，由于篇幅所限，我们仅列示了年度固定效应下的回归结果。对比第（1）列和第（2）列的结果可以发现，在国有企业子样本中，会计投资者保护质量每提高 1 个单位，在其他条件不变的情况下，经济绩效相应提高 0.1%，而在非国有企业样本中，经济绩效的提高达到 0.4%且在 1%的水平上显著。第（3）列和第（4）列也表现出同样的特征，即在非国有企业样本中，会计投资者保护质量与经济绩效的相关性高于国有企业样本，从而符合我们的预期。

同时，我们希望考察在不同竞争程度的行业中，上市公司的会计投资者保护质量与经济绩效的相关关系是否存在差异？如果存在，会存在哪些差异？为此，我们在模型（1）和模型（2）的基础上引入交互项 $HHI \times Infor$ 以观察行业竞争程度对会计投资者保护质量与经济绩效的相关关系的影响。其中 HHI 是负指标，该指标数值越大，则行业集中度越低，行业竞争程度越小。详细实证结果见表 4-8。

表 4-8　　　　　　　　　子样本分析结果：行业竞争程度

变量	Adj. ROA		ROE	
	(1)	(2)	(3)	(4)
$Infor$	0.003*** (3.85)	0.003*** (3.58)	0.009*** (4.26)	0.001*** (4.77)
$Infor \times HHI$	−0.001 (−1.12)	−0.003*** (−2.37)	−0.001*** (−2.27)	−0.001*** (−3.19)
FCF	0.002*** (2.85)	0.003** (2.14)	0.009*** (3.05)	0.009*** (2.97)
$Size$	0.003*** (3.53)	0.003*** (3.74)	0.022*** (3.05)	0.024*** (3.30)
Lev	−0.015** (−2.21)	−0.015*** (−2.88)	−0.022*** (−2.77)	−0.019*** (−2.52)
$Board$	0.005 (1.21)	0.005 (1.12)	0.002* (1.98)	0.001 (1.50)
$Constant$	3.153** (2.13)	4.142*** (3.36)	3.310*** (3.33)	3.384*** (3.96)
$Year$	控制	控制	控制	控制
Ind	未控制	控制	未控制	控制
$Observations$	8245	8245	8245	8245
$Adj.\ R^2$	0.07	0.09	0.06	0.07

注：括号中的数值为 t 值，***、**、*分别表示在 1%、5%、10%的水平上显著。

从表 4-8 的回归结果可以发现，交互项 *HHI×Infor* 在第（1）列至第（4）列中均与经济绩效负相关，即赫芬达尔指数越小，行业竞争程度越大，从而会计投资者保护质量与经济绩效的相关性越强，这说明行业竞争程度在会计投资者保护质量与经济绩效的相关关系中起到正向调节作用，从而验证了我们的猜想。

（四）稳健性检验

为了保证研究结论的稳健性，我们采用对相关数据滞后一期的方法进行稳健性检验，具体结果见表 4-9。

表 4-9　　　　　　　　　稳健性检验

变量	Adj. ROA		ROE	
	（1）	（2）	（3）	（4）
Infor	0.004*** (3.35)	0.003*** (2.97)	0.006*** (2.25)	0.005* (1.69)
FCF	0.003*** (2.46)	0.003*** (2.38)	0.012*** (2.68)	0.012** (2.24)
Size	0.002*** (2.26)	0.002*** (2.57)	0.027*** (2.58)	0.029*** (2.73)
Lev	−0.013 (−1.76)	−0.014 (−1.09)	−0.020 (−0.45)	−0.018 (−0.36)
Board	0.009* (1.84)	0.009* (1.91)	0.002** (2.16)	0.002* (1.83)
Constant	2.150*** (2.56)	3.134*** (2.57)	3.373*** (2.74)	3.436*** (2.78)
Year	控制	控制	控制	控制
Ind	未控制	控制	未控制	控制
Observations	4046	4046	4046	4046
Adj. R^2	0.07	0.07	0.04	0.05

注：括号中的数值为 t 值，***、**、*分别表示在1%、5%、10%的水平上显著。

从稳健性检验的结果来看，会计投资者保护质量与经济绩效依然保持着显著的正相关关系，其他各主要变量的相关关系和显著性水平没有发生明显变化，从而保证了我们回归结果的稳健性。

五、结论及启示

我们通过使用 2010~2015 年上市公司的相关数据,实证检验了会计投资者保护质量与企业经济绩效的相关关系。我们是基于公司层面的会计投资者保护指数展开的研究,试图捕捉微观的公司层面的特征,同时进行了深入研究,为了支持我们的研究结论,进一步进行了稳健性检验。通过研究发现,会计投资者保护质量与经济绩效是正相关关系,即高质量的会计信息有助于提升企业经济绩效,进一步研究发现,相比于国有企业,非国有企业上市公司中的会计投资者保护质量与经济绩效的敏感性更强,此外,行业竞争程度对会计投资者保护质量与经济绩效的相关关系起到了正向调节作用。

我们的研究结论具有一定的政策启示性。首先,会计投资者保护质量与经济绩效是正相关关系,因此提高会计投资者保护质量对于企业而言十分关键,因此,在企业内部要完善会计信息生成过程中的监督机制以及外部监督制度,以保证会计投资者保护质量。其次,国有企业中的会计投资者保护质量与经济绩效的敏感性低于非国有企业,主要是由于政府干预造成的多目标扭曲问题,因此政府可以适当减少对国有企业的行政干预,提高国有企业的市场化水平。最后,行业竞争有助于提高会计投资者保护质量,从而提高企业经济绩效,因此,提高我国的市场化水平,鼓励竞争可以成为未来政府部门改革的关注点。

第五章

会计投资者保护与权益资本成本

本部分我们将以 2010~2015 年所有上市公司的相关数据为研究对象,运用实证检验的方法研究了企业会计投资者保护质量的相应经济后果与权益资本成本之间的关系。研究表明,企业会计投资者保护质量与权益资本成本显著负相关,该结论在稳健性检验中依然成立。将样本进一步按照行业竞争程度和地区市场化程度为标准进行子样本分析发现,企业的行业竞争程度和地区市场化程度越高,其会计投资者保护质量对权益资本成本的抑制作用越强,说明行业竞争程度和地区市场化程度在会计投资者保护质量与权益资本成本的相关关系中起到了反向的调节作用。本书对完善公司治理机制、提高会计投资者保护质量以及保护投资者利益具有一定的启示意义。

一、导论

会计信息的经济后果表现在会计报告对企业、政府、投资人和债权人等企业利益相关者决策行为的影响。高质量的会计信息能够如实地反映企业管理层受托责任的履行情况,从而有助于财务报告使用者做出正确的经济决策,是资本市场有效运行的基石,对资本市场的有效运行发挥着举足轻重的作用(栾依峥,2009),具体而言又分别表现在政府、投资者和银行三个方面。首先,政府作为投资活动的当事人和维护资源配置秩序的政策制定者,具有宏观调控、税收征管、参与利润分配、国有资产管理及考核与监督的职能并在我国的经济生活中扮演着主要角色,政府不可避免地要利用会计信息来制定合理的"决策"和有效的"政策"并从中总结提炼出制定政策及决策的依据,这一系列过程决定了它必然成为会计信息的主要用户(梅丽,2006)。其次,投资者是我国会计信息最大的主动需求者,但一直以来作为证券市场顽疾之一的上市公司的会计信息失真问题极大挫伤了广大投资者的信心,损害了证券市场优化资源配置功能的发挥,因此引起了社会各界的普遍关注

（刘立国、杜莹，2003）。最后，对于银行来说，始终需要会计信息尤其是信贷方面的会计信息，因为我国目前的银行大部分是国有银行，而接受贷款的企业大部分是国有企业，所以银行是这类企业会计信息的主要需求者，进而依据这些信贷信息对贷款企业进行信用考察。

对于权益资本成本，莫迪利亚尼和米勒（Modigliani and Miller，1958）认为任何公司的市场价值与其资本结构无关，而是取决于将其预期收益水平按照与其风险程度相适应的折现率进行资本化，其中"与其风险程度相适应的折现率"就是投资者期望的回报率，或者说投资者要求的回报率，即资本成本。权益资本成本是企业通过发行股票获取资金而付出的成本，这一成本的高低影响着企业的融资决策，关系着企业的未来发展。而企业资金活动的起点是筹资活动，它是企业为生存和发展寻求外源融资时的主要活动，也是企业整个经营活动的基础。如果企业做出了错误的筹资决策，引发资本结构不合理或无效融资，可能导致企业权益资本成本过高或债务危机（乔琳琳，2013）。此外，投资者会在企业的投资价值较高时，对其投入的资金有较高的期望收益率，致使企业筹资成本的增加；而投资者为了弥补其可能面临的风险，会在企业的经营风险和财务风险升高时要求企业对其进行风险补偿，也导致了企业融资成本的升高（吴修乾，2012）。但由于信息不对称的存在，企业的外部融资成本，特别是权益资本成本始终保持居高不下的态势，从而导致公司放弃更多高收益投资项目，不利于企业发展（李亚南，2016）。但是高质量的会计信息减轻了企业管理层与外部投资者之间的信息不对称问题，从而减少了外部投资者的监督成本，从而有助于减少企业的融资摩擦，降低了企业的权益资本成本，使企业筹资活动顺利开展，促进了资本的合理流动和有效配置，同时为接下来的经营活动奠定了良好的基础。

我们的着眼点在于，在我国新会计准则的实施不断深入以及与国际会计准则全面趋同的思路不断走向实践的过程中，我国的会计投资者保护质量是否得以提高，会计投资者保护质量是否显著影响了企业的权益资本成本，在不同的竞争程度的行业以及不同的市场化程度地区的企业，会计投资者保护质量与权益资本成本是否存在差异。

为了有效进行实证部分的研究，如前文所述，我们开发了公司层面的会计投资者保护质量指数（北京工商大学会计与投资者保护项目组，2014）以对会计投资者保护质量与权益资本成本的相关关系进行实证检验，鉴于可靠性和相关性是衡量会计投资者保护质量高低的两个关键维度（徐泓、肖楠等，2012；FASB，2008），我们构建的会计投资者保护质量指数从会计信息的可靠性、相关性和非财务信息披露程度三个方面进行度量，从而构建了能够捕捉公司层面的会计投资者保护质量特征的有效指标。

我们采用了2010~2015年中国上市公司的相关数据，实证检验了企业会计投资者保护质量与权益资本成本的相关关系，通过研究发现，会计投资者保护质量较高的企业，其权益资本成本显著低于会计投资者保护质量较低的企业，为了合理解决本书潜在的内生性问题，我们采用滞后一期数据的方法进行内生性处理，得到了稳健的结果。同时，我们结合中国上市公司特殊的公司治理特征，重点研究了股权结构对会计投资者保护质量和权益资本成本之间的调节作用。

我们的理论和实践方面的贡献主要表现在以下几个方面：首先，把会计投资者保护质量与权益资本成本纳入一个研究框架中，检验了会计投资者保护质量与权益资本成本的相关关系，并以我国新兴经济体作为宏观研究背景，丰富了对会计投资者保护质量的经济后果方面的研究，补充了这一领域的文献。其次，在度量指标上，我们构建了公司层面的会计投资者保护指数，与以往研究宏观的国家层面（王霞等，2011；Ge et al.，2010）和中观的地区层面（潘红波、余明桂，2014；Stubben，2014）不同，我们的研究能够更加深入捕捉到微观的公司层面的会计投资者保护质量对权益资本成本的影响。再次，在样本规模上，有别于选择深圳A股上市公司的数据（黎明、龚庆云，2010）和2010~2012年深圳证券交易所上市的全部A股公司的数据（谷宇，2014）等，我们选择了2010~2015年中国全部上市公司的所有数据作为样本进行分析，时间序列更新、时间跨度更长，样本容量更大。最后，我们的研究结论对于进一步提高我国的市场化水平，加强对投资者的保护具有重要的借鉴意义。

二、国内外研究概览

（一）会计信息披露质量与权益资本成本

西方自20世纪80年代末开始公司权益资本成本与会计信息披露方面的研究，其主要流行的观点为，高质量的信息披露能够有效降低外部人员对企业未来投资收益的不确定性，增加计算估计预测的准确性，从而通过提高股票的流动性来降低相关市场交易成本，最终影响权益资本成本，即投资者预期的投资报酬率。迪亚蒙和韦雷基亚（Diamond and Verrecchia，1991）研究认为，充分的信息披露可以保证企业外部人员获得较多的信息，降低企业外部人员与内部人员的信息不对称程度，从而可以有效刺激大投资家的投资需求，投资者的投资积极性会增加，进而提高证券市场流动性，最终可以降低权益资本成本。韦尔克（Welker，1995）通过对股票市场流动性的研究，发现通过提高会计信息披露可以有效降低公司在市场中的交易成本，进而降低公司的资本成本。

另外，信息披露也会降低权益资本成本，信息披露包括强制性和自愿性信息披露。自愿性信息披露的特点是掌握更大的自主性,更可能出现会计信息数量披露少的现象。美国犹他州大学的博托桑(Botosan,1997)通过研究资本成本(基于市场β系数的估计值)与会计信息披露(Botosan自建的信息披露衡量指标)之间的相关性时,回归结果表明仅当在财务分析师较少关注的企业中,公司信息披露水平越高,公司的资本成本越低。博托桑(1997)把自愿性信息分为五个方面,然后通过这五个方面的披露情况自建指标,构成信息披露指数,因此他是第一个证明自愿性信息披露与权益资本成本关系的人。他揭示了年报自愿性信息披露数量的增加会导致权益资本成本的下降。博托桑(2000)对特定的信息披露类型进一步分析,在前面五个方面的基础上加入一些预测信息,这些信息具有前瞻性,还加入重要的非财务指标等来继续研究,揭示信息披露与资本成本的关系。得出结论:得到分析师较少关注的小公司想要降低企业的资本成本,就要披露上面提到的这些信息。此后就出现了大量的研究文献。希利(Healy,1999)想要了解信息披露增加后,市场会有什么反应,资本市场流动会怎样,股价会怎样,因此他选取97家公司为样本。结果发现,如果样本公司披露更多的信息,那么股价将会有所提高,在当年及次年都很显著,融资更加容易。普华永道(2001)证明了上市公司的会计信息透明度将会对其权益资本成本产生效应,透明度提高将会伴随着权益资本成本的降低,这适用于所有国家和地区。这说明如果市场上与所发行证券相关的会计信息披露数量很少且普遍存在缺陷,那么整个市场的权益资本成本往往会很高。也有学者分别研究信息的两个方面对企业资本成本的效应,他们把财务信息披露与社会信息披露作为公司信息披露的两个方面,他们采用了87家加拿大公司从1990~1992年的数据,作为样本对象,证明了财务信息披露的数量和质量都对权益资本成本产生影响,且这种影响是负向的。博托桑和普拉姆利(Botosan and Plumle,2002)的研究证明了会计信息披露数量具有严重的经济后果,会计信息披露数量对权益资本成本产生负向效应,这一效应约莫相差不到1个百分点。他们的研究方法得到大大改进,认为小样本不具有代表性,所以把研究范围扩大,选取了数量更多、行业范围更广的上市公司,运用三种不同的披露形式和四种资本成本的计量方法进行检验。

目前西方在该方面的研究很多,但对会计信息披露数量的研究大致分为两种,一种是像博托桑(1997)自建的信息披露指数一样,学者们自建信息披露指数进行研究。如弗朗西斯等(Francis et al.,2004,2008)通过自己的指标分类,借鉴博托桑的方法构建信息披露指数。还有学者使用股票市场的流动性、自愿性披露强度等其他替代指标。一种是采用分析师评估指标,通过对上市公司年报、季报、月报和临时公告以及其他信息是否进行披露及完整性的衡量。

巴塔查里亚、达乌克和韦尔克(Bhattacharya, Daouk and Welker,2003)以4个指标(包括损失规避度、收益平滑度和收益激进度这3个指标以及它们3个的加总指标）作为公司收益不透明度的代理变量，并且以 58653 家公司（来自 34 个国家和地区）15 年（1985~1998 年）的财务报表为样本作为数据，并从股票市场的交易量和投资者要求的报酬率两个方面检验公司的权益资本成本是否受公司收益不透明度的影响，研究发现自 20 世纪 90 年代后期开始，在控制其他因素影响后总收益不透明逐渐降低，并且收益透明度越高，股票的交易量和交易额就越大，从而表现出较好的市场流动性。弗朗西斯等（1994，2004）、洛伊兹克莉丝蒂安等（Leuz Christian et al.，2003）研究了公司权益资本成本与会计盈余质量之间的关系，发现这盈余特征水平较高的企业，其股东要求的报酬率就越低，从而其权益资本成本就较低，但是从单个的指标特征来分析，应计质量对公司权益资本成本的作用效果最显著。

  国内关于会计信息披露总体水平及其质量与权益资本成本的研究，一般都是在 21 世纪初期。汪炜和蒋高峰（2004）运用沪交易所上市的公司（共计 516 家，均是 2002 年之前在上海交易所上市）为样本数据，结果表明，提高上市公司信息披露水平可以有效降低权益资本成本。于李胜和王艳艳（2007）以沪深两市 3 年（2001~2003 年）的上市公司数据为样本，以应计质量作为替代变量来评价信息风险水平，来分析会计信息披露水平对投资市场中定价的影响。研究发现应计质量与公司权益资本成本显著的负相关，也就是说，要想有效地降低企业的权益资本成本通过提高应计质量是可行的。曾颖和陆正飞（2006）以证券市场中 A 股上市公司为研究样本，分析了我国上市公司的会计信息披露水平对其股权融资成本的作用。研究发现，在控制账面市值比、财务杠杆率、资产负债率、β 系数和公司规模等诸多因素的情况下，公司的较高的信息披露水平和质量对应较低的边际股权融资成本。李明毅和惠晓峰（2008）以在沪深两市上市的 502 家公司为研究样本，分析会计信息披露水平与其权益资本成本的相关性。研究结果表明，高水平的会计信息披露质量可以有效降低权益资本成本。

  信息披露的强制性在每个国家都有体现，我国《证券法》中也要求了上市公司必须披露的内容，有年度报告、中期报告和季度报告等，这些都要按照相关要求向特定部门报送。而国内对于自愿性信息披露关注不多，自愿性信息披露与权益资本成本的具体关系关注也比较少。在我国的证券市场上，投资者在估算上市公司价值和进行投资决策时，并没有将信息披露的数量及质量列入参考因素。但我国学者也已经开始有所研究。例如，汪伟、蒋高峰（2004）在《信息披露、透明度与资本成本》文章中，最早解释了信息披露数量与权益资本成本的负相关关系。收集公司临时公告和季报数量数据，加起来作为会计信息数量的替代指标，通过实证研究会计信息披露数量对股权资本成本的效应。研究证明了，对相关控制变量（如盈利水平）进行控制后，股权资本成本的下降与信息披露数量的增加有关。相关学术研究认为股民进行好的投资决策需要更多的自愿性信息，所以研究方向也转至自愿性信息披露，主张上市公司披露更多的自愿性信息，而非只满足强制性的要求。也有学者想要揭示如果上市公司增加披露有关控制权结构的信息，那么短期内市场会做出怎样的反应，结果是否披露此信息的市场反应不一样，披露控制结构比不披露控制结构有优势，市场反应较好，最终权益资本成本更低。张小媛（2010）借鉴BOTOSAN的方法构建自愿性披露指标。索有（2012）研究自愿性内部控制信息披露。

对于自愿性披露的研究，我国学者采用两种指数构建的方法。首先是根据相关外国学者的研究，对上市公司自愿披露的信息进行分类，具体的分类指标各不相同，大致分为财务信息和非财务信息。其次是借鉴博托桑（1997）的方法，自建信息披露指数，指标涵盖了公司经营的各个方面，涉及财务、预测、管理层等信息，构建自愿性披露指数。这种方法的可靠性与有效性在同类引用文献中最严格。

（二）盈余质量与权益资本成本

西方对公司权益资本成本与会计盈余质量（又称盈余质量或会计信息质量）的研究较早，主要的观点是要想提高股票市场的流动性，就需要提供高质量的会计信息，这样会减小投资者的估计风险，降低成本，减少企业融资的代价，降低投资者想要获得的回报率。迪亚蒙和韦雷基亚（Diamond and Verrecchia，1991）的研究解释了公司的权益资本成本想要降低，融资成本想要降低，就需要对普遍存在的信息不对称现象进行缓解，只有提高投资者的信任度，才能使投资者进行或增加投资，股票市场流动性得到改善，而这些最终需要提高会计信息质量。金和韦雷基亚（Kim and Verrecchia，1994）、韦尔克（Welker，1995）、希利（Healy，1999）等研究揭示了公司会计信息质量与股票流动性的关系，说明较高的会计信息透明度和质量相应伴随着较低的权益资本成本，这是因为高的会计信息质量没有增加内外部的信息不对称，致使股票信用情况和流动性相应提高。洛伊兹和韦雷基亚（Leuz and Verreechia，2004）研究证明盈余报告质量低，会计信息质量即低，这会增加外部投资者与公司内部的信息不对称程度，误导投资者，最终影响投资决策，这是从资本成本角度考虑的信息风险。这种风险会引起企业高的资本成本，即投资者想要获得更高的风险补偿。其他学者也分别采用不同的方法，通过理论及实证研究，揭示了信息风险与资本成本之间的关系，即信息风险低，资本成本相应也会低。弗朗西斯等（2004，2005）进行理论分析，然后进行实证研究来解释盈余质量与资本成本之间的效应。首先，弗朗西斯等（2004）把盈余质量特征分为七个方面，把权益资本成本分为事前权益资本成本和事后权益资本成本，分别检验这七个方面对这两种成本的效应。研究表明除了两种属性外，其他属性特征都和事前权益资本成本显著相关，而对于事后权益资本成本所有的属性都与其相关度很高，其中应计质量的作用最显著，这都很好地解释了盈余质量与资本成本的关系。其次，弗朗西斯等（2005）就重点从应计质量入手，解释应计质量对权益资本成本的影响，文章中证明了会计信息质量与公司权益资本成本显著负相关。最后，实证证明盈余质量对公司权益资本成本的作用，发现这两者是负相关的，即盈余质量较高的企业，投资者会选择相信它，相应想要获得的收益低，公司需要付出的代价就低。国外的一系列理论和实证研究结果整体表明，会计信息质量与权益资本成本具有负相关的关系。

在中国资本市场这样特殊的经济背景下，国内的研究也有很多，但研究集中于21世纪初期，研究范围和深度没有突破国外，只是在国外范围内进行研究。如曾颖、陆正飞（2006）以我国相关信息披露的规定和要求为基础，收集深圳A股上市公司数据，对相关控制变量进行控制，采用两种方法衡量会计信息质量，即会计信息总体质量和盈余指标，利用剩余收益模型来检验会计信息质量与股权成本之间的效应。研究证明了会计信息质量较高的企业，其资本成本较低，即它们较高的会计信息质量对应较低的资本成本。黄娟娟、肖珉（2006）考虑会计信息内在质的方面，用上市公司的收益激进度、平滑度及不透明度等对会计信息质量进行衡量，结果表明会计信息质量越好，公司的权益资本成本就会越低。王静等（2013）、赵耀等（2013）、包楠（2014）研究都表明会计信息质量与资本成本负相关。谷宇（2014）及李伟、徐翼（2015）以盈余质量作为衡量会计信息质量的指标，研究结果表明提高会计信息质量，有助于提高广大投资者的信心，最终降低股权成本。

（三）文献评述

从整体来看，我国关于这方面的研究不是很充分，这是由于我国资本市场的不完善，投资者对这方面的关心少，只对公司披露的年报和其他信息进行简单的搜集和加工就使用。但是伴随着我国市场经济的建立和完善，研究会计信息质量如何在我国资本市场上发挥作用已具有重要的现实意义。主要的原因是我国的市场经济不完善，证券市场建立较晚，且发展历程较短，盲目投资和过度投机为其典型的特征。所以这一阶段我国的投资者对于上市公司的会计信息是否披露以及披露的水平和质量都不太关心，只对企业披露会计报表和其他信息进行简单的信息搜集和处理就拿来使用，因此投资者估计的预期报酬和制定的决策方案并不受此的影响。然而，伴随着我国市场经济的建立和完善，股票市场需求、供给和监管等快速发展，会计信息披露质量应对权益资本成本的影响条件已经初步具备（陆正飞、曾颖，2006；樊行健、雷东辉，2009）。因此，这一阶段研究上市公司的会计信息质量如何在我国资本市场中发挥作用，以及其历史演变规律，对我国会计准则体系的建设和完善、证券市场的改革和发展具有重要的现实意义。

三、研究假设

会计信息对不知情的交易者来说会产生一定的风险，即信息风险，上市公司提供的会计信息质量会影响投资者的信息风险。投资者承受的信息风险的大小取决于上市公司提供的会计信息质量的高低，会计信息质量不高意味着投资者面临较大的信息风险，为了弥补可能的风险损失，这部分投资者会要求较高的必要报酬率，体现为权益资本成本。由此可以推断在信息不对称的情况下，会计信息质量在资产定价过程中起着重要作用。因为高质量的会计信息降低了信息风险，从而可以降低上市公司的权益资本成本（栾依峥，2009）。

就会计信息质量与权益资本成本的关系而言，我们认为较高的会计信息质量有助于降低权益资本成本。这主要有两个方面的原因，其一是信号传递理论，罗丝（Rose，1997）发现拥有大量高质量投资机会信息的经理，可以通过资本结构或股利政策的选择向潜在的投资者传递信息。而自愿性信息披露有助于降低信息不对称，为投资者提供对其决策有用的增量信息，降低企业权益资本成本（张正勇、邓博夫，2017）。当信息出现高度不对称时，管理层为了提高信息透明度，倾向于披露更多的信息，尤其是利好消息的披露，以增强投资者的信心（Mak，1996）。管理层披露的预测消息利好程度越高，越有利于减少管理层与投资者之间的信息不对称，进而降低权益资本成本。其二是委托—代理理论，由于信息不对称产生的委托—代理理论所指向的代理成本问题的研究主要集中在两类代理成本上：第一类代理成本归因于股东与管理层之间的委托—代理问题，旨在说明企业管理层与股东因利益目标不同而出现道德风险和逆向选择，从而产生代理成本；第二类代理成本归因于大小股东之间的代理成本问题，它旨在说明大股东以绝对持股比例优势控制企业，常常利用企业的资源攫取小股东的利益。基于这两个理论，我们认为会计信息质量作用于权益资本成本至少存在三个方面的路径。

首先，高质量的会计信息可以有效减少企业管理层与外部投资者之间的信息不对称程度，从而借由股票流动性与外部人监督成本影响权益资本成本。就企业股票流动性而言，具有较高质量的会计信息可以使投资者获得更多的有效证券信息，信息不对等问题的缓解有助于投资者降低交易次数，减轻由于这一问题给企业股价造成的不良影响，进而降低企业权益资本成本（王燕，2016）。此外，流动性可以通过强化大股东监督和增加股价信息含量来降低代理成本，提高股东和管理层的信息透明度（熊家财、苏冬蔚，2016）；对于外部人监督成本而言，詹森和梅克林（Jensen and Meckling，1976）研究发现，严重的代理问题会导致上市公司对注册会计师审计等外部监督或约束机制产生内在需求，而高质量的会计信息有助于降低信息不对成程度从而降低代理成本，进而降低外部人监督成本，以此来降低权益资本成本。

其次，高质量的会计信息可以帮助管理者和投资者识别好的投资项目，从而影响投资者预测市场投资风险。预测风险（estimation risk）最早由布朗（Brown，1979）提出，投资者根据可获得的信息对投资回报进行主观推断过程的不确定性就是预测风险具有较高质量的会计信息可以使投资者在进行企业未来收益评估时做出更为理性的评估。而最早借助预测风险来研究信息披露对资本成本影响的是巴里和布朗（Barry and Brown, 1985），具体而言，倘若企业所披露的会计信息质量较低，未来投资回报率将存在更大的风险，投资人如果选择对其进行投资就将面临更大的投资风险。基于上述情况，在进行投资时，投资者将对企业提出更高的风险补偿要求。通常情况下，这种风险补偿将会提升预期投资回报率，进而使得企业权益资本成本增加。

最后，高质量的会计信息有助于提高公司治理的效率。会计信息在公司治理中的作用一方面是指通过在公司控制机制中对公开披露的财务会计数据的应用，以提高公司治理的效率（Bushman and Smith, 2001）。另一方面，公司信息透明度越高，总经理因业绩下降而被更换的可能性越大。这表明，公司信息透明度的提高不仅有助于投资者甄别管理者经营水平的高低，而且可以强化董事会对总经理的监管机制，从而增进了公司治理制度安排的效率（游家兴、李斌，2007）。总的来说，高质量的会计信息促使公司治理能够有效运作，资源得到合理配置，从而提高公司治理水平，并在董事会治理机制以及管理报酬契约机制等方面发挥着重要作用（陈一霄，2013）。隆巴德和帕加诺（Lombard and Pagano）认为投资者为了确保公司管理层根据股权价值最大化行事，不得不付出外部监督成本对公司管理层的行为进行监督，这种监督成本导致了较高的要求报酬率，相比于公司治理效率较高的公司而言，公司治理效率较低的公司股东会花更多的监督成本（包括时间和资源）来监督管理层行为，因此他们会要求更高的报酬率。也就是说公司治理效率高的公司权益资本成本较低，说明高质量的会计信息有助于上市公司在证券市场上以合理的价格融资，有助于证券市场运行效率的提高（黎明、恭庆云，2010）。

综合以上三个方面的分析，会计投资者保护质量会通过三种路径降低权益资本成本：一是降低信息不对称程度；二是帮助管理者和投资者提高投资效率；三是提高公司治理效率。因此，我们假设高质量的会计信息有助于降低权益资本成本。

因此，提出假设1。

假设1：会计投资者保护质量与权益资本成本负相关。

当股权较分散时，公司的经营者可能会变成实际控制者，委托—代理问题就会上升为公司的主要矛盾。经营者与所有者的利益目标不一致，所有者对经营者的监督和管理不善,导致经营者在追求自身的权利的过程中,带来道德风险和逆向选择,以至于发生侵害公司利益的行为。也就是说,如果公司股权高度分散,企业的管理层变得强势,大股东因其所持股份较低变得弱势而不能与之匹敌,导致企业的内部治理矛盾变得激烈,企业的经营业绩受经营者的控制可能性变得显而易见,导致会计信息的披露质量较低,投资者对企业的信息掌握不足,会加大投资风险,对未来的不确定性会加大企业的权益资本成本。此时如果大股东持股比例上升,大股东对经营者的管理和监督就会变得更加有力,从而有效纠正经营者的侵害行为,使公司业绩随之上升(Shleifer and Vishny,1986)。会计信息披露的质量也随之提高,而所有者和经营者之间的委托—代理矛盾就会有所缓和,从而降低企业的资本成本。黎明、龚庆云的实证数据发现,信息披露质量的提高有助于降低权益资本成本,而且民营企业信息披露的改善对其影响更为显著。

据此提出假设2。

假设2:对于大股东持股较高的上市公司来说,因其会计信息质量较高,其权益资本成本较低。

基于以上分析,我们试图为公司层面的会计投资者保护质量与权益资本成本的相关关系提供经验证据。

四、变量、模型及样本

(一)对会计投资者保护质量的度量

对会计投资者保护质量的度量详情可见第三章所述。

(二)对权益资本成本的度量

实证研究中往往依据平均的已实现(事后)收益率来估计测算资本成本所需要的参数,这种做法所隐含的假设是在有效的资本市场上,风险被适当地定价。但是,这一假设不总是成立,法马和弗伦奇(Fama and French,1997)就明确指出,风险载荷和风险溢价的难以准确估计使得此类权益资本成本计算方法的估计精度较差。所以我们使用了事前权益资本成本的测度模型 PEG 与 MPEG 模型以及 OJM 模型。

伊斯顿(Easton,2004)提出了基于市盈率(PE Ratio)和市盈增长比率(PEG Ratio)的 PEG 模型和 MPEG 模型,在长期增长率和下一期每股股利为零,非正常收益的增长率的期望变化率(Δagr)为零并且短期每股收益增长为正的假设下,推导出了权益成本的估计公式：

$$r_{easton} = \sqrt{(eps_2 - eps_1)/P_0} \qquad (1)$$

其中，r_{easton} 代表权益资本成本；eps_2 代表第二期的每股收益；eps_1 代表第一期的每股收益；P_0 代表零期的每股股价。

通过放宽 Δagr 为零的假设，只假定其不变，可得到 MPEG 模型下的 r_{easton}：

$$r_{easton} = \sqrt{EPS_{t+2} + r_{easton}DPS_{t+1} - EPS_{t+1}}/P_t \qquad (2)$$

其中，EPS_{t+1} 代表 $t+1$ 期的每股收益；EPS_{t+2} 代表 $t+2$ 期的每股收益；DPS_{t+1} 代表 $t+1$ 期的每股股利；P_t 代表 t 期的每股股价。

奥尔森和于特纳（Ohlson and Juettner-Nauroth，2005）认为股票价格与下一年的每股期望收益、每股收益的短期增长率、每股收益的长期增长率以及资本成本有关，而并不取决于股利，并用 OJN 模型测度权益资本成本。我们使用此模型的原因在于其只需要预测未来的盈利，而不需要对账面价值和 ROE 做出估计。模型如下：

$$r_e = A + \sqrt{A^2 + \frac{esp_1}{P_0}[g_2 - (\gamma - 1)]} \qquad (3)$$

其中，$\gamma = \lim_{t \to \infty} \frac{eps_{t+1}}{eps_t} = g_p + 1$，$A = (\gamma - 1 + dps_1/P_0)/2$，$g_2 = (eps_2 - eps_1)/eps_1$。Eps、Dps、$P$ 等含义与前一致，在此不再赘述。

（三）控制变量

为了保证本次实证研究结果的稳健性，我们参考以往的研究，控制了能够对会计投资者保护质量与经济绩效产生较大影响的变量，具体包括：企业规模（Size）、财务杠杆（Lev）、自由现金流量（FCF）、董事会规模（Board）。

（四）调节变量

为了克服以往研究的问题，我们将对会计投资者保护质量与经济绩效的相关关系进行进一步研究，具体而言，即将样本区分为：国有企业和非国有企业（State）、行业竞争程度较高的企业和较低的企业（HHI）。因此，我们将采用产权性质（State）作为调节变量，将国有企业赋值为 1，非国有企业赋值为 0；我们采用赫芬达尔指数（HHI）作为区分不同行业、不同年度的行业竞争程度的调节变量（见表 5-1）。

表 5-1　　　　　　　　　　变量定义

变量类别	变量名	变量含义	具体计算公式
解释变量	Infor	会计投资者保护指数	见模型（1）及其说明
被解释变量	ECC_PEG	PEG 模型测度的权益资本成本	见第三部分说明
	ECC_MPEG	MPEG 模型测度的权益资本成本	见第三部分说明
	ECC_OJN	OJN 模型测度的权益资本成本	见第三部分说明
调节变量	State	产权性质虚拟变量	国有企业赋值为 1，非国有企业赋值为 0
	HHI	行业竞争程度	赫芬达尔指数，行业中各样本公司占行业总收入百分比的平方和
控制变量	Size	企业规模	公司年末总资产的自然对数
	Lev	财务杠杆	负债总额/资产总额
	FCF	自由现金流量	（净利润+利息费用+非现金支出）-资本性支出
	Board	董事会规模	董事会的实际人数
	Year	年度虚拟变量	代表年度固定效应
	Ind	行业虚拟变量	代表行业固定效应

（五）实证模型

为了检验会计投资者保护质量与权益资本成本的相关关系，我们构建了模型（4）和模型（6）。为了便于阅读、易于理解，前面提及的全部控制变量统一使用 $Ctrl$ 表示。具体回归模型如下：

$$ECC\_PEG = \alpha_0 + \alpha_1 Infor_{i,t} + \alpha_j \sum_{j=2}^{5} Ctrl + \sum Year + \sum Ind + \varepsilon \quad (4)$$

$$ECC\_MPEG = \alpha_0 + \alpha_1 Infor_{i,t} + \alpha_j \sum_{j=2}^{5} Ctrl + \sum Year + \sum Ind + \varepsilon \quad (5)$$

$$OJN = \alpha_0 + \alpha_1 Infor_{i,t} + \alpha_j \sum_{j=2}^{5} Ctrl + \sum Year + \sum Ind + \varepsilon \quad (6)$$

我们将通过以上三个模型验证前文的假设，根据前文的猜想，三个模型中的系数应当显著为负，以此表明会计投资者保护质量与权益资本成本之间的负相关关系。三个模型中的 Year 和 Ind 表明该模型控制了年度固定效应和行业固定效应。

（六）数据和样本

我们在这一部分主要选取了上市公司2010~2015年相关数据，主要的数据来源于国泰安（CSMAR）数据库，为了保证回归结果的稳健性，我们对原始数据做了如下处理：(1) 剔除了数据缺失的样本；(2) 剔除了金融类行业和ST、*ST的样本；(3) 对数据进行了剔除极端值（Winsorize）的处理，最终得到了包含8245个有效样本的非平衡面板数据。数据通过Excel 2007进行基本处理，并通过Stata进行回归分析。

五、实证结果及分析

（一）描述性统计

为了对本次研究的关键变量的统计特征有一个初步认识，我们对这些变量进行了描述性统计（见表5-2）。

表5-2　　　　　　　　　描述性统计

变量符号	变量名称	观测量	平均值	标准差	最小值	最大值
\multicolumn{7}{c}{Panel A　解释变量与被解释变量}					
Infor	会计投资者保护指数	5477	54.71	5.06	25.25	66.81
ECC_PEG	PEG模型测度的权益资本成本	5477	0.081	0.033	0.0048	0.26
ECC_MPEG	MPEG模型测度的权益资本成本	5477	0.087	0.033	0.0058	0.26
ECC_OJN	OJN模型测度的权益资本成本	5477	0.17	0.89	0.0003	47.96
\multicolumn{7}{c}{Panel B　调节变量}					
HHI	赫芬达尔指数	5477	0.21	0.11	0.14	1.00
\multicolumn{7}{c}{Panel C　控制变量}					
Size	规模	5477	21.80	1.20	16.76	28.24
Lev	财务杠杆	5477	-1.20	0.90	-9.76	2.11
FCF	自由现金流量	5477	18.69	1.75	7.17	24.93
Board	董事会规模	5477	8.89	1.77	4	18

从表 5-2 的描述性统计结果可以发现，会计投资者保护质量指数的平均值为 54.71，按照满分 100 分计算，大多数上市公司能够达到平均以上的水平，但该指数的标准差为 5.06，这说明在不同的上市公司中，会计投资者保护质量存在着较大的差异。从权益资本成本的两个度量指标来看，ECC_PEG 的平均值和标准差分别为 0.081 和 0.033，ECC_MPEG 的平均值和标准差分别为 0.087 和 0.033，两个指标的统计特征比较接近，从而可以保证研究结论的稳健性。

同时，为了初步验证会计投资者保护质量与权益资本成本的相关关系，我们对解释变量和被解释变量进行了分组 T 检验。其中高于样本中位数的视为较好组，较差组则有低于样本中位数的上市公司组成，具体检验结果见表 5-3。

表 5-3　　　　　　　　　　　分组 T 检验

变量	Better (1)	Worse (2)	Better-Worse (3)
$Infor$	58.61	50.80	7.81 (-1.40)
ECC_PEG	0.078	0.086	-0.008*** (9.11)
ECC_MPEG	0.084	0.090	-0.006*** (5.86)
ECC_OJN	0.13	0.22	-0.09*** (3.84)

注：括号内数值代表 t 值，***、**、* 分别代表在 1%、5%、10% 的水平上显著。

从表 5-3 的分组检验结果可以看出，会计投资者保护质量较高一组的权益资本成本在 0.01 的显著性水平上异于会计投资者保护质量较低的一组，具体而言，会计投资者保护质量较高的一组在权益资本成本上显著低于会计投资者保护质量较低一组的 0.8%、0.6% 和 9%。

为了初步检验各主要变量的相关关系，同时检验是否存在共线性以为进一步研究奠定基础，我们使用 Spearman 检验法对主要变量进行了相关性检验（见表 5-4）。

表 5-4　　　　　　　　　　　相关性分析

变量	$Infor$	ECC_PEG	ECC_MPEG	ECC_OJN	FCF	$Size$	Lev	$Board$
$Infor$	1.000							
ECC_PEG	-0.17*	1.000						
ECC_MPEG	-0.11*	0.97*	1.000					

续表

变量	Infor	ECC_PEG	ECC_MPEG	ECC_OJN	FCF	Size	Lev	Board
ECC_OJN	−0.07*	0.088*	0.07*	1.000				
FCF	0.14*	0.053*	0.11*	−0.0067*	1.000			
Size	0.23*	0.088*	0.15*	−0.035	0.72*	1.000		
Lev	−0.046*	0.26*	0.25*	0.054*	0.23*	0.34*	1.000	
Board	0.11*	0.053*	0.078*	0.0038	0.24*	0.33*	0.14*	1.000

注：***、**、*分别代表在1%、5%、10%的水平上显著。

表5-4列示了主要变量的相关性分析结果，正如我们预期的那样，会计投资者保护质量与权益资本成本是负相关关系，从而初步验证了我们的假设，即会计投资者保护质量较高的企业，其权益资本成本也相对较低。另外，各变量的相关系数远小于0.8这一临界值，表明变量之间不存在共线性，为进一步研究创造了条件。

（二）主要回归结果及分析

为了实证检验会计投资者保护质量与权益资本成本之间的相关关系，我们对模型（4）至模型（6）进行了回归分析（见表5-5至表5-7）。

表5-5　会计投资者保护质量与权益资本成本的回归结果（ECC_PEG）

回归类型	混合回归 (1)		年度固定效应 (2)		行业固定效应 (3)	
Infor	−0.00095***	−9.49	−0.00088***	−9.20	−0.00095***	−10.30
FCF	0.00012	0.35	0.000036	0.11	−0.00086***	−2.68
Size	0.0025***	4.51	0.0034***	6.38	0.00054	1.02
Lev	0.0075***	14.81	0.0077***	15.44	0.0061***	12.66
Board	0.00062**	2.43	0.00033	1.34	0.00031	1.30
Constant	0.085***	9.21	0.064***	7.09	0.077***	7.26
Year	未控制		控制		控制	
Ind	未控制		未控制		控制	
F值	82.70		102.82		23.96	
R-square	0.08		0.16		0.27	
Observations	5477		5477		5477	

注：右侧数值代表t值，***、**、*分别代表在1%、5%、10%的水平上显著。

表 5-6　会计投资者保护质量与权益资本成本的回归结果（ECC_MPEG）

回归类型	混合回归 (1)		年度固定效应 (2)		行业固定效应 (3)	
Infor	-0.00066***	-7.11	-0.0012***	-12.37	-0.00066***	-7.11
FCF	-0.00040	-1.23	-0.00047	-1.41	-0.00040	-1.23
Size	0.0014***	2.54	0.0022***	4.09	0.0017***	3.24
Lev	0.0087***	17.48	0.0088***	17.86	0.0073***	15.07
Board	0.00051**	2.06	0.00024	0.98	0.00025	1.07
Constant	0.13***	14.55	0.11***	12.85	0.13***	12.05
Year	未控制		控制		控制	
Ind	未控制		未控制		控制	
F 值	99.69		104.97		23.28	
R-square	0.09		0.16		0.27	
Observations	5477		5477		5477	

注：右侧数值代表 t 值，***、**、* 分别代表在 1%、5%、10% 的水平上显著。

表 5-7　会计投资者保护质量与权益资本成本的回归结果（ECC_OJN）

回归类型	混合回归 (1)		年度固定效应 (2)		行业固定效应 (3)	
Infor	-0.011***	-3.92	-0.01***	-3.71	-0.0091***	-3.14
FCF	0.019*	1.91	0.017*	1.70	0.017*	1.68
Size	-0.057***	-3.68	-0.054***	3.46	-0.053***	-3.18
Lev	0.066***	4.61	0.07***	4.82	0.070***	4.60
Board	0.0088**	1.23	0.0089	1.23	0.0089	1.20
Constant	1.68***	6.46	1.60***	6.03	1.87***	5.66
Year	未控制		控制		控制	
Ind	未控制		未控制		控制	
F 值	9.07		6.28		2.03	
R-square	0.010		0.011		0.031	
Observations	5477		5477		5477	

注：右侧数值代表 t 值，***、**、* 分别代表在 1%、5%、10% 的水平上显著。

表 5-5、表 5-6 和表 5-7 分别列示了以 ECC_PEG、ECC_MPEG 和 ECC_OJN 为权益资本成本度量指标的回归结果，第（1）至第（3）列分别列示了在逐步控制年度固定效应和行业固定效应后的回归结果，综合以上三个表的回归结果来看，会计投资者保护质量与权益资本成本在 1% 的水平上显著负相关，即高质量的会计信息有助于降低企业的权益资本成本，在逐步控制了年度固定效应和行业固定效应后，回归模型的解释力相应地有所提高（$R-square$），保证了回归结果的稳健性，从而验证了前文提出的假设。具体而言，以年度固定效应为例，就表 5-5 来看，会计投资者保护质量每提高 1 个单位，在其他条件不变的情况下，企业权益资本成本相应降低 0.12%。与之相对应，在表 5-7 中，会计投资者保护质量每提高 1 个单位，企业权益资本成本相应降低 1.1%，从而证明了会计投资者保护质量对权益资本成本的抑制作用。

（三）进一步研究

不同的股权性质会对会计投资者保护质量与权益资本成本的相关关系产生影响，具体而言，我们根据上市公司的股权性质将其区分为国有企业和非国有企业两类子样本，国有企业是中国特色社会主义经济制度和分配制度的产物，国有企业的内控完善且效果较非国有企业好，导致其会计投资者保护质量较之非国有企业与权益资本成本有较大改善，从而更好地降低权益资本成本。

基于以上分析，我们将总体样本按照股权性质和行业竞争程度进行区分，进一步研究会计投资者保护质量与权益资本成本之间的相关关系。

从表 5-8 的回归结果可以发现，无论是通过 ECC_PEG、ECC_MPEG 还是 ECC_OJN 度量的权益资本成本，会计投资者保护质量都与其保持了显著的负相关关系，由于篇幅所限，我们仅列示了年度固定效应下的回归结果。对比第（1）列和第（2）列的结果可以发现，在国有企业子样本中，会计投资者保护质量每提高 1 个单位，在其他条件不变的情况下，权益资本成本相应降低 0.16%，而在非国有企业样本中，权益资本成本的下降达到 0.096% 且在 1% 的水平上显著。第（3）列和第（4）列以及第（5）列和第（6）列也表现出同样的特征，即在国有企业样本中，会计投资者保护质量与权益资本成本的相关性高于非国有企业样本，从而符合我们的预期。

表 5-8　　　　　　　　　子样本分析结果：股权性质

变量	ECC_PEG 国有企业 (1)	ECC_PEG 非国有企业 (2)	ECC_MPEG 国有企业 (3)	ECC_MPEG 非国有企业 (4)	ECC_OJN 国有企业 (5)	ECC_OJN 非国有企业 (6)
Infor	-0.0016*** (-10.48)	-0.00096*** (-8.38)	-0.0014*** (-8.71)	-0.00065*** (-5.54)	-0.014*** (-3.57)	-0.008** (-1.97)
FCF	0.00073 (1.33)	-0.00091** (-2.27)	0.0012** (2.26)	-0.00043 (-1.03)	0.014 (1.07)	0.017 (1.22)
Size	0.0032*** (4.02)	-0.0029*** (-3.86)	0.0047*** (5.97)	-0.0017** (-2.14)	-0.068*** (-3.52)	-0.037 (-1.36)
Lev	0.01*** (12.92)	0.0080*** (13.27)	0.0095*** (11.73)	0.0069*** (11.25)	0.081*** (4.11)	0.052*** (2.44)
Board	-0.00051 (-1.45)	0.00056 (1.68)	-0.00054 (-1.53)	0.00098*** (2.86)	0.020*** (2.28)	-0.011 (-0.88)
Constant	0.11*** (8.41)	0.21*** (15.62)	0.05*** (4.05)	0.16*** (11.32)	2.06*** (6.58)	1.22*** (2.50)
Year	控制	控制	控制	控制	控制	控制
Ind	未控制	未控制	未控制	未控制	未控制	未控制
Observations	2399	3078	2399	3078	2399	3078
Adj. R^2	0.17	0.17	0.18	0.16	0.026	0.0023

注：括号中的数值为 t 值，***、**、*分别表示在1%、5%、10%的水平上显著。

同时，我们希望考察在不同竞争程度的行业中，上市公司的会计投资者保护质量与权益资本成本的相关关系是否存在差异，如果存在，会存在哪些差异。为此，我们在模型（4）、模型（5）和模型（6）的基础上引入交互项 HHI×Infor 以观察行业竞争程度对会计投资者保护质量与经济绩效的相关关系的影响。其中 HHI 是负指标，该指标数值越大，则行业集中度越低，行业竞争程度越小。

从表 5-9 的回归结果可以发现，交互项 HHI×Infor 在第（1）列至第（6）列中均与权益资本成本正相关，即赫芬达尔指数越小，行业竞争程度越大，从而会计投资者保护质量与权益资本成本的相关性越强，这说明行业竞争程度在会计投资者保护质量与权益资本成本的相关关系中起到反向调节作用，从而验证了前面的猜想。

表 5-9　　　　　　　　　子样本分析结果：行业竞争程度

变量	ECC_PEG		ECC_MPEG		ECC_OJN	
	(1)	(2)	(3)	(4)	(5)	(6)
Infor	-0.0012*** (-12.77)	-0.0010*** (-10.72)	-0.0009*** (-9.45)	-0.00068*** (-7.37)	-0.011*** (-3.76)	-0.0094*** (-3.25)
Infor×HHI	0.00017*** (2.53)	0.00017*** (2.44)	0.0001 (1.61)	0.00011 (1.57)	0.00078 (0.38)	0.0016 (0.73)
FCF	-0.00047 (-1.42)	-0.00086*** (-2.68)	0.00001 (0.1)	-0.00040 (-1.24)	0.017* (1.69)	0.017* (1.67)
Size	0.0022*** (4.07)	0.00053 (0.99)	0.0034*** (6.37)	0.0017*** (3.23)	-0.054*** (-3.46)	-0.053*** (-3.19)
Lev	0.0088*** (17.87)	0.0073*** (15.08)	0.0077*** (15.45)	0.0061*** (12.68)	0.070*** (4.82)	0.070*** (4.61)
Board	0.00024 (0.99)	0.00025 (1.08)	0.00033 (1.35)	0.00031 (1.31)	0.0089 (1.24)	0.0089 (1.21)
Constant	0.12*** (13.16)	0.13*** (12.31)	0.065*** (7.28)	0.078*** (7.42)	1.60*** (6.09)	1.89*** (5.74)
Year	控制	控制	控制	控制	控制	控制
Ind	未控制	控制	未控制	控制	未控制	控制
Observations	5477	5477	5477	5477	5477	5477
Adj. R^2	0.16	0.25	0.16	0.26	0.0096	0.016

注：括号中的数值为 t 值，***、**、*分别表示在1%、5%、10%的水平上显著。

(四) 稳健性检验

为了保证研究结论的稳健性，我们采用对相关数据滞后一期的方法进行稳健性检验，具体结果见表 5-10。

表 5-10　　　　　　　　　稳健性检验

变量	ECC_PEG		ECC_MPEG		ECC_OJN	
	(1)	(2)	(3)	(4)	(5)	(6)
Infor	-0.00093*** (-6.96)	-0.00063*** (-4.84)	-0.00070*** (-5.13)	-0.00041* (-3.12)	-0.0028 (-0.53)	-0.0017 (-0.32)
FCF	-0.00067 (-1.33)	-0.0012* (2.47)	-0.000042 (-0.08)	-0.00069** (-1.43)	0.035* (1.82)	0.035* (1.78)

续表

变量	ECC_PEG (1)	ECC_PEG (2)	ECC_MPEG (3)	ECC_MPEG (4)	ECC_OJN (5)	ECC_OJN (6)
Size	0.0014* (1.74)	-0.00068 (-0.86)	0.0029*** (3.65)	0.00086*** (1.09)	-0.066** (-2.13)	-0.056* (-1.70)
Lev	0.01*** (14.03)	0.0090*** (12.32)	0.0090*** (12.01)	0.0076*** (10.38)	0.080*** (2.79)	0.083*** (2.72)
Board	0.00033 (0.93)	0.00028 (0.83)	0.00049** (1.37)	0.00044 (1.28)	0.013** (0.94)	0.012 (0.82)
Constant	0.12*** (9.01)	0.14*** (8.37)	0.064*** (4.74)	0.082*** (4.97)	1.00* (1.93)	1.88*** (2.74)
Year	控制	控制	控制	控制	控制	控制
Ind	未控制	控制	未控制	控制	未控制	控制
Observations	2547	2547	2547	2547	2547	2547
Adj. R^2	0.17	0.28	0.17	0.30	0.0032	0.016

注：括号中的数值为 t 值，***、**、*分别表示在1%、5%、10%的水平上显著。

从稳健性检验的结果来看，第（1）至第（4）列会计投资者保护质量与权益资本成本依然保持着显著的负相关关系，第（5）、第（6）列会计投资者保护质量与权益资本成本不显著，可能是由于样本选择偏差或者年度之间的弱相关性导致的。其他各主要变量的相关关系和显著性水平没有发生明显变化，从而保证了我们回归结果的稳健性。

六、结论及启示

我们在本部分通过使用2010~2015年上市公司的相关数据，实证检验了会计投资者保护质量与企业权益资本成本的相关关系。本次研究我们主要基于公司层面的会计投资者保护质量指数展开，试图捕捉微观的公司层面的特征，同时进行了深入研究，为了确保研究结果的准确性，我们进行了稳健性检验。通过研究发现，会计投资者保护质量与企业权益资本成本是负相关关系，即高质量的会计信息有助于降低企业权益资本成本，进一步研究发现，相比于非国有企业，国有企业的上市公司中的会计投资者保护质量与权益资本成本的敏感性更强，此外，行业竞争程度对会计投资者保护质量与权益资本成本的相关关系起到了负向调节作用。

我们的研究结论具有一定的政策启示性。首先，会计投资者保护质量与权益资本成本是负相关关系,因此提高会计投资者保护质量对于企业而言十分关键。另外,在企业内部要完善会计信息生成过程中的监督机制以及外部监督制度,以保证会计投资者保护质量。其次,国有企业中的会计投资者保护质量与经济绩效的敏感性高于非国有企业,主要是由于国有企业内控更完善,会计投资者保护质量更高,因此民营企业可以适当加强内控,提高会计投资者保护质量水平。最后,行业竞争有助于提高会计投资者保护质量,从而降低权益资本成本。

要从根本上解决上市公司的投资者保护问题,降低权益融资成本,是一个任重而道远的过程,不是一朝一夕就能完成的。但是,我们通过理论分析和数据验证,通过提高企业的信息披露质量,以及提升公司治理水平,降低融资成本是一个解决办法。因为良好的公司治理和高质量的会计信息可给投资者较多的参考信息,为制定正确的决策提供可靠的依据,从而降低其风险的预期成本,并且可以给他们带来较高的满意度和信任,这对降低外部投资者的投资风险有积极的作用。只有这样,才能使企业引入大量外部资金,从根本上解决企业融资难的问题。

我国经过股改,一定程度上优化了企业的股权结构,使得股权变得相对均衡,大股东(特别是第一大股东)与中小股东之间的利益趋于一致。此时,股东与经营者之间的矛盾冲突会加大,如果股东对管理层能够进行监督和管理,可以有效减少管理层对会计信息的盈余操纵,降低外部投资者的投资风险。但是,在适当提高股权集中度时,并不能盲目提高第一控股股东的持股比例,还要适当引入股权制衡机制。我们的政策建议如下:

(一) 优化企业的外部市场环境

随着市场经济的快速发展,企业的外部经营环境更趋稳健和成熟。然而,股权结构优化既是机遇也是挑战。在这样的大环境下,着手改善公司治理情况,为企业提供良好的外部市场环境是必需的。

首先,需要维护资本市场的诚信制度。资本市场的诚信制度对于企业的生存和发展是至关重要的,因为诚信制度既是资本市场可以有效发挥作用的基础和保障,也是各个交易单位必须协同遵守和维护的共同原则。

维护资本市场的诚信建设离不开企业。对于企业内部人员来说,及时、准确披露企业的年报和履行相应的社会责任是建设和维护诚信的基本要求。企业的所有者和经营者在进行生产经营时,要合法经营,严格按照市场的运行规律和国家的相关法律准则行事,不能欺骗他人,做到诚信经营。这样取得利润才会被社会认可,树立的品牌和口碑才会长久,是企业生存和发展的软实力。企业作为市场经营的主体,其一举一动都会对投资者和市场造成极大的影响,企业的诚信表率作用如果发挥得好,会对社会产生积极的正能力。

维护资本市场的诚信制度离不开公众的共同努力。公众作为企业产品和服务的最终消费者，在一定程度上影响着企业的经营和决策。如果公众对企业的失信行为置之不理，就会助长企业的气焰，企业就会隐瞒或者虚报对自身不利的会计信息，从而误导公众的注意，投资者在投资者决策时会以此做出错误的判断，加大投资风险，会带来损失。这就会反过来会伤害公众的利益，这不利于投资者和企业，也不利于市场机制的正常调节作用，更不利于社会的稳定。

其次，维护资本市场的诚信制度离不开对投资者投资风险的宣传和教育。随着我国股市的快速发展，越来越多的人开始参与投资，甚至有人预期全民投资的热潮就要到来。因此，加强投资风险的宣传和教育工作就变得尤为重要。通过宣传，让投资者意识到，无风险伴随着无收益，高收益伴随着高风险，收益和风险是并存的，因此"股市有风险，入市需谨慎"。在入股市之前，为避免盲目的投机，投资者应该树立理性的投资理念，才能在有效控制风险的同时取得更好的收益。除此之外，资本市场也应该根据投资者的实际情况，充分拓宽宣传和教育渠道，多层次、全方位地提升投资者的价值观念，用更优质的服务提高投资者的投资水平。

因此，优化企业的外部经营环境，调动社会公众的积极努力，共同参与，对投资双方都是有利的。既可以监督企业的会计信息披露，又能提高投资者的热情，增加企业的融资渠道，降低企业的资本成本，对企业的长久健康运行提供保证。

（二）加强对中小股东的利益保护

我国上市公司的一个特点是股权集中，大股东或控股股东可能会干预公司的正常运营管理，操控企业的会计信息披露，利用自身的控制权优势，牺牲中小股东的利益，大股东可以有选择性、目的性地披露对自己有利的信息来获得私利。因此，中小股东应该冷静，不能盲目。为了避免大股东的掠夺风险，减小未来的不确定性，中小股东就会适当提高预期报酬，必然就提高了企业的权益资本成本。

首先，建立大股东的相互制衡制度。当公司存在多个大股东时，使任何一个股东都没有办法单独控制公司的经营，对控制权的竞争使各个股东会采取制衡措施，大股东可以相互协商，这样能有效抑制大股东的掏空行为，提高企业的价值，就可降低外部中小股东的投资风险，从而降低权益资本成本，并可以有力保护外部投资者的利益。

其次，营造良好的股权文化。营造良好的股权文化既能提高投资者的利益保护力度，又能推动资本市场的健康发展，形成良性循环。高度重视和保护中小股东的合法利益，需要上市公司管理层的努力，同时也需要社会各界的监督和管理，坚决抵制和惩罚侵害中小股东利益的不法行为。

第六章

会计投资者保护与股价崩盘风险

会计投资者保护与股价崩盘风险之间存在着怎样的相关关系，会计信息是否有用以达到抑制股价崩盘风险发生的目的，是理论界研究的热点问题。本章以2010~2015年上市公司为研究对象，实证检验了会计投资者保护与股价崩盘风险之间的相关关系并提供经验证据。通过研究发现，会计投资者保护的提高能够显著抑制股价崩盘风险的发生，也即二者是负相关关系。进一步研究发现，地区市场化程度在会计投资者保护与股价崩盘风险的相关关系中起到正向调节作用。在分样本检验中发现，相比于国有企业，非国有企业上市公司中的会计投资者保护与股价崩盘风险之间的负相关关系更加显著。为了保证研究结论的稳健性，通过替代变量的方法进行了稳健性检验，结论不变。我们的研究成果对于促使公司管理层和监管当局重视会计投资者保护具有一定的借鉴意义。

一、导论

2008年发源于美国的"次贷危机"席卷全球，我国的资本市场也受到了此次危机的严重影响，2015年的股市大幅度异常波动就是此次危机在我国的集中影响事件之一。该事件发生后，股价崩盘等极端个别风险和系统性风险引起了监管层、投资者和学术界的广泛关注和高度警惕。近年来学术界围绕着哪些因素会诱发股价崩盘风险展开了大量研究，取得了比较丰富的成果：公司层面的信息隐藏的"黑天鹅"（Hutton et al.，2009）、股权质量的"地雷"（谢德仁等，2016）、非效率投资行为（江轩宇、许年行，2015；田昆儒、孙瑜，2015）都会增加股价崩盘风险发生的可能性。资本市场是一国资源配置的重要载体，但同时也面临着较大的风险。习近平总书记在2017年金融安全工作会议上指出"把防控金融风险放到更加重要的位置，牢牢守住不发生系统性风险的底线"，可见，控制包括股价崩盘风险在内的金融风险已经成为党和国家风险控制的目标。

从股价崩盘风险发生的根源来看，股价崩盘风险主要是由于公司内部管理层和外部投资者之间的信息不对称问题导致的。有研究表明，公司管理层出于保护自身职位和薪酬的动机（Graham et al.，2005；La Fond and Watts，2008；Ball，2009）、短期内提升业绩以向市场传递"利好"的动机（权小锋等，2012）、构建"企业帝国"以扩大自身能够支配的资源的动机（Kothari et al.，2009）等方面的自利动机，会有意识地对某些"坏消息"进行隐藏，即信息管理行为。这种信息管理行为一方面很容易诱导投资者的错误定价行为，另外，一旦隐藏的"坏消息"超过企业能够承受的临界值，这些消息的短期集中释放到资本市场上，极易引发股价崩盘风险。既然诱发股价崩盘风险的根源在于信息问题，那么，提高会计信息质量是否能够有效抑制股价崩盘风险的发生？考虑到我国新兴加转型的经济背景，地区市场化程度极不均衡（林毅夫，2004），在不同的市场化程度下的企业，其会计信息质量与股价崩盘风险之间的相关关系是否存在差异？国有企业和非国有企业这一股权性质的划分，是否会对会计信息质量与股价崩盘风险的相关关系产生影响？这些是值得关注的重点问题，我们试图围绕会计信息质量，在回答这些问题的基础上，得出相应结论并提出相关政策性建议，为进一步提高会计信息质量提供借鉴和依据。

拉·普罗塔等（La Prota et al.，1998）创造性地定义投资者保护为防止内部管理层和控股股东侵占外部股东和债权人利益的法律制度。有关法与金融方面的研究证据表明，对投资者的法律保护在解释金融市场发展、公司所有制结构、企业估值和经济增长方面的差异时有着决定性作用。而对投资者保护的核心与关键就是不断消除上市公司内外部信息不对称的过程（茅于轼，2002）。虽然已有研究从中观的地区层面出发，研究了股价崩盘风险的抑制因素（王化成等，2014），然而，股价崩盘风险是根源于微观的企业层面的，企业行为在其中起到了不可替代的作用，但几乎没有研究关注到公司层面的会计信息质量与股价崩盘风险之间的关系。因此，我们使用公司层面的会计信息质量数据，检验了会计信息质量的提高能否有效降低股价崩盘风险，丰富了这一领域的研究成果，为股价崩盘风险的抑制因素提供了理论依据和经验证据。

为了研究对会计投资者保护与股价崩盘风险之间的关系展开实证研究，我们开发了公司层面的会计投资者保护指数（北京工商大学会计与投资者保护项目组，2014）来测度上市公司会计投资者保护的高低。公司层面的会计投资者保护指数通过评价披露的会计信息的可靠性、相关性和非财务信息披露程度这三个方面并进行量化以构建公司层面的会计投资者保护指数。

我们采用了2010~2015年中国上市公司的面板数据以研究会计投资者保护对股价崩盘风险的影响。通过研究发现，会计投资者保护的提高有效地降低了股价崩盘风险的发生的可能性。为了保证回归结果的稳健性，我们采用替换变量的方法进行稳健性检验。

本次研究的贡献至少表现在以下几个方面：首先，我们遵循实证研究的一般性研究趋势和研究方法，构建了能够捕捉到截面的上市公司个体特征的会计投资者保护指标，相比于以往的研究指标，这个指标由我们进行手动构建，涵盖的时间序列更长。其次，基于中国新兴加转型的经济背景特征，研究了会计投资者保护与股价崩盘风险的关系，证实了特殊经济背景下的会计信息的有用性。最后，鉴于股价崩盘风险的产生是很多因素作用的结果，我们通过调节变量研究不同市场化程度下的上市公司在会计投资者保护与股价崩盘风险的关系的差异，丰富了这一领域的研究成果。

二、假设提出

从信息的定义来看，信息是指经过加工处理后通过传递到接受者从而对接受者行为产生影响的数据，具体到会计信息而言，从会计的决策有用观来看，会计信息是否有用主要取决于会计信息能否满足投资者的决策需求（Scott，2012）。会计信息传递到投资者并对投资者的投资决策产生影响，进而影响到资本市场的流动性及资源配置状况（苏冬蔚、熊家财，2013）。

已有的相关研究对会计信息质量如何维护资本市场的稳定运行已经展开了详细的论证，取得了比较丰硕的成果。首先，高质量的会计信息本身就意味着较为完善的法律保护制度（王化成等，2014），有了更好的法律保护，外部投资者就会愿意购买更多的金融资产（如股票和债券），这有助于促进资本的合理流动（熊家财，2015），从而促进资本市场的发展，拉波特等（1997，1998）通过研究49个国家的相关数据，发现一国的法律法规完善程度（制定与执行）对该国金融市场的发展规模与深化度有着重大影响。其次，在良好的法律保护下，可以使公司合理地向投资者分配其应得的收益，而不是被公司的控股股东或内部人所攫取，即良好的投资者保护有助于抑制公司内部人的"隧道效应"，这种对内部人利益侵占行为的约束，有助于减轻上市公司的外部融资约束，从而有助于增强资本市场的流动性，促进金融资本市场的发展（刘康兵，2012）。事实上，上述的投资者保护作用于资本市场的路径从深层次原因看，都可以追溯到会计信息的透明度问题，因此，我们试图更加深入研究其内在关系、会计信息质量与股价崩盘风险之间的相关关系及作用机理。

就会计信息质量与股价崩盘风险之间的相关关系而言，我们认为会计信息质量能够降低股价崩盘风险发生的可能性，原因主要是基于以下理论：委托—代理理论、信号传递理论和管理者自利理论。基于以上三种理论，我们认为会计信息质量与股价崩盘风险之间的作用路径至少包括以下三个方面。

首先,高质量的会计信息有助于降低上市公司内部管理层隐藏"坏消息"的动机,从而降低代理成本。江轩宇、许年行(2015)通过实证研究发现,代理理论能够更加充分地解释企业股价崩盘风险。李小荣、张瑞君(2014)也得出了类似的结论,认为相比于利他的"管家"身份,上市公司高管的身份更加倾向于利己的"代理人"。从公司层面的股价崩盘风险的定义来看,股价崩盘风险描述了股价在短时间内大幅度降低的一种状态(Jin and Myers,2006)。从股价崩盘风险产生的根源来看,正是由于上市公司高管出于自身利益的考量而有意识地隐藏了某些负面信息,这些负面消息不断在公司内部积累,一旦超过上市公司自身能够承受的"阀值"或者管理层意识到继续隐藏"坏消息"的作用远超出其成本时,其信息管理行为将趋于终结,这时,这些负面消息会在短期内其中释放到资本市场,从而引起股价的大幅波动(王化成等,2014;江轩宇、许年行,2015)。那么,从会计信息质量的角度出发,高质量的会计信息本身就意味着良好的内部管理状况和较为完善的外部监督机制(Bushman and Smith,2001),而披露会计信息的目的之一就是降低上市公司内外部的信息不对称问题,提高公司透明度,这样,在良好的内外部机制的共同作用下,就不加大上市公司管理层隐瞒"坏消息"的成本,进而降低其信息管理行为的动机,提高会计信息质量,减少上市公司披露的会计信息对投资者的误导,从而有助于降低股价崩盘风险发生的可能性。

其次,更加透明的会计信息有助于抑制上市公司控股股东和管理层对外部投资者的利益侵占。控股股东和高管进行利益侵占的方式有很多,归结起立就是三种典型的代理成本(Jensen and Meckling,1976)。具体到以往的研究而言,博尔顿等(Bolton et al.,2011)利用多期代理模型研究发现,控股股东通过控制董事会并促使其做出短期利益行为以拉升股价,从而从外部投资者处牟利;金姆等(Kim et al.,2011)则发现避税成为上市公司管理层获取超额收益的手段;此外,关联交易(Leuz et al.,2003)、盈余管理(Kirschenheiter and Melumad,2002)、股权激励(Kim et al.,2011)等都成为上市公司内部人攫取外部投资者利益的可能手段,而上述这些利益攫取手段都有可能引发股价崩盘风险。根据前文的论述,提高会计信息质量有助于上市公司透明度的提升,降低信息不对称问题,从而降低了第一类代理问题和第二类代理问题的"叠加效应",进而有效地抑制了股价崩盘风险的发生。

最后,高质量的会计信息可以帮助公司内部管理层和外部投资者提高投资效率。一方面,高质量的会计信息可以帮助上市公司决策层通过解读竞争对手披露的会计信息,及时识别出有前景的投资机会(Baiman and Verrecchia,1996),从而提高投资效率和企业经济绩效,而投资效率和经济绩效的提高有助于稳定上市公司股价,从而降低股价崩盘风险发生的可能性;另一方面,根据信号传递理论,企业对外披露的会计信息是外部投资者的直接信息来源,会计信息通过影响投资者的投资行为将这些信息传递到股市进而反映在股价中(Ball and Brown,1968),这些信息通过资本市场的信息汇聚功能引导资本流动方向,达到资源配置的目的(Hayek,1954),而外部投资者通过识别这些会计信息,把有限的资源投入最具增值前景的投资项目中,进而提高投资效率,增强资本的流动性,抑制股价崩盘风险的发生可能性。综合以上三个方面的分析,会计信息质量可以通过三种路径抑制股价崩盘风险:一是降低隐藏"坏消息"的动机;二是控制控股股东和管理层对外部投资者的利益侵占;三是提高公司决策层和外部投资者的投资效率。基于以上分析我们提出如下假设:

会计投资者保护与股价崩盘风险是负相关关系,即会计投资者保护的提高有助于抑制股价崩盘风险。

三、关键变量的度量、样本的选取和模型的构建

(一) 关键变量的度量

1. 对会计投资者保护的度量

对会计投资者保护的度量详情可见第三章所述。

2. 对股价崩盘风险的度量

关于股价崩盘风险的度量,学术界普遍采用吉思和迈尔斯(Jin and Myers,2006)的方法,在此我们借鉴了该方法,具体方法如下:

首先,我们首先使用个股周收益率对市场流通市值加权平均收益率进行回归,具体模型如下:

$$r_{i,t} = \alpha_i + \beta_1 r_{M,t-2} + \beta_2 r_{M,t-1} + \beta_3 r_{M,t} + \beta_4 r_{M,t+1} + \beta_5 r_{M,t+2} + \varepsilon_{i,t} \quad (1)$$

在模型(1)中,$r_{i,t}$表示公司i在第t周的股票收益率,$r_{M,t}$表示第t周的市场周流通市值加权平均收益率。模型中控制了r_M的滞后期与超前期是为了控制非同步交易的影响(Dimson,1979)。模型中的残差项$\varepsilon_{i,t}$表示那些无法被市场解释的个股收益,残差项表明了公司i的股票与市场收益率的背离程度。我们构造$W_{i,t}=\ln(1+\varepsilon_{i,t})$得出公司$i$的个股收益率。

接下来,通过个股收益率构造负收益偏态系数(NCSKEW)以描述股价在短期

内的集中暴跌状况来测度股价崩盘风险，具体模型如下：

$$NCSKEW_{i,t} = -\left\{\left[n(n-1)^{\frac{3}{2}}\sum W_{i,t}^2\right] \div \left[(n-1)(n-2)\left(\sum W_{i,t}^2\right)^{\frac{3}{2}}\right]\right\} \quad (2)$$

在模型（2）中，NCSKEW 表示股价崩盘风险；n 是指股票在第 t 年的交易周数。

3. 调节变量

由于我国新兴加转型的经济背景，导致我国地区市场化水平严重失衡（林毅夫，2004）。为了进一步深入研究处于不同市场化水平地区中的上市公司在会计投资者保护与股价崩盘风险的相关关系存在哪些差异，我们参考樊纲、王小鲁（2014）的地区市场化指数（market）作为代理变量，引入模型作为调节变量以观测地区市场化水平对会计投资者保护与股价崩盘风险的关系的调节作用。

4. 控制变量

我们还控制了那些可能会对会计投资者保护与股价崩盘风险产生较大影响的其他相关变量以加强回归结果的稳健性，具体包括企业规模（Size）、财务杠杆（Lev）、自由现金流量（FCF）、董事会规模（Board）、管理费用率（Adm）。

以上变量的具体含义及计算方法见表 6-1。

表 6-1　　　　　　　　　变量定义

变量类别	变量名	变量含义	具体计算公式
解释变量	Infor	会计投资者保护指数	见模型（1）及其说明
被解释变量	NCSKEW	股价崩盘风险	见模型（3）及其说明
调节变量	State	产权性质虚拟变量	国有企业赋值为 1，非国有企业赋值为 0
	Market	地区市场化程度	参考樊纲、王小鲁（2014）的地区市场化指数
控制变量	Size	企业规模	公司年末总资产的自然对数
	Lev	财务杠杆	负债总额/资产总额
	FCF	自由现金流量	（净利润+利息费用+非现金支出）-资本性支出
	Board	董事会规模	董事会的实际人数
	Adm	管理费用率	年末管理费用总额/年初总资产
	Year	年度虚拟变量	代表年度固定效应
	Ind	行业虚拟变量	代表行业固定效应

(二) 样本的选取

本次研究以上市公司为研究对象，选取 2010~2015 年的相关数据。同时为了进行分组检验，我们把样本按照产权性质区分为国有企业和非国有企业。公司的财务数据和治理结构数据来源于国泰安（CSMAR）数据库，会计投资者保护指数有项目组手动构建。为了保证回归结果的有效性，我们对原始数据进行了如下处理：(1) 剔除了金融类上市公司；(2) 剔除了 ST、*ST 上市公司数据以及存在数据缺失的上市公司样本；(3) 对数据进行了极端值处理（Winsorize）。最终得到非平衡面板数据。此外，原始数据通过 Excel 进行基本处理，回归采用的计量软件为 Stata。

(三) 回归模型的构建

为了检验会计投资者保护与股价崩盘风险的相关关系以及做进一步深入研究，我们构建了模型（3）、模型（4），为了便于阅读，易于理解，前文中提到的控制变量统一用 Ctrl 表示。具体回归模型如下：

1. 会计投资者保护与股价崩盘风险的回归模型

为了检验会计投资者保护与股价崩盘风险的相关关系，我们构建了模型（3），具体模型如下：

$$NCSKEW_{i,t} = \alpha_0 + \alpha_1 Infor_{i,t} + \alpha_j \sum_{j=2}^{5} Ctrl + \sum Year + \sum Ind + \varepsilon \qquad (3)$$

模型（3）构建了会计投资者保护与股价崩盘风险之间的相关关系的线性模型，其中解释变量为会计投资者保护（$Infor$），被解释变量为（$NCSKEW$），$\sum Year$ 和 $\sum Ind$ 表示该模型控制了年度和行业固定效应。根据我们的预期，系数 α_1 应该显著为负，从而能够说明会计投资者保护的提高降低了股价崩盘风险发生的可能性。

2. 地区市场化程度对会计投资者保护与股价崩盘风险的调节作用回归模型

为了深入考察在不同的市场化程度的地区中，上市公司的会计投资者保护与股价崩盘风险的相关关系存在哪些差异，我们构建了模型（4），具体回归模型如下：

$$NCSKEW_{i,t} = \alpha_0 + \alpha_1 Infor_{i,t} + \alpha_2 Infor_{i,t} \times Market_{i,t}$$
$$+ \alpha_j \sum_{j=3}^{6} Ctrl + \sum Year + \sum Ind + \varepsilon \qquad (4)$$

模型（4）在模型（3）的基础上引入了调节变量 Market 以观测地区市场化程度对会计投资者保护与股价崩盘风险的相关关系的调节作用，根据我们的预期，系数 α_2 应当显著为负以说明市场化程度较高的地区，会计投资者保护对股价崩盘风险的抑制作用更加明显。同时，该模型还控制了年度和行业的影响。

四、实证结果及分析

（一）描述性统计

为了对本次研究的主要变量的统计特征有一个初步认识，我们对这些变量进行了描述性统计，具体结果见表6-2。

表 6-2　　　　　　　　　　描述性统计

变量符号	变量名称	观测量	平均值	标准差	最小值	最大值
Panel A　解释变量与被解释变量						
Infor	会计投资者保护指数	5358	57.17	7.67	0.33	84.45
NCSKEW	股价崩盘风险	5358	-0.36	0.71	-1.75	0.67
Panel B　调节变量						
Market	地区市场化指数	5358	6.18	5.69	4.39	9.36
Panel C　控制变量						
Size	规模	5358	21.72	1.21	16.75	28.24
Lev	财务杠杆	5358	-1.25	0.94	-11.39	2.59
FCF	自由现金流量	5358	18.65	1.76	7.27	24.92
Board	董事会规模	5358	8.83	1.75	4	18
Adm	管理费用率	5358	1.51	4.65	-0.29	20.41

从表6-2的描述性统计结果可以发现，会计投资者保护指数的平均值为57.17，如果按照构建模型的方法，即满分100分计算，大多数公司基本处于平均以上的水平，从另一个角度看，该指标的标准差为7.67，这说明在不同的上市公司间会计投资者保护存在较大差异，这为本次研究创造了良好的样本条件。从股价崩盘风险来看，其平均值为-0.36，标准差为0.71。

同时，为了初步检验前文的假设，我们以股价崩盘风险为基准进行分组均值T检验。其中高于样本中位数的视为较好组，较差组则有低于样本中位数的上市公司组成，具体检验结果见表6-3。

表 6-3　　　　　　　　　　　分组 T 检验

变量	Better (1)	Worse (2)	Better-Worse (3)
Infor	62.82	51.52	11.34** (2.79)
NCSKEW	-1.437	0.055	-1.49* (-1.90)

注：括号内数值代表 t 值，***、**、* 分别代表在 1%、5%、10%的水平上显著。

从表 6-3 的分组检验结果可以发现，会计投资者保护较高的一组显著异于会计信息较低的一组，会计投资者保护较高的一组相比于会计投资者保护较低的一组其股价崩盘风险低 1.49，从而初步验证了会计投资者保护与股价崩盘风险的负相关关系。

（二）主要回归结果分析

为了对会计投资者保护与股价崩盘风险之间的相关关系提供经验证据，并实证检验地区市场化程度的差异对会计投资者保护与股价崩盘风险的相关关系的调节作用，我们对模型（3）和模型（4）进行了回归分析。

表 6-4 列示了模型（3）的回归结果，从回归结果来看，第（1）~（3）中会计投资者保护与股价崩盘风险都是负相关关系，从实证上证实了会计投资者保护有助于抑制股价崩盘风险发生的事实。控制年度固定效应后，回归结果显著性降低，很可能是由于特殊年度的股价崩盘风险较低导致的。以混合回归为例，会计投资者保护每提高 1 个单位，在其他条件不变的情况下，股价崩盘风险会相应降低 2.7%。从拟合优度来看，在控制了年度和行业固定效应后，模型的解释力有所提高。

表 6-4　　　　会计投资者保护与股价崩盘风险的回归结果

回归类型	混合回归 (1)		年度固定效应 (2)		行业固定效应 (3)	
Infor	-0.027**	-2.16	-0.045	-1.61	-0.012***	-4.06
FCF	-0.020***	-2.56	-0.002	-0.73	-0.002	-1.52
Size	-0.021*	-1.72	-0.002	-0.70	-0.002	0.72
Lev	0.041***	3.78	0.002	1.02	0.005**	2.24
Board	0.024***	4.13	0.001	1.17	0.002*	1.98
Adm	0.002	1.34	0.087	0.19	0.003	0.63
Constant	3.165	0.83	3.122***	2.81	3.004	0.99

续表

回归类型	混合回归 (1)	年度固定效应 (2)	行业固定效应 (3)
Year	未控制	控制	控制
Ind	未控制	未控制	控制
F 值	58.80	53.65	50.07
R-square	0.08	0.09	0.09
Observations	5358	5358	5358

注：右侧数值代表 t 值，***、**、* 分别代表在1%、5%、10%的水平上显著。

我们试图更加深入打开会计投资者保护与股价崩盘风险之间关系的"黑箱"，把上市公司具体到其所在地区，考察不同的地区市场化程度下的企业在这一相关关系中存在哪些差异。根据我们的预期，市场化程度较高的地区，意味着更加完善的市场运行机制和较少的行政干预，也即这些地区的竞争程度较为充分，那么为了在更加激烈的竞争中占据优势，上市公司会更加注重会计信息披露的质量以吸引外部投资者，因此，在市场化程度较高的地区的上市公司，其会计投资者保护与股价崩盘风险的负相关关系更加显著。具体结果见表6-5。

表6-5　　市场化程度对会计投资者保护与股价崩盘风险的调节作用

回归类型	混合回归 (1)		年度固定效应 (2)		行业固定效应 (3)	
Infor	-0.002**	-1.96	-0.005*	-1.92	-0.001***	-4.07
Infor×Market	-0.001	-0.69	-0.005*	-1.69	-0.001***	-2.47
FCF	-0.021***	-2.61	-0.009	-0.54	-0.002	-1.48
Size	-0.020*	-1.68	-0.002	-0.81	-0.002	-0.69
Lev	0.041***	3.78	0.002	1.00	0.005**	2.22
Board	0.024***	4.15	0.001	1.22	0.002**	2.00
Adm	0.002	1.32	0.001	0.25	0.003	0.64
Constant	3.163	0.82	3.123***	2/84	3.003	0.71
Year	未控制		控制		控制	
Ind	未控制		未控制		控制	
F 值	74.20		72.73		69.88	
R-square	0.08		0.09		0.09	
Observations	5358		5358		5358	

注：右侧数值代表 t 值，***、**、* 分别代表在1%、5%、10%的水平上显著。

从表6-5的回归结果可以发现，会计投资者保护与股价崩盘风险仍然表现出显著的负相关关系，这与前面的结论保持一致。就地区市场化程度对会计投资者保护与股价崩盘风险的调节作用而言，无论是混合回归，还是控制了年度和行业固定效应后，交互项 Infor×Market 都与股价崩盘风险表现出负相关关系，而且显著性水平还在逐步提高，以年度固定效应为例，在其他条件不变的情况下，会计投资者保护每提高1个单位，在市场化程度的作用下，股价崩盘风险下降0.5%。

（三）产权性质研究

我们在这一部分将样本按照产权性质区分为国有上市公司（以下简称国有企业）和非国有上市公司（以下简称非国有企业），以研究不同产权性质下会计投资者保护与股价崩盘风险的差异。根据我们的假设，国有企业除了企业价值最大化的目标以外，还要承担其他社会性目标，因此，政府对于国有企业存在着预算软约束的问题，加之国有企业面临着更低的外部融资约束，且大多数国有企业的经营范围具有一定的垄断性质或者在行业内实力雄厚，因此，国有企业对于通过提高会计投资者保护以抑制股价崩盘风险、稳定股价，从而吸引资本流入的动机不是十分强烈。而以民营企业和外资企业为代表的非国有企业与国有企业有着明显的差异，这些企业面临着更强的外部融资约束和更加激烈的市场竞争，它们更加依赖于会计投资者保护的提高以提高资本配置效率，因此，非国有企业相比于国有企业的会计投资者保护对股价崩盘风险的抑制作用更强。具体结果见表6-6。

表6-6　　　　　　　　子样本分析结果：股权性质

变量	年度固定效应 国有企业 (1)	年度固定效应 非国有企业 (2)	行业固定效应 国有企业 (3)	行业固定效应 非国有企业 (4)
Infor	-0.006 (-1.42)	-0.033 (-0.89)	-0.002*** (-4.65)	-0.005*** (3.07)
FCF	-0.001 (-0.66)	-0.003 (-1.31)	-0.003 (-1.03)	0.003 (-1.22)
Size	-0.001 (-0.05)	-0.002 (-0.48)	-0.004 (-1.16)	-0.004 (-0.94)
Lev	0.003 (0.86)	0.003 (1.10)	0.007* (1.94)	0.005 (1.59)
Board	0.002 (1.20)	0.006 (0.33)	0.003* (1.88)	0.001 (0.47)

续表

变量	年度固定效应		行业固定效应	
	国有企业（1）	非国有企业（2）	国有企业（3）	非国有企业（4）
Adm	0.001 (0.24)	0.625 (0.07)	0.004 (0.74)	0.002 (0.28)
$Constant$	2.018 (0.31)	2.151** (2.02)	2.078 (1.09)	2.038 (0.44)
$Year$	控制	控制	控制	控制
Ind	未控制	未控制	控制	控制
$Observations$	2170	3069	2170	3069
$Adj. R^2$	0.09	0.15	0.09	0.17

注：括号中的数值为 t 值，***、**、*分别表示在1%、5%、10%的水平上显著。

从表6-6的结果可以发现，虽然国有企业和非国有企业的会计投资者保护与股价崩盘风险之间的显著性水平没有差异，但从系数值来看，非国有企业解释了大部分的会计投资者保护与股价崩盘风险之间的相关性。以年度固定效应为例，国有企业样本中，会计投资者保护每提高1个单位，会导致股价崩盘风险下降0.6%，而这一数据在非国有企业样本中是3.3%，这说明非国有企业更加注重提高会计投资者保护以减少股价崩盘风险发生的概率。

（四）稳健性检验

为了保证回归结果的稳健性，解决会计投资者保护与股价崩盘风险之间的内生性问题，我们采用替换变量的方法进行了稳健性处理。具体结果见表6-7。

表6-7 稳健性检验结果

回归类型	混合回归（1）		年度固定效应（2）		行业固定效应（3）	
$Infor$	−0.003***	−2.71	−0.003	−0.92	−0.002***	−2.94
FCF	−0.006	−0.88	−0.002	−1.13	−0.002	−0.39
$Size$	−0.001	−0.01	−0.005	−0.13	−0.025**	−2.15
Lev	0.023***	2.35	0.013	0.40	0.020**	2.24
$Board$	0.011*	1.87	0.003*	1.64	0.017	0.31
Adm	0.003	1.34	0.001	0.20	0.002	0.99
$Constant$	3.341	1.46	3.956***	3.89	3.011	0.06

续表

回归类型	混合回归 (1)	年度固定效应 (2)	行业固定效应 (3)
Year	未控制	控制	控制
Ind	未控制	未控制	控制
F 值	32.30	25.80	25.58
R-square	0.06	0.08	0.18
Observations	3069	3069	3069

注：右侧数值代表 t 值，***、**、* 分别代表在 1%、5%、10%的水平上显著。

在稳健性检验中，我们利用内部控制有效性代替会计投资者保护指数，具体采用迪博·内部控制指数。从稳健性检验的结果来看，主要变量的相关性及显著性水平与主回归结果相比没有发生明显变化，从而保证了研究结论的可靠性。

五、结论与启示

我们利用 2010~2015 年上市公司的数据，实证检验了会计投资者保护与股价崩盘风险之间的相关关系，通过研究发现，会计投资者保护与股价崩盘风险呈显著的负相关关系，即会计信息质量的提高能够有效抑制股价崩盘风险的发生。进一步研究发现，市场化程度在会计信息质量与股价崩盘风险的相关关系中起到正向调节作用，也即市场化程度加深了会计信息质量对股价崩盘风险的抑制作用。在子样本分析中，我们发现相比于国有企业，非国有企业样本中的会计信息质量与股价崩盘风险的相关关系更加显著。

我们的研究结论具有一定的启示性。首先，上市公司管理层和监管当局要注重会计信息质量的监督和提高，实证证据表明，高质量的会计信息有助于抑制股价崩盘风险。因此，提高会计信息质量有助于抑制非系统风险。其次，要进一步深化市场化改革，提高市场化水平，更高的市场化程度，更强的市场化竞争，更能够充分发挥会计信息质量对股价崩盘风险的抑制作用，因此要不断提高市场化水平。最后，要进一步深化国有企业改革，加强对国有企业的分类管理。既然国有企业相比于非国有企业的经营效率较低，那么提高国有企业的市场化水平是必要选择，但为了保证国有经济的主体地位，要对国有企业进行分类管理。

会计投资者保护与应计异象

本章我们以2010~2015年A股上市公司为研究样本，实证检验了上市公司会计投资者保护与应计异象之间的相关关系。通过研究发现，在公司的可操控性应计部分存在着普遍的应计异象现象，从路径分析来看，主要是管理层对可操控性应计部分进行了信息管理所致。进一步研究发现，会计投资者保护与应计异象呈负相关关系，也即高质量的会计信息有助于抑制应计异象问题，且行业竞争程度在会计投资者保护与应计异象的相关关系中起到了正向调节作用，也即市场竞争程度较高的行业，会计投资者保护与应计异象之间的相关关系较强。为了保证研究结果的稳健性，进行了稳健性检验。我们的研究结论对于提高企业会计投资者保护、保证资本市场平稳运行、守住不发生系统性金融风险的底线具有重要启示。

一、导论

2008年全球性金融危机爆发以来，我国的资本市场和实体经济都遭受到了相应的冲击，具体到我国资本市场而言，股价的"暴涨暴跌"甚至是股价崩盘等极端风险已经严重影响了我国资本市场的持续稳定发展，这些极端系统性风险已经引起了监管当局和学术界的关注。相比于"暴涨"而言，股价更多的是表现出"暴跌"的倾向（Bekaert and Wu, 2000），由此引发的股价崩盘风险不仅会使投资者财富大量蒸发，动摇资本市场信心，甚至会影响到我国的金融体系的稳定。研究普遍认为，股价崩盘风险的发生与管理层的信息管理行为密切相关（Khan, 2005; Richardson, 2006）。因此，哪些因素影响了会计信息质量、如何提高会计信息质量就成为当前理论界关注的重点。

以吉恩和迈尔斯（Jin and Myers, 2006）所构建的信息结构模型为开端，学术界基本沿着代理理论的方向对会计信息质量的影响因素及其经济后果展开研究，研究普遍认为，公司管理层出于自身薪酬和职位等方面的考虑会有意识地隐藏负面信息，当负面信息的积累超过公司应有的承受范围时，这些负面信息的短期集中释放将导致股价崩盘风险的发生（谢德仁等，2016；Hutton et al.，2009；Kim et al.，2011；江轩宇、许年行，2015）。此外，在会计信息生成的过程中，企业的内部控制状况（刘启亮等，2013）、高管团队的背景特征（王霞等，2011）、管理层的集权状况（周仁俊等，2010）、外部审计质量（李青原，2009）等方面都会影响到会计信息质量的高低。

那么相应的问题是，公司的管理层会通过怎样的手段来隐藏公司的负面信息，特别是业绩方面的负面信息？鲍尔和布朗（Ball and Brown，1968）的研究证明了盈余信息的有用性，即盈余信息会对股票价格产生影响，有研究表明，盈余管理是管理层隐藏业绩负面信息，向市场传递相应信号的常用手段（Slien，1994），而其中的可操控应计部分则成为管理层进行信息管理的主要方面。这导致了公司的"好消息"和"坏消息"的非对称披露，从而导致了外部投资者与公司管理层之间的信息不对称，外部投资者对会计盈余的错误定价使得未来股票收益出现异常，即形成了所谓的应计异象现象。而股价崩盘风险等非系统风险的发生的根源就在于信息不对称（徐泓等，2012），那么，我们要研究的问题是，在我国资本市场特殊的上市和退市制度安排下，市场中是否存在应计异象问题？如果存在，应计异象是否是引发股价崩盘风险这一典型的非系统风险产生的原因？企业披露的会计信息质量的提高能否有效抑制应计异象？不同市场化水平下的企业，其会计信息质量与应计异象的相关关系是否存在差异？如果这些问题能够得到合理的解释，将有助于深入认识应计异象产生的原因，进而为我国监管当局的应对措施提供借鉴和依据。

为了合理地度量会计信息质量，我们通过第三章的论述构建了公司层面的会计信息质量指数（北京工商大学会计与投资者保护项目组，2014），该指数综合了可靠性、相关性和非财务信息披露程度这三个维度，试图以此捕捉公司层面的会计信息质量方面的特征。

本部分的主要贡献如下：

首先，丰富了应计异象方面的研究文献，进一步深化了对应计异象产生的原因的认识，首次将会计信息质量与应计异象联系在一起并实证检验的二者的关系；其次，运用实证的方法检验了我国应计异象的存在性，丰富了这一领域的研究，对于改善会计应计的错误定价问题有一定的借鉴意义；最后，为管理当局制定相应的政策、促使上市公司重视会计信息质量具有启示意义。

二、国内外研究评述

（一）国外文献回顾

1996 年斯隆发表的文章 "*Do stock prices fully reflect information in accruals and cash flows about future earnings?*"引起了会计理论界的和实务界的广泛关注。这篇文章首次提出了应计异象的概念，将资本市场应计异象问题的研究提上了日程。斯隆的文章是对有效资本市场假说（EMH）的一大挑战，他的观点是通过文中提出的投资策略，可以取得超出市场平均水平的超额收益。

在随后不到 20 年的时间里，国内外的学者对于应计异象的研究兴趣有增无减，取得了丰硕的成果，对于该问题的研究大致可以分为以下几个部分：（1）应计异象是否存在以及在不同国家资本市场上的表现；（2）为什么会产生应计异象；（3）应计异象与其他市场异象的区别与联系。

1. 应计异象是否存在以及在不同国家资本市场上的表现

斯隆（1996）首次对会计盈余进行了划分，将其分为两部分：应计项目和现金流量。然后对应计项目和现金流量在预测公司将来盈余持续性问题上的差异分别进行检验。斯隆的研究结论显示，应计项目比现金流量项目的持续性要低一些，然而证券市场上的投资者关心的是财务报告上的当期盈余总数，并不能有效地发现会计应计和现金流量二者之间在持续性方面的差异。结果就是应计项目的持续性被高估了，而现金流量的持续性被低估了，斯隆将这一市场异象命名为"应计异象"。

也就是说，如果一个企业当期的盈余中有很高的应计项目比例，市场上的投资者按照该盈余预计下一年度的盈余，会产生高估，因此企业的总体价值也会被高估了，最终结果是公司股票价格的升高；反之，如果一个企业当期的盈余中会计应计所占的比例较低，那么市场上的投资者按照此盈余来预计下一年度的盈余，则会对其低估，从而企业总体价值也被低估，最终结果是公司股价的下降。有鉴于此，斯隆针对会计应计和现金流量的持续性差异构造了一种投资的组合，也就是将应计项目按照由小到大的顺序进行排列，并划分为 10 个组合，对于应计项目所占比例较低的组买入，对于应计项目所占比例较高的组卖出，在将来的会计期间则能够得到 10% 左右的超额收益。

斯隆提出应计异象以来，国内外众多学者在不同国家的资本市场上对应计异象进行了检验，主要目的是验证应计异象是否在不同国家的资本市场上普遍存在。

柯林斯与赫里巴尔（Collins and Hribar, 2000）收集美国资本市场上市公司的季度数据，对该异象进行了研究，他们衡量应计项目所用的方法是现金流量表法。研究发现之所以通过构造斯隆的套利策略能够获得超额收益，原因在于公司的高层管理者存在盈余管理的动机，这一操作主要通过上市公司的存货项目来实现，而证券市场上的投资者们并没有将存货的异常变动考虑在内，对这一部分应计项目没有做出正确的定价。托马斯和张（Thomas and Zhang, 2002）的研究与上述结论相互印证。

第七章 会计投资者保护与应计异象

库和金（Kho and Kim，2007）对于韩国数据的研究，同样表明该国市场上存在应计异象。阿达梅克和卡瑟尔（Adamek and Kaserer，2005）的研究中将德国上市公司分为两部分：一部分为采用美国会计准则和采用国际会计准则的公司；另一部分为采用德国会计准则的公司。研究表明，第一部分样本中应计异象问题普遍存在，而第二部分样本中该异象很少出现。而美国或者国际会计准则较之本国的会计准则更为公允地体现了公司价值，因此，应计异象在真实公允的准则中会更加明显。

理查森等（Richardson et al.，2001）运用了四种会计应计的衡量方法。他们得到的结论是，能够对公司未来盈余的质量产生影响的应计项目信息并非只存在于一个或者几个项目中，而是存在于所有的应计项目。这些应计项目的信息都显著影响公司未来盈余的持续性。苏达、库伯塔和塔基哈拉（Suda，Kubota and Takehara，2005）通过对日本资本市场的研究，认为非正常应计项目会产生应计异象。索尔思和斯尔克（Soares and Stark，2009）的研究发现英国市场上发现应计异象。

理查森等（2005）再次对应计异象进行了研究，并将应计项目细分为 7 个部分，与之前研究的显著区别是长期应计和金融资产被细分为两个独立的部分，理查森对这两部分的可靠性进行了检测，结果显示，这两部分项目更加不可靠。更加不持久，证券市场上对这两部分的定价更加失真。

加布里埃尔松和贾埃弗（Gabrielsson and Giaever，2007）运用瑞典证券市场的数据分析发现，有些年份存在应计异象。平卡斯、罗基戈帕和文埃塔查拉姆（Pincus，Rajgopal and Venkatachalam，2007）对于应计异象是否是一个普遍存在的现象进行了验证。研究结果支持应计异象该异象仅在个别国家存在。

拉方（LaFong，2005）收集世界上 17 个发达国家资本市场的数据进行了研究分析，结果显示，除了少数几个国家以外，应计异象在研究样本的所有国家都有不同程度的体现，应计异象是一个全球普遍存在的现象。然而通过详细分析各国的数据发现，对于各个国家应计异象具有解释力的因素并不一致，因此得出应计异象是一个普遍存在的现象，但其产生的根源却是多种多样的。

里伯德和洛雷（Leippold and Lohre，2008）对于世界上近 30 个不同国家证券市场上的数据进行了分析，研究过程中运用了不同的方式对数据进行了处理，结果发现处理方式不同得到的检测结果也不相同。如果对其中两个指标进行控制后，除了三个国家以外，其他国家资本市场上的应计异象不复存在。因此，里伯德和洛雷认为该异象并不在全球普遍存在，而可能是因为对于数据的不同处理方式造成的。

现阶段国外学者对于应计异象的研究尚未达成统一意见，甚至有些研究结果是相反的，因此对于应计异象的研究要得到统一的结论上需要更加大量的数据和更为细致的分析。

2. 应计异象产生的根源

自斯隆（1996）提出应计异象的概念之后，对于应计异象产生的原因在国内外学者中莫衷一是，至今并未达成一致的意见，但是大体可以分为两类：第一类是有效资本市场理论的坚定支持者，他们认为应计异象是风险溢价的另外一种形式，资本市场仍然是有效的。应计异象的存在是因为定价模型选择不当，如果正确地选择定价模型应计异象就会消失。第二类认为资本市场非有效。他们认为，应计异象的存在，是资本市场缺乏效率的有力佐证。

（1）基于有效资本市场理论（EMH）。法马（Fama，1970）研究表明市场定价所用的模型和市场效率的结合，才能够检验市场效率。如果定价模型并没有包含所有的风险因子，公司正常收益可能会被误认为是超额收益，就会造成市场定价的错误。因此市场上的错误定价并不一定就是市场缺乏效率造成的，研究设计中没有控制好风险因子也是一种可能。

弗朗西斯、拉方、奥尔森和施佩尔（Francis, La Fond, Olsson and Schipper, 2005）研究表明应计项目是公司资本成本的影响因素，影响股票的市场定价。

卡恩（Khan，2008）从风险控制的角度来解释应计异象，他采用了四因子模型，即 intertemporal capital asset pricing model。该模型的回归结果发现，风险因子能够解释应计比例最高的组和应计比例最低的组其平均收益的差异。模型的运算结果得到了 1.6% 的超额收益，而斯隆的超额收益为 10%，二者的差异是显著的。因此，卡恩认为，市场是有效的，只是由于模型选择的影响导致了应计异象的产生。问题在于四因子模型中除了市场风险因子以外，其他因子并没有牢固的理论基础，而且实证检验中也难以找到支持他们的证据。因此，该研究结果的说服力不是很强。

阿达梅克和卡瑟尔（Adamek and Kaserer，2005）从不同会计制度在公司中运用的视角研究应计异象，研究中将德国上市公司分为两部分：一部分为采用美国会计准则和采用国际会计准则的公司；另一部分为采用德国会计准则的公司。研究表明，第一部分样本中应计异象问题普遍存在，而第二部分样本中该异象很少出现。原因在于德国公司的管理制度相比其他国家松散一些，而美国或者国际会计准则较之本国的会计准则更为公允，虽然对于公司会计信息质量方面的提高有所帮助，但是却导致了应计异象的产生，由此得出结论，应计异象在真实公允的准则中会更加明显。

有学者研究了斯隆（1996）按照会计应计排序后分组所构造的投资组合，发现，公司的财务风险与其应计比例是反向变动的关系，如果证券市场上的投资者能够认识到二者之间的关系，那么投资者在进行投资时对于公司资本成本的计算就会发生变化，从而会对公司的股票价格、市场收益均产生影响。那么应计异象就有可能是财务风险引起的。德肖和格（Dechow and Ge，2005）的研究同样认为，公司的财务风险与其应计比例是反向变动的关系，财务风险在某种程度上可以解释应计异象。扎克（Zach，2003）的研究同样支持这一观点。

以往对于应计异象的研究中有一个假设前提，即投资者是非理性的。吴等（Wu et al.，2009）与以往的研究不同，他假设投资者是理性的。并且公司投资的理论依据是 Q 理论，将会计应计视同营运资本，依据 Q 理论，其规模会随着折现率的不同而变化。研究结果指出，会计应计也是投资的一种，其运行规律遵循 Q 理论，应计异象的产生是正常的。

德拉克（Drake et al.，2010）对于公司财务报告的披露质量与会计应计持续性之间的关系进行了研究。结果发现，公司财务报告的质量与公司股票错误定价的严重程度正相关。同样，财务报告的质量与应计异象之间存在负相关关系。

（2）基于无效资本市场理论（EMH）。第一，功能锁定与应计异象。斯隆（1996）认为应计异象产生的根源是投资者的"功能锁定"。所谓"功能锁定"，是指会计盈余的构成部分中会计应计和现金流量的持续性存在差异，会计应计的持续性要低于现金流量的持续性，而投资者不能对二者的持续性加以有效区分，进行分析时只是考虑盈余的总金额，从而导致应计项目的持续性被过高估计而现金流量的持续性被过低估计。也就是说，如果一个企业当期的盈余中有很高的应计项目比例，市场上的投资者按照该盈余预计下一年度的盈余，会产生高估，因此企业的总体价值也会被高估了，最终结果是公司股票价格的升高；反之，如果一个企业当期的盈余中会计应计所占的比例较低，那么市场上的投资者按照此盈余来预计下一年度的盈余，则会对其低估，从而企业总体价值也被低估，最终结果是公司股价的下降。

费尔菲尔德等（Fairfield et al.，2003）认为应计异象是增长异象的组成部分之一。由于会计信息稳健性的要求以及增长的边际收益递减规律导致了应计项目的持续能力较差。

理查森等（2005）将会计应计定义为所有资产的变动，从而使应计的内涵得到了扩展。他们认为，即使应计项目和现金流量在持续性方面的表现一致，如果公司的高层管理者对于应计项目的判断失误很大，应计项目的持续性同样会表现的很低。也有学者从更为专业的人士如分析师和机构投资者的角度进行了类似的研究，假设前提是被研究人员具备区分应计项目在持续性方面差异的能力，研究结果同样表明应计异象的产生是由于"功能锁定"。但是也有不同的声音存在，柯林斯（Collins et al.，2003）认为，机构投资者能够有效区分应计项目持续能力上的差异，但是机构分析师则稍逊一筹（Bradshaw et al.，2001）。

第二，代理成本与应计异象。詹森和梅克林（Jensen and Meckling，1976）认为，代理成本是，为了避免代理人做出有损委托人利益的行为，委托人通过一系列的契约以此对代理人的行为进行约束和监督，而在约束和监督的过程中会产生一些成本。

从代理成本角度考察应计异象的观点是，由于代理问题的存在，公司的高层管理者会对公司会计信息的形成造成干扰，而这些被干扰过的信息传递给投资者后，会影响投资者的正确判断。

谢（Xie，2001）参考琼斯（Jones，1991）的模型对应计项目做了更细致的区分，分为正常应计项目和异常应计，然后对正常应计项目和异常应计项目分别进行了检验，研究结果表明正常应计的持续性并不低，而异常应计的持续性很低，应计项目的持续性低主要是由于异常应计产生的。此结论直接指向公司高层管理者，由于他们对于公司的操纵才导致了应计异象。班尼士和瓦格斯（Beneish and Vargus，2002）的研究结果显示在内部人卖空的企业中，应计异象会产生。这是由于相对于外部的投资者，公司内部的人员对公司的实际情况更加了如指掌，在公司的股票价格被市场高估的时候会更加清楚。

扎克（Zach，2003）的论述中认为，在兼并重组的企业其股价一般是被市场过高估计了的，在这些企业更多地存在管理层对于盈余的管理，从而产生应计异象。

科塔里（Kothari，2006）指出，权益被市场过高估计的企业，其代理成本会造成应计异象。如果一家公司的权益被市场过高估计了，公司高层管理者为了增大乃至持续这一高估的现象，就有进行盈余管理的动机。而市场会对这种由于人为操纵形成的权益过高估计进行调整，最终结果是应计异象的产生。

第三，套利成本与应计异象。由于套利成本和风险的存在，证券市场上的投资者不会通过构造投资策略来实现套利。

列弗和尼希米（Lev and Nissim，2006）研究了由于套利成本的存在对于投资者的套利策略的影响。这里的投资者包括机构和个人。研究发现，机构投资者和个人投资者都没有运用应计投资组合赚取超额收益。机构投资者放弃的原因是流动性等方面的考虑，而个人投资者则更多由于资金规模的约束。因此，应计异象产生的原因是套利成本的存在。

对于应计异象其他学者也有不同的解释。张（Zhang，2007）研究发现应计项目与员工增长率呈正比例关系，投资信息在应计项目中所占的比例会对应计异象产生影响。赫里巴尔和亚胡达（Hribar and Yahuda，2009）认为，公司所处的生命周期不同，采用"错误定价增长"和"功能锁定"理论对于应计异象的解释力度也会产生差异。处于不同生命周期的上市公司，应该适用不同的理论来解释应计异象。巴曼等（Palmon et al.，2008）认为公司规模与应计异象之间存在一定的关联性，研究表明应计套利组合在规模较大的公司其能够获得的超额收益为负，而在规模较小的公司其能够获得的超额收益则显著为正。

3. 应计异象与其他市场异象的区别与联系

迄今为止，已经被理论工作者们所识别并研究的市场异象有很多，与应计异象有一定联系的市场异象如增长异象（growth anomaly）和价值股—魅力股异象（value-glamouranomaly）等。将他们完全区别开来是不可能的，对他们之间的区别和联系进行研究也是国内外学者的兴趣所在。

费尔菲尔德、维斯南和约宾（Fairfield, Whisenan and Yobn, 2003）将资产的增加划分为两部分：应计项目的增加和长期营运资本的增加。试图通过长期营运资本来对应计异象问题进行解释。费尔菲尔德、维斯南和约宾的研究结果表明如果长期营运资本增加，那么公司下一年度的收益率将会降低。这与会计应计项目对下一年度盈余的预测是相似的。证券市场上的投资者同样存在对于长期营运资本定价错误的问题，而且通过研究发现市场对于会计应计和长期营运资本错误估计的程度并没有明显的差别。因此，他们得到的结论是，由于长期营运资本的增长导致了应计异象，应计异象只是长期营运资本的一种表现，其实质也是增长异象。

哈德威利斯（Hardouvelis et al., 2010）的观点是，只有当上市公司的增长指标较高时，本期较低的应计项目才能在下一年度获得超额收益。所以是增长异象导致了应计异象的产生，而不是包括了应计异象。同时指出，增长规模和公司高层管理者的盈余操纵共同影响会计应计的高低。

德赛等（Desai et al., 2004）研究了应计异象与价值股—魅力股异象二者之间的区别。研究发现，应计项目与衡量价值股—魅力股的几项指标之间均存在强烈的关联关系。这种关联关系表明，通过构造价值股—魅力股套利策略所获得的超额收益与通过应计项目构造套利策略所获得的超额收益相似，前者甚至可能包含了后者。但是德赛等（2004）的研究也遭遇了诸多质疑的声音。顾和然（Gu and Jain, 2006）从应计项目的内部组成部分来研究应计异象，得到的结论是：无论是从整体上对应计项目进行检验，还是单独检验应计项目的各个构成部分，都能在未来获得超额收益。因而对德赛等（2004）只用现金流来解释应计异象的观点提出了质疑。

吴等（Wu et al., 2009）与以往的研究不同，他假设投资者是理性的。并且公司投资的理论依据是 Q 理论，将会计应计视同营运资本，依据 Q 理论，投资规模会随着折现率的不同而变化。研究结果指出，会计应计也是投资的一种，其运行规律遵循 Q 理论，应计异象是一种正常存在的现象。

德赛、罗基戈帕和文卡塔查拉姆（Desai, Rajgopal and Venkatachalam, 2004）的研究方法是构造一个新的变量：营业现金流量市值比（CFO/P）。如果回归方程中对于 CFO/P 实施了控制之后，不能检测到应计异象，那么说明应计异象是价值异象的一种。如果 CFO 不是价值股票的替代变量，那么 CFO/P 能够描述上述两种不同的异象。

科恩和雷耶斯（Cohen and Lys，2006）的研究将外部融资异象和应计异象联系到了一起。并认为后者超过了前者。科恩验证了，如果应计项目的总金额得到有效控制，那么外部融资额和下一年度股票收益的关联关系会变弱，并且不能够通过显著性检验。德肖、里查德森和斯隆（Dechow，Rchardson and Sloan，2008）将二者进一步研究发现，它们之间是存在区别的。

德肖、里查德森和斯隆（2008）将会计盈余中的现金流量进一步细分为三个部分，分别为：第一部分现金余额部分，第二部分债务融资或分配部分，以及第三部分股权融资或分配部分。研究发现，会计盈余中的现金流量持续性很高是因为股权部分。另外两部分在盈余持续能力方面的表现与应计项目基本吻合。证券市场上的投资者可以准确估计第二部分和第三部分的价值，但是对于第一部分的估计却产生了偏差。这就对应计异象问题和外部融资异象问题进行了区分，且前者超过了后者。

库珀、葛兰和希尔（Cooper，Gulen and Schill，2008）研究发现有一种异象超越了其他的异象，那就是总资产增长异象。以往的研究在考虑资产增长和超额收益之间的联系时使用的数据往往是投资的一部分或者融资总额的一部分。库珀、葛兰和希尔将上市公司筹资和融资的变化作为一个有机的整体，研究这个整体给公司总资产带来的增长，从而有别于以前的研究。这是一个全新的研究视角。本书使用的增长指标是 ASSETG——年度资产增长率。该指标虽然简单，但是综合性很高。当年的资产增长率为上年年末的资产总额与前年年末的资产总额相较变动的百分数。研究结果证明了资产增长异象的存在性。同时通过控制风险因子和其他增长指标之后，再对其进行回归分析，并比较收益横截面的决定因素，结果表明了公司将来收益最有利的决定性因素是资产增长指标。之前也有学者通过回归分析证明了收益的决定因素，但是此次得到的 t 值是之前的 2 倍。因此，可以说，总资产增长异象超越了其他所有的市场异象。

法马和弗伦奇（Fama and French，2008）将多种变量在一起进行回归检测后得出结论：变量的表现不尽相同。与股票发行额，应计额相关的超额收益在各组间普遍存在，包括规模微小组，规模小组和规模大组的横截面回归中都存在。分组进行检验的效果也令人满意。资产增长和获利性的结果并不稳定。在规模微小组和规模小组的平均收益横截面中，发现了资产增长异象。但是在规模大组中并不存在资产增长异象。高收益的公司往往能够有较大的套利空间，但是也没有证据显示收益为负的公司没有套利空间。

雷斯泰克（Resutek R.，2010）研究所使用的模型是三期 log 线性模型。他的研究认为证券市场上的投资者能够正确识别应计项目所传达的信息，因而对于会计应计项目也就能够正确地定价。研究同时显示，在四年前某些无形的收益已经将公司的股价抬高了，因此对于无形收益与将来收益之间关系的研究将有助于解释应计项目与将来盈余的关系。

（二）国内研究回顾

相较于国外学者对于应计异象问题研究的丰硕成果，我国学者对于应计异象问题的研究起步较晚，研究成果也主要集中在对国外学者著作的翻译，以及应计异象存在性研究。近年来，随着我国资本市场越来越快的发展，国内学者对于市场定价效率问题的关注也越来越多。越来越多的学者结合我国特殊的证券市场监管制度对应计异象进行了检验。

郑丽华、宁攀英（2006）对我国公司进行了研究，结果表明会计应计的持续性比现金流量低的现象在我国公司中也是普遍存在的。他们同时研究了上市公司的可靠性，对于应计项目和现金流量项目二者在可靠性上产生差异的原因进行了分析，最终得出应计项目低持续性的原因在于其可靠性较低。

刘云中（2003）收集1998～2000年我国上市公司的会计信息，根据斯隆（1996）的投资组合策略构造方法，得到的超额收益为3%。这远远低于斯隆（1996）10%的超额收益。因此该研究未能有效证明我国市场上应计异象的存在性。

林翔、陈汉文（2005）对我国A股公司进行了分析。仿照斯隆（1996）的方法，同样发现会计应计和现金流量在持续性方面的差异。同时认为，公司的业绩处于低迷阶段时期应计项目的持续性会更低。这种低持续性的原因在于公司高层管理者的盈余操纵行为。

王庆文（2005）对我国A股上市公司的数据进行了分析，按照会计应计由小到大进行排序，分为10组。研究结果为当年会计盈余高而应计项目高的公司在第二年的会计盈余会降低；投资者对于此类公司的股价会过高估计；当年会计盈余低而会计应计项目低的公司在第二年的盈余会增加。投资者对于此类公司的股票存在估计过低的现象。由此构造的套利组合能够获得超额回报。文章同时应用资本资产定价模型，三因素和四因素模型对盈余进行了检测，检测结果都通过了显著性检验。这说明了超额回报不是公司系统风险的补偿。

李远鹏和牛建军（2007）对我国上市公司进行研究，结果同样证实了我国证券市场上会计应计与现金流量在持续性方面的显著差异，但是进一步检验发现，资本市场对于会计应计的定价是没有错误的。通过斯隆（1996）的投资组合进行套利所得到的超额收益仅为3%，并且没有通过显著性检验。这同样印证了上述论断。作为一个发展中国家，我国资本市场的定价效率不应该比发达国家的定价效率还要高，中国特有的退市监管制度可能是应计异象在我国市场上不显著的原因。在把ST公司从样本中剔除以后，重新构造斯隆（1996）的套利组合，结果获得的超额回报为7%。这与斯隆得到的超额收益比较一致。文章最后认为，应计异象产生的原因可能是上市公司高层管理者对于盈余的操纵。上市公司的高层管理者会通过各种方法来避免亏损，但是如果亏损是不可避免的现实，上市公司便会通过"洗大澡"使来年的财务报表更加美观。

樊行健、刘裕、郭文博（2009）研究认为应计异象在我国整个证券市场上都有比较显著的体现。并认为应计异象的研究如果收集的样本量过小得出的结论是不够准确的，研究所用的样本数量要足够大。同时建议为了使不同文章的研究结论能够互相对比，应该统一会计应计的计量模式。在他们的另外一篇文章中，认为公司的成长性是导致应计异象产生的一个重要的影响因素。他们的结论印证了费尔菲尔德等（2003）的实证研究结果。从企业成长性的视角来对应计异象问题进行分析，这是我国学者在研究应计异象问题上的又一突破。

彭韶兵、黄益建、赵根（2008）的研究方法是FWY和RSST，样本区间包括我国证券市场上2001～2006年的所有A股公司。他们的研究发现，会计应计的持续性与公司成长性之间是反向变动的关系。即一家公司成长越迅速，管理层对其盈余进行操纵的欲望就越强烈，其能够提供给投资者的会计信息的真实性会越差，应计项目的低持续性就会越显著，从而会计应计的盈利预测能力也会弱一些。而成长性差的公司，其高层管理者对公司的盈余管理欲望会弱一些，公司能够提供给投资者的信息的真实性相对高些，会计应计的盈余预测能力也会更强。

李刚、夏冬林（2007）将上市公司的样本分为两部分：第1组盈利连续五年增长的公司和第2组未出现该种情况的公司。如果构造这样一种投资组合，即买入第1组公司，同时卖出第2组公司，在下一年度能够获得的超额收益为11%。这是因为第1组公司比第2组公司的盈余持续性更强。

洪昀（2009）采集的样本区间为2001～2006年我国A股公司的会计信息。他首先发现应计和现金流量在持续性方面的差异，即应计项目的持续性低于现金流量的持续性在我国资本市场是存在的。但是不论是通过米斯金模型（Misnkin，1983）检测，还是通过斯隆（1996）研究方法构造套利组合都不能获得超额收益。在将样本中当年净利润为负的公司剔除并重新进行检测后，研究结果仍然是不能取得超常收益。因此，他得出应计异象在我国资本市场并不存在的结论。

（三）文献评述

斯隆（1996）首次提出了应计异象，该问题引起了许多学者的兴趣。在他之后，国外许多学者对该问题进行了研究，而且这些研究并不仅仅局限于本国，有很多学者都对跨国数据进行了处理。虽然目前并没有得出统一的结论，但是这些研究也为应计异象是否存在，如何存在等问题指明了方向。

第七章 会计投资者保护与应计异象

此外，国外的学者们对于应计异象产生的根本原因也进行了探讨，目前主要分为两大阵营，承认有效市场的阵营和不承认有效市场的阵营。支持市场有效性的学者认为，这种现象是风险溢价的一种表现，也许是证券市场中的系统风险没有得到有效控制，或者是因为财务风险造成的。认为市场非有效的学者们关于应计异象的产生的原因，自身内部也没有达成统一的意见，主要分为三种观点：观点一认为这种现象存在的原因是因为套利成本以及套利的风险，因为它们的存在，投资者没有用此信息套利，所以错误也就持续下来。观点二坚持这种现象的产生是由于管理层对企业的操纵。国内学者的研究也有支持此观点的。观点三主张应计异象产生的根源在于投资者只是关注盈余总额造成的。第三种观点也是斯隆所倡导的，斯隆主张，分析家们对于会计应计和现金流量二者在持续性方面的分别，没有正确区分，因此对于应计项目的持续性能力高估，因此产生了应计异象。此外，学者们还将应计异象和其他市场异象进行了对比，试图将应计异象与其余异象加以区分。也有学者研究认为，应计异象是其他某种异象的一种。

与国外的研究相比，我国国内对于应计异象的探讨还没有达到系统的程度，大多数研究探讨的问题还是应计异象在中国市场是否存在。对于应计异象是如何形成的，探讨得很少。此外，我国的国情与国外有很大的区别，我国的证券市场与国外的证券市场也不同，我国学者中已有人提出了对于我国应计异象的研究不能一味照搬国外，而应该针对我国的特殊性进行研究。但是，学者们的研究结果还没有达成统一的意见。

目前，我们对于应计异象的研究，其切入点主要是投资者的角度，而我国上市公司中的大股东等也会对公司的会计信息产生显著影响，因此我们也可以从这方面做一切入点。

2007年，我国开始执行新的会计准则，股权分置改革也基本完成，对证券市场产生了深远的影响，研究应计异象及会计信息对应计异象的影响，是一个具有理论和实践意义的课题。

综上，以往对于应计异象的研究主要在于检验应计异象的存在性以及相应的经济后果，而对于应计异象产生问题的根源的研究不足，因此，我们将会计信息质量与应计异象联系在一起，试图从会计信息的角度进一步深化该领域研究，进一步打开应计异象形成过程中的"黑箱"。

三、假设提出

从文献综述可知，对于应计异象的研究，始于斯隆（1996）的研究成果，他以美国资本市场为研究对象，发现美国资本市场中存在着持续的应计异象问题。所谓应计异象是指在当期披露了较高（较低）应计利润的公司在未来会计期间出现较低（较高）的会计盈余和股票收益的现象。科赛斯和洛雷（Kasersr and Lohre, 2008）以德国资本市场为研究对象，认为与美国不同，德国资本市场不存在持续性的应计异象问题。我国对于应计异象的研究还不是很充分，甚至在我国资本市场是否存在应计异象问题上都没有一致的研究结论。早期的研究主要是检验我国资本市场应计异象的存在性。有的研究发现我国的盈利公司中存在应计异象，但盈利状况较差的公司没有应计异象（李远鹏、牛建军，2007），刘云中（2003）通过研究发现，中国的证券市场不存在普遍的持续性应计异象。目前对于应计异象的研究，主要在于考察哪些因素能够缓解应计异象问题。刘斌、张健（2012）实证检验了机构投资者与应计异象的相关关系，发现机构投资者能够有效抑制公司的应计异象；鹿坪、姚海鑫（2016）在此基础上进一步深化，认为机构投资者对于应计异象的抑制作用存在窗口期效应，即这种抑制作用仅在长期内有效，在短期内反而加剧了应计异象问题；科林斯等（Collins et al.，2012）则发现投资者的乐观情绪会加剧应计异象问题。

虽然对于应计异象在我国是否存在并没有一致结论，但研究普遍认为，管理层的信息管理这一机会主义行为是导致应计异象产生的原因之一。从应计异象的含义来看，应计异象是公司所披露的应计项目与日后的实际现金流出现了严重失衡，加之资本市场并未达到强势有效的程度，从而导致外部投资者对上市公司应计项目的错误定价，使盈余公告后股价在一段时间内出现漂移现象（Hribar，2000；林树、张智飞）。基于管理者自利理论和管理者防御理论，公司管理层会出于自身职位、薪酬、超额在职消费、避税等方面的考虑（谢德仁等，2016；Hutton et al.，2009；Kim et al.，2011；江轩宇、许年行，2015）可以隐藏对自己继续保有该职位不利的信息，而会计应计项目中的可操控性应计项目因其隐蔽性的特征，很容易成为公司高管粉饰业绩、进行盈余管理的对象（Jones，1991），有实证证据表明，业绩比较平滑稳定的公司，其高管职务稳定性和薪酬增长率显著高于业绩波动较大的公司高管（杨德明、林斌，2007；Ball and Bartov，1996），加之在所有权和经营权分离的情况下，公司高管也有足够的能力对应计项目进行某种程度的盈余管理。这样，既有动机又有能力的公司高管出于自身利益的考量对可操控性应计项目进行盈余管理，使披露的会计信息与实际现金流出现不一致的情况，这一信号传递到资本市场就产生了应计异象问题。

就会计信息质量与应计异象的关系而言，我们认为高质量的会计信息有助于抑制应计异象问题，即会计信息质量与应计异象是负相关关系。我们做出这样的理论假设，主要是基于以下两种可能的作用路径：其一是会计信息质量的提高意味着在会计信息生成的过程中，企业的各个相关环节（如内部控制、外部审计质量）都较好地发挥了相应的作用，使在这个过程中能够有效抑制代理问题。具体而言，对外披露的会计信息质量高，能够表明会计信息生成的各环节在监控方面组织比较严密,这就使企业高管通过信息管理行为隐藏负面信息以及损害中小股东利益的成本大大提高,从而削弱了企业高管获取代理收益的动机和程度,从而可以有效缓解应计异象问题。其二是高质量的会计信息有效降低了企业高管与外部投资者以及投资者之间的信息不对称问题。具体来说,高质量的会计信息必然意味着更高的可靠性和相关性,其包含的信息含量和价值含量一定高于低质量的会计信息,这样外部投资者就能够从披露的会计信息中获取更多的关于企业生产经营状况的相关信息,从而做出更优的投资决策。根据古典经济学的理性经济人假设,投资者应该是具备相应的信息解读能力,这样,在较高质量的会计信息面前,投资者之间的信息不对称程度也会得到相应缓解,从而降低了投资者对会计应计的错误定价的可能性,也就有助于抑制应计异象。

因此,提出本部分第一个假设。

假设1:会计投资者保护与应计异象负相关。

从应计异象与股价崩盘风险之间的相关关系而言,我们认为公司的应计异象问题越严重,则个股的股价崩盘风险越高,也即二者是正相关关系。这主要是由于两个方面原因造成的,其一是管理层自利理论,其二是管理层捂盘理论。关于管理层在公司治理中所扮演的角色而言,有两种相对立的解释,一种是管家理论,该理论认为管理者是尽职尽责的"管家",其经营目标与股东目标是一致的;另一种是代理理论,该理论认为管理者是攫取公司利益的代理人,其目标是自身利益最大化。与发达国家较为分散的股权结构不同,我国的股权结构相对集中且我国的人力资源市场还不够发达,企业高管面临着较高的业绩考核压力和雇用风险,而薪酬难以补偿这种风险(熊婷等,2016),在这种情况下,公司高管更倾向于实现自身利益最大化,因此公司高管在身份上更倾向于"利己"的代理人(熊婷等,2016;陈修德等,2015)。在这样的背景下,公司高管出于自身职位和薪酬方面的考虑,在披露"好消息"和"坏消息"时存在着主观的选择性,也就是说高管会及时披露"利好"消息而延迟披露"利差"消息,盈余管理的隐蔽性特征,自然就会成为高管用于隐藏"坏消息"的手段(林树、张智飞,2011),其中的可操控性应计部分更是成为盈余管理的主要方面(Jones,1991;刘云中,2003),这种有意识的信息管理行为,导致了资本市场中信息不对称,从而使投资者对于企业披露的应计信息产生了错误定价。然而,企业对于"坏消息"的隐藏能力是存在一定限度的(王化成等,2014),一旦负面信息的累积超过了企业能够承受的临界值或者继续隐藏负面信息的成本远超出收益,此时负面信息的集中释放必然会使理性投资者识别出企业的应计异象问题,最终导致股价"暴跌",引发股价崩盘。

因此,提出本部分第二个假设。

假设2:公司应计异象程度越高,股价崩盘风险越大,二者正相关。

既然应计异象会引发股价崩盘风险等非系统性风险,并且应计异象的产生与上市公司披露的会计信息密切相关,那么接下来的问题是,会计投资者保护的提高能否显著抑制应计异象问题。我们认为,会计投资者保护与应计异象是负相关关系。

我们试图研究在不同的行业竞争程度下的企业,其应计异象与股价崩盘风险之间的相关关系之间存在差异?如果存在,这些差异表现在哪些方面?由于一些历史原因和制度原因,我国的不同行业在市场化水平上存在比较明显的差异,这使不同行业中的高管所面临的激励机制和行为倾向上也存在明显差异。具体而言,处于竞争程度较高的行业高管,其在薪酬等方面的激励更能体现他的市场价值,因此在竞争程度较充分的行业高管相比于行业竞争程度较低的企业高管,其"管家"的行为倾向更强,他们通过操控会计应计以隐藏负面信息的动机相对较弱,加之竞争程度较高的行业的投资者保护程度水平与地区市场化水平都相对较高(肖土盛等,2017),从外部监督的角度看,该类行业的企业高管操控会计应计的空间相对较小。因此,竞争程度较高的行业的信息不对称问题相对较弱,从而引发股价崩盘风险的可能性相对较低。

因此,提出本部分第三个假设。

假设3:行业竞争程度在应计异象与股价崩盘风险的相关关系中起到负向调节作用。

四、实证结果及分析

(一)样本选取

我们选取了2010~2015年A股上市公司的相关数据作为研究样本,其中公司财务的数据主要来源于国泰安数据库(CSMAR),资本市场相关数据来源于万德数据库(Wind)和瑞思数据库(RESSET)。为了保证结果的稳健性,我们对原始数据做了如下处理:(1)剔除了金融行业类公司;(2)剔除了ST、*ST的公司;(3)剔除了数据缺失的公司;(4)对数据进行了极端值处理(Winsorize)。最终获取了包含8590个有效样本的非平衡面板数据。对数据的基本处理使用Excel 2007,在回归部分对数据处理所使用的计量软件为Stata。

(二)关键变量度量

1. 会计投资者保护

研究普遍认为,可靠性与相关性是衡量会计投资者保护高低的两个关键维度,我们在度量公司层面的会计投资者保护也是重点考虑了这两个方面。以往的研究对会计信息质量的度量主要采用公司的盈余管理程度（潘红波、余明桂，2014；李青原，2009）、可操控性应计利润中的异常操控性应计项目（张娆，2014；施先旺等，2014）、财务重述程度（王霞等，2011；刘启亮等，2013）、公司聘用的会计师事务所质量的高低（陈关亭等，2014；Yu，2005）等方法。这些方法有的选取的指标比较单一，有的指标噪音较大，从而不利于得出稳健性的结论。为了便于我们的研究，我们采用加权打分的方法构建了公司层面的会计投资者保护指数，具体方法如下：

会计投资者保护取决于盈余质量、会计稳健性、盈余公告信息量和会计披露。我们使用琼斯模型（1991）来估计操纵性应计利润以衡量盈余质量，并按照 Basu 模型（1997）衡量盈余的稳健性。为了量化包含在财务报告的信息，我们对公司盈余增长的累计超额收益率（CAR）进行了比较。我们还对包括财务信息披露情况和非财务信息（如重大事项说明、股东、董事会、监事、激励机制和审计机制等）披露在内的 49 个条目进行评分，以度量公司向投资者披露相关信息的程度。具体权重分配详见第三章。

2. 应计异象

为了检验我国资本市场中是否存在应计异象问题，我们参考了刘斌、张健（2012）的研究方法，即通过研究会计总应计与股票异常回报率之间的相关关系对应计异象的存在性问题进行检验，具体模型如下：

$$Abreturn_{i,t} = \alpha_0 + \alpha_1 Accruals_{i,t-1} + \alpha_2 Cash_{i,t-1} + \sum Ctrl + \sum Year + \sum Ind + \varepsilon_{i,t} \tag{1}$$

其中，$Abreturn$ 代表股票异常收益率，具体而言，我们选取当年 5 月至次年 4 月作为公告期，对股票月收益率以总市值为标准划分为 10 组，再以总市值为权重计算每组加权平均月收益率，将每组股票月收益率平减该平均值，最终得到月异常收益率，最后将其调整为年异常收益率。$Accruals$ 代表公司总会计应计，$Cash$ 代表公司现金流，$Ctrl$ 指控制变量，具体包括企业规模（$Size$）、账面市值比（BM）、盈余价格比率（EP）、风险系数（$Beta$），表明该模型控制了年度和行业固定效应。

3. 股价崩盘风险

关于股价崩盘风险的度量，我们参考了吉恩和迈尔斯（2006）的方法，具体如下：

我们首先使用个股周收益率对市场流通市值加权平均收益率进行回归，具体模型如下：

$$r_{i,t} = \alpha_i + \beta_1 r_{M,t-2} + \beta_2 r_{M,t-1} + \beta_3 r_{M,t} + \beta_4 r_{M,t+1} + \beta_5 r_{M,t+2} + \varepsilon_{i,t} \tag{2}$$

在模型（2）中，表示公司 i 在第 t 周的股票收益率，表示第 t 周的市场周流通市值加权平均收益率。模型中控制了的滞后期与超前期是为了控制非同步交易的影响（Dimson, 1979）。模型中的残差项表示那些无法被市场解释的个股收益，残差项表明了公司 i 的股票与市场收益率的背离程度。我们构造 $W_{i,t}=\ln(1+\varepsilon_{i,t})$ 得出公司 i 的个股收益率。

接下来，我们构造了负收益偏态系数（NCSKEW）度量股价崩盘风险，具体模型如下：

$$NCSKEW_{i,t}=-\left\{\left[n(n-1)^{\frac{3}{2}}\sum W_{i,t}^2\right]\div\left[(n-1)(n-2)\left(\sum W_{i,t}^2\right)^{\frac{3}{2}}\right]\right\} \quad (3)$$

在模型（3）中，NCSKEW 表示股价崩盘风险；n 是指股票在第 t 年的交易周数。

此外，为了充分利用应计异象的度量模型，我们把股价崩盘风险按照中位数进行分组赋值，高于中位数的表示高股价崩盘风险，赋值为 1，低于中位数的表示低股价崩盘风险，赋值为 0。

4. 调节变量

为了研究在不同的行业竞争程度下的企业应计异象与股价崩盘风险之间的相关关系，我们引入了行业竞争程度的测度指标赫芬达尔指数（HHI）。

5. 控制变量

为了保证我们研究结果的可靠性，我们控制了其他能够对应计异象与股价崩盘风险之间的相关关系产生影响的其他变量，具体包括企业规模（Size）、账面市值比（BM）、盈余价格比率（EP）、风险系数（Beta）。

以上变量的含义及计算方法具体见表 7-1。

表 7-1　　　　　　　　主要变量定义

变量类别	变量名	变量含义	具体计算公式
被解释变量	Abreturn	股票超额收益率	见模型（1）及其说明
	Accruals	总会计应计	（年末净利润-年末经营活动现金流量净额）/年初总资产
	Cash	现金流	年末经营活动现金流量净额/年初总资产
解释变量	Infor	会计投资者保护指数	见第四部分及其说明
调节变量	Crush	股价崩盘风险	见模型（3）及其说明
	HHI	赫芬达尔指数	行业中各样本公司占行总收入百分比的平方和

续表

变量类别	变量名	变量含义	具体计算公式
控制变量	Size	企业规模	公司年末总资产的自然对数
	BM	账面市值比	权益账面价值/权益市场价值
	EP	盈余价格比率	净利润/每股市价
	Beta	风险系数	通过 CAPM 模型估计取得
	Year	年度虚拟变量	代表年度固定效应
	Ind	行业虚拟变量	代表行业固定效应

（三）回归模型构建

我们试图通过模型（4）至模型（6）验证我们提出的全部假设，为了便于理解，模型中所有的控制变量统一使用 $Ctrl$ 表示。

1. 会计投资者保护与应计异象

为了验证会计投资者保护与应计异象的相关关系，我们构建了模型（4）：

$$\begin{aligned} Abreturn_{i,t} = &\alpha_0 + \alpha_1 Accruals_{i,t-1} + \alpha_2 Accruals_{i,t-1} \times Infor_{i,t-1} \\ &+ \alpha_3 Cash_{i,t-1} + \alpha_4 Cash_{i,t-1} \times Infor_{i,t-1} \\ &+ \sum Ctrl + \sum Year + \sum Ind + \varepsilon_{i,t} \end{aligned} \quad (4)$$

模型（4）通过交互项 $Accruals \times Infor$ 以及交互项 $Cash \times Infor$ 与 $Abreturn$ 的相关关系来反映会计投资者保护与应计异象的相关关系，根据我们的假设，系数 α_2 应当显著为正，以此证明较高的会计投资者保护抑制了套利者通过总会计应计和现金流的差异获取超额收益，也即抑制了应计异象。

2. 应计异象与股价崩盘风险

$$\begin{aligned} Abreturn_{i,t} = &\alpha_0 + \alpha_1 Accruals_{i,t-1} + \alpha_2 Accruals_{i,t-1} \times Crush_{i,t-1} \\ &+ \alpha_3 Cash_{i,t-1} + \alpha_4 Cash_{i,t-1} \times Crush_{i,t-1} \\ &+ \sum Ctrl + \sum Year + \sum Ind + \varepsilon_{i,t} \end{aligned} \quad (5)$$

模型（5）在模型（1）的基础上加入了总会计应计与股价崩盘风险哑变量的交互项 $Accruals \times Crush$ 以及现金流与股价崩盘风险哑变量的交互项 $Cash \times Crush$，以此来检验应计异象与股价崩盘风险之间的相关关系。根据我们提出的假设 H1，系数 α_2 应当显著为负。

3. 行业竞争程度对应计异象与股价崩盘风险的调节作用

为了检验假设2，我们构造了如下回归模型：

$$Abreturn_{i,t} = \alpha_0 + \alpha_1 Accruals_{i,t-1} + \alpha_2 Accruals_{i,t-1} \times Infor_{i,t-1} \times HHI \\ + \alpha_3 Cash_{i,t-1} + \alpha_4 Cash_{i,t-1} \times Infor_{i,t-1} \times HHI \\ + \sum Ctrl + \sum Year + \sum Ind + \varepsilon_{i,t} \tag{6}$$

模型（6）中引入了赫芬达尔指数（HHI）以验证行业竞争程度对公司应计异象与股价崩盘风险的调节作用。

（四）实证结果与分析

1. 主要变量的描述性统计

从表7-2的描述性统计结果可以看出个股超额收益率的平均值是0.093，说明股票的超额收益在资本市场中是普遍存在的且超过一半的A股上市公司股票超额收益率能够达到9.3%，这与斯隆（1996）的研究结论十分接近，其标准差为0.259，表明不同的公司的股票超额收益率存在较大的差异，这也为我们的研究提供了良好的基础。从总会计应计和现金流的结果看，标准差分别为0.328和0.309，这说明不同的公司存在着应计项目与现金流的差异，可以初步证明应计异象的存在性。会计投资者保护的平均值和标准差分别为56.476、8.187，表明不同的公司的会计投资者保护存在较大差异。

表7-2 主要变量描述性统计

变量符号	变量名称	观测量	平均值	标准差	最小值	最大值
Panel A 解释变量与被解释变量							
Abreturn	股票超额收益率	8590	0.093	0.259	-0.323	0.575
Accruals	总会计应计	8590	0.025	0.328	-3.916	24.640
Cash	现金流	8590	0.031	0.309	-25.446	4.868
Crush	股价崩盘风险	8590	0.496	0.500	0	1
Infor	会计投资者保护指数	8590	56.476	8.187	0.03	84.45
Panel B 调节变量							
HHI	赫芬达尔指数	8590	0.215	0.109	0.143	0.977

续表

变量符号	变量名称	观测量	平均值	标准差	最小值	最大值
Panel C　控制变量						
Size	企业规模	8590	21.730	1.214	14.308	28.251
BM	账面市值比	8590	1.042	1.037	0.002	12.048
EP	盈余价格比率	8590	0.014	0.055	−0.528	0.332
Beta	风险系数	8590	0.974	0.342	−0.142	0.362

2. 主要变量的相关性分析

为了对我们所使用的主要变量的相关关系有一个初步的认识，我们使用Spearman相关性分析法进行了相关性分析，具体结果见表7-3。

表7-3　　　　　　　　　　相关性分析

变量	Abreturn	Accruals	Cash	Infor	Size	BM	EP	Beta
Abreturn	1.000							
Accruals	−0.002	1.000						
Cash	−0.015	−0.624*	1.000					
Infor	−0.114*	0.003*	0.009	1.000				
Size	−0.005	−0.026	0.015	0.072*	1.000			
BM	0.085*	0.045*	0.014	0.028*	0.594*	1.000		
EP	0.033	0.006	0.028	0.003	0.009	0.001	1.000	
Beta	−0.004	−0.016	−0.013	−0.020	−0.043	−0.012	−0.004	1.000

注：***、**、*分别代表在1%、5%、10%的水平上显著。

从相关性分析的结果来看，总会计应计（Accruals）、现金流量（Cash）与股票异常收益率（Abreturn）都是负相关关系，这说明我国的投资者对于总会计应计存在过度评价的倾向，初步能够证明应计异象的存在性。而会计投资者保护指数（Infor）与股票异常收益率是负相关关系，说明会计投资者保护的提高有助于抑制套利现象。

3. 检验应计异象的存在性

在进行回归分析之前，首先应利用模型（1）对我国资本市场上是否存在应计异象进行检验，这也是我们的逻辑起点，对于接下来的回归分析有重要作用。具体结果见表7-4。

表7-4　　　　　　　　应计异象的存在性检验结果

回归类型	混合回归		年度固定效应	
Accruals	−0.134***	−5.70	−0.006***	−2.78
Cash	−0.148***	−3.92	−0.004***	−2.52
Size	−0.020***	−2.85	−0.006***	−5.90
BM	0.036***	2.77	0.004***	3.73
EP	0.062***	2.60	0.066**	1.96
Beta	−0.025	−1.43	−0.016	−1.37
Constant	3.011	0.24	3.123***	5.36
Year	未控制		控制	
Ind	未控制		未控制	
F 值	33.55		38.58	
R-square	0.04		0.08	
Observations	8590		8590	

注：右侧数值代表 t 值，***、**、* 分别代表在1%、5%、10%的水平上显著。

从表7-4的检验结果可以发现，模型（1）的系数在1%的水平上显著为负，这说明公司的总会计应计与股票异常收益率之间显著负相关，也即前期较高（低）的会计应计项目引起了后期较低（高）的股票异常收益，这与以往的研究结果保持一致，在控制了年度固定效应后（限于篇幅，没有列示行业固定效应，下同），主要变量的相关关系及显著性水平没有发生明显变化，模型解释力反而有所提高，从而保证了对应计异象检验结果的稳健性。

4. 回归结果分析

在检验了应计异象的存在性之后，我们将利用实证的方法对应计异象与股价崩盘风险的相关关系进行回归分析，具体结果见表7-5。

表7-5　　　　　　　应计异象与股价崩盘风险的回归结果

回归类型	混合回归		年度固定效应	
Accruals	−0.041	−1.09	−0.004	−0.26
Accruals×*Crush*	−0.204***	−4.85	−0.012***	−2.38
Cash	−0.011	−0.31	−0.006	−0.35
Cash×*Crush*	−0.252***	−5.52	−0.013***	−2.61

续表

回归类型	混合回归		年度固定效应	
Size	-0.005***	-2.32	-0.006***	-4.07
BM	0.034***	2.82	0.003***	0.47
EP	0.048***	3.44	0.052***	2.64
Beta	-0.037*	-1.72	-0.037*	-1.68
Constant	2.016	0.33	1.122***	4.31
Year	未控制		控制	
Ind	未控制		未控制	
F值	38.60		48.81	
R-square	0.05		0.08	
Observations	8590		8590	

注：右侧数值代表 t 值，***、**、* 分别代表在1%、5%、10%的水平上显著。

表7-5列示了对模型（5）的回归结果。观察表7-5的回归结果可以发现，总应计与股价崩盘风险的交互项 Accruals×Crush 在1%的水平上显著负相关，这与我们前文的猜想保持一致。总应计与股票超额收益率负相关，证明了应计异象的存在性，而交互项（Accruals×Crush）与股票超额收益率负相关这说明应计异象加剧了股价崩盘风险，这一相关关系在股价崩盘风险较高时更加明显。但应注意到的是，总应计在回归结果中不显著，这很有可能是较高的股价崩盘风险更多地解释了股票超额收益率，从而相对减少了总应计的解释力。

既然应计异象确实可以引发股价崩盘等非系统性风险，影响到投资者的利益，我们要进一步探讨会计投资者保护的提高能否有效抑制应计异象问题。正如前文所述，应计异象产生的根源在于会计信息不对称导致的错误定价，那么，更充分地披露会计信息能否改善应计异象，我们将为此提供实证证据。具体结果见表7-6。

表7-6　　会计投资者保护与应计异象的回归结果

回归类型	混合回归		年度固定效应	
Accruals	-0.134***	2.42	-0.298***	-2.95
Accruals×Infor	0.031***	2.61	0.006**	2.17
Cash	-0.112**	-2.07	-0.306***	-4.68
Cash×Infor	0.027***	2.98	0.006***	-3.27
Size	-0.023**	-2.10	-0.006***	-2.47
BM	0.042***	2.51	0.005***	2.66

续表

回归类型	混合回归		年度固定效应	
EP	0.102	1.44	0.203	1.62
Beta	−0.007	−0.98	−0.005	−0.82
Constant	3.354***	2.77	3.404***	2.43
Year	未控制		控制	
Ind	未控制		未控制	
F 值	42.24		56.12	
R-square	0.03		0.08	
Observations	8590		8590	

注：右侧数值代表 t 值，***、**、* 分别代表在1%、5%、10%的水平上显著。

表7-6列示了会计投资者保护与应计异象的相关关系，从回归结果来看，交互项 Accruals×Infor 与股票异常收益率在1%的水平上显著正相关，这说明会计投资者保护的提高有效地缓解了信息不对称问题，引导投资者对上市公司的会计应计进行正确定价，从而有效地抑制了应计异象问题。

为了研究行业竞争程度对会计投资者保护与应计异象之间的相关关系的影响，我们对模型（6）进行了回归分析，通过引入行业竞争程度这一环境背景以研究在这一背景下会计投资者保护与应计异象的相关关系。具体结果见表7-7。

表7-7　　行业竞争程度对会计投资者保护与应计异象的调节作用

回归类型	混合回归		年度固定效应	
Accruals	−0.107***	−2.55	−0.265***	−2.59
Accruals×Infor	0.031***	3.58	0.006**	2.14
Accruals×Infor×HHI	0.016***	3.65	0.002***	3.30
Cash	−0.782***	−3.86	−0.263***	−3.69
Cash×Infor	0.024***	2.62	0.006***	2.63
Cash×Infor×HHI	0.013***	2.86	0.001**	2.13
Size	−0.024***	−3.24	−0.006***	−2.52
BM	0.044***	2.81	0.005***	2.76
EP	0.002	1.32	0.004	0.97
Beta	−0.221	−0.32	−0.192	−0.44
Constant	3.362***	5.89	3.405***	3.44
Year	未控制		控制	
Ind	未控制		未控制	
F 值	34.01		44.10	
R-square	0.03		0.08	
Observations	8590		8590	

注：右侧数值代表 t 值，***、**、* 分别代表在1%、5%、10%的水平上显著。

第七章 会计投资者保护与应计异象

从表 7-7 的回归结果不难发现，在引入行业竞争程度（HHI）这一调节变量后，交互项 Accruals×Infor 依然显著为正，说明会计投资者保护抑制了应计异象，交互项 Accruals×Crush×HHI 同样显著为正，这说明行业竞争程度在会计投资者保护与应计异象的相关关系中起到了正向调节作用，也就是说，竞争程度较为充分的行业其会计投资者保护与应计异象的相关关系相对于竞争程度较低的行业而言较强。这主要是由于行业竞争程度较高的情况下，公司高管有意识地隐藏负面信息的动机较弱且信息管理的成本较高，从而使资本市场信息透明度较高，从而有助于应计异象风险的发生，从而验证了假设 3。

（五）稳健性检验

从我们的研究内容来看，一方面会计投资者保护会降低应计异象发生的可能性，但另一方面，应计异象也会影响到公司会计投资者保护，也就是说，会计投资者保护与应计异象之间是互为因果的关系，如果不能很好地解决这种互为因果关系对研究结果带来的影响，就会影响到我们回归结果的稳健性。因此，在这一部分，我们采用两种方法进行了稳健性检验，一是对应计异象做滞后一期处理；二是采用盈余管理程度这一指标重新度量会计投资者保护。

我们采用分行业、分年度的截面 Jones 模型度量公司的盈余管理程度，具体模型如下：

$$TA_{j,t} = a_1 + a_2 \Delta REV_{j,t} + a_3 PPE_{j,t} + \varepsilon_{j,t} \tag{7}$$

其中，模型（7）中的 TA 是总应计利润，用净利润减经营活动净现金流量，ΔREV 表示本年度的营业收入净增量，PPE 表示企业年末的固定资产净值，以上三个指标都用上一年度总资产进行平减。模型（7）中的残差表示企业的正常性应计利润，以其绝对值来代表企业盈余管理的程度。具体见表 7-8。

表 7-8 稳健性检验

变量	方法一		方法二	
Accruals	-0.052***	-2.24	-0.003	-0.99
Accruals×Infor	0.200**	-2.09	-0.166*	-1.96
Cash	-0.005	-0.45	-0.027***	-2.47
Cash×Infor	0.223***	-2.88	-0.217	-0.69
Size	-0.005	-0.41	-0.005	-0.49
BM	0.033	1.55	0.035	1.11
EP	0.028	0.87	0.062	0.92
Beta	-0.642	-0.93	-0.531	-1.05
Constant	2.012	0.26	2.009	0.20

续表

变量	方法一	方法二
Year	控制	控制
Ind	控制	控制
F 值	39.21	38.35
R-square	0.06	0.05
Observations	5020	4826

注：右侧数值代表 t 值，***、**、*分别代表在1%、5%、10%的水平上显著。

五、结论及启示

我们在这一部分以 2010~2015 年 A 股上市公司为研究样本，实证检验了会计投资者保护与应计异象之间的相关关系。我们首先通过研究发现，我国上市公司存在着应计异象问题。应计异象主要是由于管理层的盈余管理导致的，由于盈余管理，使公司负面信息的持续积累并最终超过临界值时，负面信息会在资本市场上短期集中释放，这很容易引起其股价崩盘，也即应计异象与股价崩盘风险之间是正相关关系。进一步研究发现，会计投资者保护的提高有助于抑制应计异象问题，行业竞争程度对会计投资者保护与应计异象的相关关系起到正向调节作用，也即竞争程度较充分的行业，会计投资者保护与应计异象的相关关系相对较强，这主要是由于行业竞争程度较高时，高管进行盈余操纵的动机和空间都相对较小。

我们的结论具有一定启示性。

首先，行业竞争有助于减少公司应计异象从而抑制股价崩盘风险，那么提高行业竞争程度的相关政策可以成为政策制定者予以考虑的方面，提高行业的市场化水平；其次，高行业竞争度所伴随的较强的外部监管也是抑制应计异象的原因之一，因此加强监管也成为抑制应计异象的有力手段；最后，应计异象的产生很大一部分原因是公司管理层对会计应计进行操纵的结果，而这背后是高管对于自身职位和薪酬不稳定的压力，因此，公司内部制定合理的激励政策是解决这一问题的办法，因此，公司有必要制定包含物质激励和非物质激励在内的综合激励制度。

结　语

我们基于会计信息的定价和治理功能，建立了基于会计信息的投资者保护的理论框架，根据此框架，我们设立指标和权重，对我国上市公司的会计投资者保护状况进行了逐一评价，建立了中国上市公司会计投资者保护指数和数据库。通过使用2010~2015年会计投资者保护指数和上市公司的相关数据，实证检验了会计投资者保护质量与企业经济绩效、企业权益资本成本、公司股价崩盘风险和公司应计异象的相关关系。我们是基于公司层面的会计投资者保护指数展开的研究，试图捕捉微观的公司层面的特征，同时进行了深入研究，为了支持我们的研究结论，进一步进行了稳健性检验，结论依然成立。

通过研究发现：（1）会计投资者保护质量与经济绩效是正相关关系，即高质量的会计信息有助于提升企业经济绩效，进一步研究发现，相比于国有企业，非国有企业的上市公司中的会计投资者保护质量与经济绩效的敏感性更强，此外，行业竞争程度对会计投资者保护质量与经济绩效的相关关系起到了正向调节作用。（2）会计投资者保护质量与企业权益资本成本是负相关关系，即高质量的会计信息有助于降低企业权益资本成本，进一步研究发现，相比于非国有企业，国有企业的上市公司中的会计投资者保护质量与权益资本成本的敏感性更强，此外，行业竞争程度对会计投资者保护质量与权益资本成本的相关关系起到了负向调节作用。（3）会计投资者保护与股价崩盘风险呈显著的负相关关系，即会计投资者保护的提高能够有效抑制股价崩盘风险的发生。市场化程度在会计投资者保护与股价崩盘风险的相关关系中起到正向调节作用，即市场化程度加深了会计投资者保护对股价崩盘风险的抑制作用。在子样本分析中，我们发现相比于国有企业，非国有企业样本中的会计投资者保护与股价崩盘风险的相关关系更加显著。（4）我国上市公司存在着应计异象问题。由于应计异象主要是由于管理层有意识地对会计应计信息进行盈余操纵导致的，而负面信息的持续积累并最终超过临界值时，负面信息的短期集中释放在资本市场上，很容易因其股价崩盘，也即应计异象与股价崩盘风险之间是正相关关系。会计投资者保护的提高有助于抑制应计异象问题，行业竞争程度对会计投资者保护与应计异象的相关关系起到正向调节作用，即竞争程度较充分的行业，会计投资者保护与应计异象的相关关系相对较强，这主要是由于行业竞争程度较高时，高管进行盈余操纵的动机和空间都相对较小。

  本书的研究结论不但具有较强的理论价值，也具有一定的政策启示，加强上市公司会计投资者保护监督，从会计微观角度强化投资者保护，可以提升公司价值，降低公司风险。这为从微观层面强化投资者保护提供了可供借鉴的思路和证据。

附录　专家调查问卷

尊敬的专家：

您好！

我课题组正在进行"会计信息与投资者保护"的相关研究，为了建立我国上市公司基于会计信息质量的投资者保护评价指标体系的权重，希望得到您的支持与协助。

对于您的参与和帮助，我们表示衷心的感谢！

详见附1与附2。

北京工商大学"会计信息与投资者保护"课题组

附1　会计与投资者保护总体评价指标体系

下面是我课题组所建立的基于会计的投资者保护指标体系框架：

一级指标	二级指标	主要包括的内容
会计投资者保护	可靠性	盈余管理程度较低 盈余的稳健性较好 没有出具非标准审计意见或年报重述
	相关性	年报盈余的价值相关性 年报盈余的市场反应
	信息披露	非财务信息披露 财务信息披露

附2　指标重要性比较表（基于您个人的认识的理解即可，注意不要前后矛盾）

请您对各指标进行两两比较，把比较的结果填入表内的空格内，结果用数字表示，数字代表的意义如下所示：

1——两者同样重要，2——前者比后者稍微重要，3——前者比后者明显重要，4——前者比后者强烈重要，5——前者比后者极端重要。

1——两者同样重要，1/2——后者比前者稍微重要，1/3——后者比前者明显重要，1/4——后者比前者强烈重要，1/5——后者比前者极端重要。

总体指标体系

前项目＼后项目	可靠性	相关性	信息披露
可靠性	1		
相关性	—	1	
信息披露	—	—	1

参考文献

[1] 蔡春、黄益建、赵莎:《关于审计质量对盈余管理影响的实证研究——来自沪市制造业的经验证据》,载于《审计研究》2005年第2期,第3~10页。

[2] 常大勇:《经济管理数学模型》,北京经济学院出版社1996年版。

[3] 陈冬华、陈信元、万华林:《国有企业中的薪酬管制与在职消费》,载于《经济研究》2005年第2期,第92~101页。

[4] 陈冬华、章铁生、李翔:《法律环境、政府管制与隐性契约》,载于《经济研究》2008年第3期,第60~72页。

[5] 陈关亭、张少华:《论上市公司内部控制的披露及其审核》,载于《审计研究》2003年第6期,第34~38页。

[6] 陈静:《上市公司财务恶化预测的实证分析》,载于《会计研究》2003年第4期,第31~38页。

[7] 陈胜蓝、魏明海:《投资者保护与财务会计信息质量》,载于《会计研究》2006年第10期,第28~35页。

[8] 陈霓华、李春霞:《企业资本结构质量分析》,载于《现代企业》2004年第4期,第52~53页。

[9] 陈晓等:《A股盈余报告的有用性研究——来自上海、深圳股市的实证证据》,载于《经济研究》1999年第6期,第21~25页。

[10] 北京工商大学"会计与投资者保护"项目组:《会计的投资者保护功能及评价》,载于《会计研究》2014年第4期,第34~41页。

[11] 曹丰、鲁冰、李争光、徐凯:《机构投资者降低了股价崩盘风险吗?》,载于《会计研究》2015年第11期,第55~61页、第97页。

[12] 曾庆生、陈信元:《国家控股、超额雇员与劳动力成本》,载于《经济研究》2006年第5期,第74~86页。

[13] 曾颖、陆正飞:《信息披露质量与股权融资成本》,载于《经济研究》2006年第2期,第69~79页。

[14] 陈关亭、朱松、黄小琳:《审计师选择与会计信息质量的替代性研究——基于稳健性原则对信用评级影响视角》,载于《审计研究》2014年第5期,第77~85页。

[15] 陈小悦、肖星、过晓艳：《配股权与上市公司利润操纵》，载于《经济研究》2000年第1期，第30~36页。

[16] 陈小悦、徐晓东：《股权结构、企业绩效和投资者利益保护》，载于《经济研究》2001年第11期，第3~11页。

[17] 陈信元、李莫愁、芮萌、夏立军：《政府控股和地方保护影响投资者保护法律的实施吗?》，中国会计学会研讨会工作论文，2007年。

[18] 陈旭东、黄登仕：《上市公司会计稳健性的时序演进与行业特征研究》，载于《证券市场导报》2006年第4期，第59~65页。

[19] 程小可：《上市公司盈余质量分析与评价研究——基于中国资本市场环境的研究架构与经验证据》，东北财经大学出版社2006年版。

[20] 程晓陵、王怀明：《公司治理结构对内部控制有效性的影响》，载于《审计研究》2008年第4期，第53~60页。

[21] 崔学刚：《公司治理机制对公司透明度的影响》，载于《会计研究》2004年第8期，第20~28页。

[22] 崔学刚：《公司治理对会计透明度的作用机理研究》，北京大学光华管理学院博士后出站报告，2007年。

[23] 戴德明、毛新述：《会计标准的国际协调可以提高公司财务报告的质量吗：比较AB股公司不同准则下盈余的及时性和稳健性》，载于《2006年两岸会计与管理学术研讨会论文集》，2006年，第40~55页。

[24] 杜兴强：《西方财务会计理论问题探索：公司治理、会计信息产权与会计准则》，载于《财会通讯》2005年第10期，第9~11页。

[25] 樊行健、雷东辉：《信息不对称对权益资本成本影响的经济学分析》，载于《会计之友（中旬刊）》2009年第1期，第60~61页。

[26] 方莉：《我国医药类上市公司生命周期与股利支付率的实证研究》，载于《西南民族大学学报（自然科学版）》2009年第5期，第1000~1005页。

[27] 费明群：《我国上市公司财务质量评价与优化研究》，四川大学硕士学位论文，2004年。

[28] 冯阳、薛锋、孙进：《上市公司现金股利分配与公司成长性关系实证研究》，载于《经济纵横》2010年第2期，第84~87页。

[29] 葛家澍、陈守德：《财务报告质量评估的探讨》，载于《会计研究》2001年第11期，第9~18页。

[30] 耿建新、肖泽忠、续芹：《报表收益与现金流量数据之间关系的实证分析》，载于《会计研究》2002年第12期，第28~34页。

[31] 耿建新、续芹、李跃然：《内审部门设立的动机及其效果研究——来自

中国沪市的研究证据》，载于《审计研究》2006年第1期，第53~60页。

[32] 郭泽光、郭冰：《企业增长的财务问题探讨》，载于《会计研究》2002年第7期，第11~15页。

[33] 韩忠雪、朱荣林、王宁：《股权结构、代理问题与公司多元化折价》，载于《当代经济科学》2006年第5期，第52~58页。

[34] 何金耿、丁加华：《上市公司投资决策行为的实证分析》，载于《证券市场导报》2001年第9期，第44~47页。

[35] 洪道麟、熊德华：《中国上市公司多元化与企业绩效分析——基于内生性的考察》，载于《金融研究》2006年第11期，第33~43页。

[36] 黄政、吴国萍：《内部控制质量与股价崩盘风险：影响效果及路径检验》，载于《审计研究》2017年第4期，第48~55页。

[37] 黄中生、褚友祥：《会计收益质量的影响因素及其评价》，载于《现代财经》2004年第10期，第35~38页。

[38] 江轩宇、许年行：《企业过度投资与股价崩盘风险》，载于《金融研究》2015年第8期，第141~158页。

[39] 江轩宇、伊志宏：《审计行业专长与股价崩盘风险》，载于《中国会计评论》2013年第2期，第133~150页。

[40] 姜付秀、伊志宏、苏飞、黄磊：《管理者背景特征与企业过度投资行为》，载于《管理世界》2009年第1期，第130~139页。

[41] 姜付秀、支晓强、张敏：《投资者利益保护与股权融资成本——以中国上市公司为例的研究》，载于《管理世界》2008年第2期，第117~125页。

[42] 金晓斌等：《公司特质、市场激励与上市公司多元化经营》，载于《经济研究》2002年第9期，第67~73页。

[43] 金智：《社会规范、财务报告质量与权益资本成本》，载于《金融研究》2013年第2期，第194~206页。

[44] 雷光勇：《会计契约论》，中国财政经济出版社2004年版。

[45] 雷光勇、刘丹：《独立审计质量的影响因素分析》，载于《中国注册会计师》2006年第8期，第22~26页。

[46] 雷光勇、刘慧龙：《市场化进程、最终控制人性质与现金股利行为——来自中国A股公司的经验证据》，载于《管理世界》2007年第7期，第120~128页。

[47] 雷霆、周嘉南：《股权激励、高管内部薪酬差距与权益资本成本》，载于《财经理论与实践》2015年第1期，第12~26页。

[48] 黎来芳、程雨、张伟华：《投资者保护能否抑制企业过度投资？——基

于融投资关系的研究》，载于《中国软科学》2012年第1期，第144~152页。

[49] 李常青、彭锋：《现金股利研究的新视角：基于企业生命周期理论》，载于《财经理论与实践》2009年第5期，第67~73页。

[50] 李慧云、刘镝：《市场化进程、自愿性信息披露和权益资本成本》，载于《会计研究》2016年第1期，第71~78页。

[51] 李嘉明、黎富兵：《企业人力资本与企业绩效的实证分析》，载于《市场与人口分析》2005年第3期，第29~36页。

[52] 李嘉明、李松敏：《我国上市公司的资产质量与企业绩效的实证研究》，载于《经济问题探索》2005年第4期，第104~107页。

[53] 李玲、赵瑜纲：《中国上市公司多元化经营的实证研究》，载于《证券市场导报》1998年第5期，第31~44页。

[54] 李明辉、何海、马夕奎：《我国上市公司内部控制信息披露状况的分析》，载于《审计研究》2003年第1期，第38~43页。

[55] 李双海、李海英：《机构持股、中小投资者保护与会计盈余质量》，载于《山西财经大学学报》2009年第12期，第107~114页。

[56] 李青原、王永海：《独立审计师、公司治理与投资者保护》，载于《审计研究》2007年第2期，第87~96页。

[57] 李青原：《会计信息质量、审计监督与公司投资效率——来自我国上市公司的经验证据》，载于《审计研究》2009年第4期，第65~73页。

[58] 李姝、赵颖、童婧：《社会责任报告降低了企业权益资本成本吗？——来自中国资本市场的经验证据》，载于《会计研究》2013年第9期，第64~70页。

[59] 李维安等：《公司治理评价与指数研究》，高等教育出版社2005年版。

[60] 李小荣、董红晔：《高管权力、企业产权与权益资本成本》，载于《经济科学》2015年第4期，第67~80页。

[61] 李小荣、刘行：《CEO vs CFO：性别与股价崩盘风险》，载于《世界经济》2012年第12期，第102~129页。

[62] 李鑫：《自由现金流、现金股利与中国上市公司过度投资》，载于《证券市场导报》2007年第10期，第55~59页。

[63] 李远鹏、牛建军：《退市监管与应计异象》，载于《管理世界》2007年第5期，第125~132页。

[64] 李远鹏、李若山：《是会计盈余稳健性，还是利润操纵？——来自中国上市公司的经验证据》，载于《中国会计与财务研究》2005年第3期，第1~31页。

[65] 李增泉、卢文彬：《会计盈余的稳健性：发现与启示》，载于《会计研究》2003年第2期，第19~27页。

[66] A.C.利特尔顿：《会计理论结构》，中国商业出版社1989年版。

[67] 林斌、饶静：《上市公司为什么自愿披露内部控制鉴证报告？基于信号传递理论的实证研究》，载于《会计研究》2009年第2期，第45~52页。

[68] 林乐、郑登津：《退市监管与股价崩盘风险》，载于《中国工业经济》2016年第12期，第58~74页。

[69] 林舒、魏明海：《中国A股发行公司首次公开募股过程中的盈利管理》，载于《中国会计与财务研究》2000年第2期，第87~130页。

[70] 林树、张智飞：《会计应计异象与盈余公告后漂移异象——来自沪深上市公司的经验证据》，载于《山西财经大学学报》2011年第5期，第109~116页。

[71] 林翔、陈汉文：《增长、盈余管理和应计持续性》，载于《中国会计评论》2005年第1期，第117~142页。

[72] 林晓辉、吴世农：《中国上市公司多元化动因的理论与实证分析》，载于《证券市场导报》2008年第11期，第67~75页。

[73] 林毅夫：《中国经济增长没有现成模式》，载于《政策》2004年第3期，第24~25页。

[74] 刘斌、张健：《机构持股、信息质量与应计异象》，载于《审计与经济研究》2012年第6期，第68~75页。

[75] 刘昌国：《公司治理机制、自由现金流量与上市公司过度投资行为研究》，载于《经济科学》2006年第4期，第50~58页。

[76] 刘建秋：《会计诚信契约：理论构架与实现路径研究》，吉林科技出版社2007年版。

[77] 刘开崧：《审计的二重价值：鉴证价值和保险价值》，载于《财会通讯》2008年第8期，第29~32页。

[78] 刘力：《多元化经营对企业价值的影响》，载于《经济科学》1997年第3期，第68~74页。

[79] 刘启亮、罗乐、张雅曼：《高管集权、内部控制与会计信息质量》，载于《南开管理评论》2013年第1期，第15~23页。

[80] 刘青松、肖星：《国有企业高管的晋升激励和薪酬激励——基于高管双重身份的视角》，载于《技术经济》2015年第2期，第93~100页。

[81] 刘云中：《中国股票市场对会计盈余和会计应计量信息的反映》，载于《中国软科学》2003年第11期，第40~45页。

[82] 娄芳、李玉博、原红旗：《新会计准则对现金股利和会计盈余关系影响的研究》，载于《管理世界》2010年第1期，第122~132页。

[83] 卢静、胡运权：《会计信息与管理者报酬激励契约研究综述》，载于《会

计研究》2007年第1期，第74~81页。

[84] 陆建桥：《中国亏损上市公司盈余管理实证研究》，载于《会计研究》1999年第9期，第25~35页。

[85] 陆宇建：《上市公司盈余管理的动机及其治理对策研究》，载于《管理科学》2003年第4期，第65~69页。

[86] 陆正飞、汤立斌、卢英武：《我国证券市场信息披露存在的主要问题及原因分析》，载于《财经论丛》2002年第1期，第61~65页。

[87] 陆正飞、叶康涛：《产权保护导向的会计研究：新近研究回顾》，载于《中国会计评论》2007年第1期，第113~130页。

[88] 鹿坪、姚海鑫：《机构持股、投资者情绪与应计异象》，载于《管理评论》2016年第11期，第3~15页。

[89] 罗党论、黄郡：《审计监督与大股东掏空》，载于《当代经济管理》2007年第6期，第37~42页。

[90] 罗进辉、杜兴强：《媒体报道、制度环境与股价崩盘风险》，载于《会计研究》2014年第9期，第53~59页、第97页。

[91] 罗琦、秦国楼：《投资者保护与公司现金持有》，载于《金融研究》2009年第10期，第162~178页。

[92] 吕长江、韩慧博：《上市公司资本结构特点的实证分析》，载于《南开管理评论》2001年第5期，第26~29页。

[93] 吕长江、王克敏：《上市公司股利政策的实证研究》，载于《经济研究》1999年第12期，第31~39页。

[94] 马曙光、黄志忠、薛云奎：《股权分置、资金侵占与上市公司现金股利政策》，载于《会计研究》2005年第9期，第44~50页。

[95] 毛付根：《论营运资金管理的基本原理》，载于《会计研究》1995年第1期，第38~40页。

[96] 毛新述、戴德明：《会计制度改革、盈余稳健性与盈余管理》，载于《会计研究》2009年第12期，第38~46页。

[97] 梅丹：《国有上市公司的治理机制与过度投资》，载于《上海立信会计学院学报》2008年第4期，第47~56页。

[98] 南京大学会计与财务研究院课题组：《论中国企业内部控制评价制度的现实模式——基于112个企业案例的研究》，载于《会计研究》2010年第6期，第51~61页。

[99] 潘红波、余明桂：《目标公司会计信息质量、产权性质与并购绩效》，载于《金融研究》2014年第7期，第140~153页。

[100] 潘敏、金岩：《信息不对称、股权制度安排与上市企业过度投资》，载于《金融研究》2003年第1期，第36~45页。

[101] 潘琰、辛清泉：《所有权、公司治理结构与会计信息质量》，载于《会计研究》2004年第4期，第19~23页。

[102] 逄咏梅、宋艳：《营运资金管理效率与公司经营绩效分析》，载于《财会通讯（综合版）》2009年第5期，第6~7页。

[103] 漆江娜、陈慧霖、张阳：《事务所规模、品牌、价格与审计质量——国际"四大"中国审计市场收费与质量研究》，载于《审计研究》2004年第3期，第59~65页。

[104] 钱爱民、周子元：《经营性资产质量评价指标体系的构建与检验——来自我国化工行业A股上市公司的经验证据》，载于《管理评论》2009年第10期，第106~115页。

[105] 秦志敏：《上市公司盈利质量透视策略》，载于《会计研究》2003年第9期，第53~54页。

[106] 曲晓辉、邱月华：《强制性制度变迁与盈余稳健性——来自深沪证券市场的经验证据》，载于《会计研究》2007年第7期，第20~28页。

[107] 饶育蕾、徐艳辉：《基于EWA博弈学习模型的股权分置改革对价均衡研究》，载于《中国管理科学》2008年第1期，第172~179页。

[108] 邵明信：《试述〈现金流量表〉与〈资产负债表〉及〈利润表〉的关系》，载于《审计理论与实践》2001年第5期，第45~46页。

[109] 沈艺峰、黄娟娟：《我国上市公司现金股利"群聚"现象的实证检验》，第六届中国金融学年会工作论文，2009年。

[110] 沈艺峰、肖珉、黄娟娟：《中小投资者法律保护与公司权益资本成本》，载于《经济研究》2005年第6期，第115~124页。

[111] 沈艺峰、肖珉、林涛：《投资者保护与上市公司资本结构》，载于《经济研究》2009年第7期，第131~142页。

[112] 沈艺峰、许年行、杨熠：《我国中小投资者法律保护历史实践的实证检验》，载于《经济研究》2009年第9期，第90~100页。

[113] 施先旺、胡沁、徐芳婷：《市场化进程、会计信息质量与股价崩盘风险》，载于《中南财经政法大学学报》2014年第4期。

[114] 宋福铁、梁新颖：《企业生命周期理论与上市公司现金股利分配实证研究》，载于《财经研究》2010年第9期，第23~33页。

[115] 宋献忠、高志文：《资产质量反应盈利能力的实证分析》，载于《中国工业经济》2001年第4期，第78~81页。

[116] 苏冬蔚：《多元化经营与企业价值：我国上市公司多元化溢价的实证分析》，载于《经济学（季刊）》2005年第1期，第135~158页。

[117] 孙蔓莉：《论上市公司信息披露中的印象管理行为》，载于《会计研究》2004年第3期，第40~45页。

[118] 孙铮、王跃堂：《资源配置与盈余操纵之实证研究》，载于《财经研究》1999年第4期，第3~9页。

[119] 唐建新、陈冬：《地区投资者保护、企业性质与异地并购的协同效应》，载于《管理世界》2010年第8期，第102~116页。

[120] 田昆儒：《企业产权会计论》，经济科学出版社2000年版。

[121] 佟岩、王化成：《关联交易、控制收益与盈余质量》，载于《会计研究》2007年第4期，第75~82页。

[122] [美] 瓦茨、齐默尔曼：《实证会计理论》，东北财经大学出版社1999年版。

[123] 汪辉：《上市公司债务融资、公司治理与市场价值》，载于《经济研究》2003年第8期，第28~35页。

[124] 王光远、瞿曲：《公司治理中的内部审计——受托责任视角的内部治理机制观》，载于《审计研究》2006年第2期，第29~37页。

[125] 王化成、曹丰、高升好、李争光：《投资者保护与股价崩盘风险》，载于《财贸经济》2014年第10期，第73~82页。

[126] 王化成、李春玲、卢闯：《控股股东对上市公司现金股利政策影响的实证研究》，载于《管理世界》2007年第1期，第122~136页。

[127] 王亮亮：《真实活动盈余管理与权益资本成本》，载于《管理科学》2013年第5期，第87~99页。

[128] 王鹏、周黎安：《中国上市公司外部审计的选择及其治理效应》，载于《中国会计评论》2006年第12期，第35~39页。

[129] 王霞、薛跃、于学强：《CFO的背景特征与会计信息质量——基于中国财务重述公司的经验证据》，载于《财经研究》2011年第9期，第123~133页。

[130] 王新红、樊维：《我国煤炭上市公司股利分配政策特点及影响因素分析》，载于《煤炭经济研究》2010年第1期，第34~40页。

[131] 王秀丽、张新民：《上市公司财务状况质量的综合分析》，中国财政经济出版社2004年版。

[132] 王秀丽、张新民：《企业利润结构的特征与质量分析》，载于《会计研究》2005年第9期，第63~68页。

[133] 王艳艳、陈汉文：《审计行为与会计信息透明度——来自中国上市公司

的经验数据》，载于《会计研究》2006年第4期，第9~15页。

[134] 王艳艳：《审计在投资者保护中的作用》，载于《财会月刊》2005年第7期，第32~35页。

[135] 王毅辉、李常青：《产品市场竞争对股利政策影响的实证研究》，载于《经济与管理研究》2010年第2期，第12~18页。

[136] 王毅辉、李常青：《终极产权、控制权结构和股利政策》，载于《财贸研究》2010年第2期，第120~129页。

[137] 王跃堂：《对证券市场监管政策的经济后果的分析》，载于《经济科学》1999年第5期，第82~87页。

[138] 王竹泉、隋敏：《控制结构+企业文化：内部控制要素新二元论》，载于《会计研究》2010年第3期，第28~35页。

[139] 王竹泉、马广林：《分销渠道控制：跨区分销企业营运资金管理的重心》，载于《会计研究》2005年第6期，第28~33页。

[140] 王竹泉等：《国内外营运资金管理研究的回顾与展望》，载于《会计研究》2007年第6期，第85~90页。

[141] 王竹泉等：《中国上市公司营运资金管理调查：1997—2006》，载于《会计研究》2007年第12期，第69~75页。

[142] 王竹泉等：《中国上市公司营运资金管理调查：2007—2008》，载于《会计研究》2009年第9期，第51~57页。

[143] 魏明海、陈胜蓝、黎文靖：《投资者保护研究综述：财务会计信息的作用》，载于《中国会计评论》2007年第1期，第131~150页。

[144] 魏明海、柳建华：《国企分红、治理因素与过度投资》，载于《管理世界》2007年第4期，第88~95页。

[145] 魏明海：《中国上市公司投资者保护研究报告》，经济科学出版社2010年版。

[146] 魏明海等：《我国会计协调测定与政策研究》，中国财政经济出版社2006年版。

[147] 吴联生：《会计信息失真的"三分法"：理论框架与证据》，载于《会计研究》2003年第1期，第25~30页、第65页。

[148] 吴水澎、李奇凤：《国际四大、国内十大与国内非十大的审计质量——来自2003年中国上市公司的经验数据》，载于《当代财经》2006年第2期，第25~33页。

[149] 夏立军、方轶强：《政府控制、治理环境与公司价值——来自中国证券市场的经验证据》，载于《经济研究》2005年第5期，第40~51页。

[150] 肖珉:《法的建立、法的实施与权益资本成本》,载于《中国工业经济》2008年第3期,第40~48页。

[151] 肖松:《中小投资者法律保护与公司价值——来自中国上市公司的经验研究》,载于《经济科学》2010年第2期,第104~115页。

[152] 肖土盛、宋顺林、李路:《信息披露质量与股价崩盘风险:分析师预测的中介作用》,载于《财经研究》2017年第2期,第109~120页。

[153] 肖作平:《终极所有权结构对权益资本成本的影响——来自中国上市公司的经验证据》,载于《管理科学学报》2016年第1期,第72~86页。

[154] 肖作平:《上市公司资本结构与公司绩效互动关系实证研究》,载于《管理科学》2005年第6期,第16~22页。

[155] 谢德仁、郑登津、崔宸瑜:《控股股东股权质押是潜在的"地雷"吗?——基于股价崩盘风险视角的研究》,载于《管理世界》2016年第5期,第128~140页。

[156] 谢志华、崔学刚:《信息披露水平:市场推动与政府监管》,载于《审计研究》2005年第8期,第39~45页。

[157] 熊婷、程博、王建玲:《产权性质、管理层持股与外部审计需求》,载于《广东财经大学学报》2016年第1期,第78~88页。

[158] 谢志华:《内部控制、公司治理、风险管理:关系与整合》,载于《会计研究》2007年第10期,第37~45页、第95页。

[159] 谢志华、粟立钟:《出资者的投资偏好:风险与投向》,载于《财务与会计》2015年第6期,第66~69页。

[160] 谢志华:《关于企业风险管理的若干问题》,载于《财务与会计》2007年第22期,第8~10页。

[161] 吴良海、谢志华、王峰娟:《会计信息与系统风险的相关性研究——来自中国A股上市公司的经验证据》,载于《证券市场导报》2012年第7期,第24~30页。

[162] 谢志华:《关于公司治理的若干问题》,载于《会计研究》2008年第12期,第63~68页、第94页。

[163] 北京工商大学"会计与投资者保护"项目组:《会计的投资者保护功能及评价》,载于《会计研究》2014年第4期,第34~41页、第95页。

[164] 徐泓、肖楠、蔡明荣:《会计信息质量评价指标体系研究》,载于《经济与管理研究》2012年第11期,第122~128页。

[165] 徐晓阳:《会计信息与公司治理——以管理报酬契约为中心的研究》,厦门大学博士学位论文,2001年。

[166] 许年行、江轩宇、伊志宏、徐信忠：《分析师利益冲突、乐观偏差与股价崩盘风险》，载于《经济研究》2012年第7期，第127~140页。

[167] 许年行、于上尧、伊志宏：《机构投资者羊群行为与股价崩盘风险》，载于《管理世界》2013年第7期，第31~43页。

[168] 阎达五、孙蔓莉：《深市B股发行公司年度报告可读性特征研究》，载于《会计研究》2002年第5期，第10~17页。

[169] 杨德明、王春丽、王兵：《内部控制、审计鉴证与审计意见》，载于《财经理论与实践》2009年第2期，第60~66页。

[170] 杨德明、林斌、辛清泉：《盈利质量、投资者非理性行为与盈余惯性》，载于《金融研究》2007年第2a期，第122~132页。

[171] 杨淑娥：《我国股利分配政策的影响因素的实证分析》，载于《会计研究》2000年第2期，第31~34页。

[172] 杨雄胜、李翔、邱冠华：《中国内部控制的社会认同度研究》，载于《会计研究》2007年第8期，第60~67页。

[173] 杨雄胜、缪艳娟、刘彩霞：《改进周转率指标的现实思考》，载于《会计研究》2004年第4期，第47~51页。

[174] 杨亚西、杨波：《上市公司收益质量分析途径》，载于《财会研究》2004年第4期，第45~47页。

[175] 杨有红、陈凌云：《2007年沪市公司内部控制自我评价研究》，载于《会计研究》2009年第6期，第58~64页。

[176] 杨有红、汪薇：《2006年沪市公司内部控制信息披露研究》，载于《会计研究》2008年第3期，第35~43页。

[177] 姚俊、吕源、蓝海林：《我国上市公司多元化与经济绩效关系的实证研究》，载于《管理世界》2004年第11期，第119~135页。

[178] 叶康涛、曹丰、王化成：《内部控制信息披露能够降低股价崩盘风险吗？》，载于《金融研究》2015年第2期，第192~206页。

[179] 叶康涛、陆正飞：《中国上市公司股权融资成本影响因素分析》，载于《管理世界》2004年第4期，第127~131页。

[180] 应展宇：《股权分裂、激励问题与股利政策》，载于《管理世界》2004年第7期，第108~126页。

[181] 于东智：《资本结构、债权治理与公司绩效》，载于《中国工业经济》2003年第1期，第87~94页。

[182] 于文超、何勤英：《投资者保护、政治联系与资本配置效率》，载于《金融研究》2013年第5期，第152~166页。

[183] 余玉苗、李琳:《CPA 任期与审计行为之间关系的理论分析》,载于《经济评论》2003 年第 11 期,第 12~16 页。

[184] 余玉苗:《论独立审计在上市公司治理结构中的作用》,载于《审计研究》2001 年第 6 期,第 28~29 页。

[185] 岳衡:《大股东占用与审计师监督》,载于《中国会计评论》2006 年第 1 期,第 59~68 页。

[186] 翟华云:《审计委员会和盈余质量——来自中国证券市场的经验证据》,载于《审计研究》2006 年第 6 期,第 50~57 页。

[187] 张功富、宋献中:《我国上市公司投资:过度还是不足?——基于沪深工业类上市公司非效率投资的实证度量》,载于《会计研究》2009 年第 5 期,第 69~77 页。

[188] 张宏亮、王靖宇、李慧聪:《限薪、晋升激励与国企高管风险承担》,载于《现代经济探讨》2017 年第 8 期,第 34~41 页、第 48 页。

[189] 张宏亮、赵雅娜:《FF 三因子模型风险因子的有效性检验——基于 2001—2011 年我国资本市场数据》,载于《财会通讯》2014 年第 30 期,第 113~116 页、第 124 页、第 129 页。

[190] 张宏亮、崔学刚:《后股权分置背景下 CEO 更换与投资者保护:动因及效应研究》,载于《财贸研究》2010 年第 6 期,第 120~128 页。

[191] 张龙平、王军只、张军:《内部控制鉴证对会计盈余质量的影响研究——基于沪市 A 股公司的经验证据》,载于《审计研究》2010 年第 2 期,第 83~89 页。

[192] 张麦利、徐文学:《企业资产质量及其影响因素分析》,载于《统计与决策》2004 年第 12 期,第 152~153 页。

[193] 张娆:《企业间高管联结与会计信息质量:基于企业间网络关系的研究视角》,载于《会计研究》2014 年第 4 期,第 27~33 页。

[194] 张先治:《构建中国财务分析体系的思考》,载于《会计研究》2001 年第 6 期,第 33~39 页。

[195] 张新民、王秀丽:《企业财务状况的质量特征》,载于《会计研究》2003 年第 9 期,第 35~38 页。

[196] 张新民:《企业财务状况质量分析理论研究》,对外经济贸易大学出版社 2001 年版。

[197] 张信军:《长期利润质量分析》,载于《南开管理评论》2001 年第 2 期,第 66~69 页。

[198] 张宜霞:《企业内部控制的范围、性质与概念体系——基于系统和整体效率视角的研究》,载于《会计研究》2007 年第 7 期,第 36~43 页。

[199] 张翼、刘巍、龚六堂：《中国上市公司多元化与公司业绩的实证研究》，载于《金融研究》2005年第9期，第122~136页。

[200] 张颖、郑洪涛：《我国企业内部控制有效性及其影响因素的调查与分析》，载于《审计研究》2010年第1期，第75~81页。

[201] 张玉：《后安然时代国际内部审计发展趋势综述》，载于《审计研究》2007年第5期，第42~48页。

[202] 章永奎、刘峰：《盈余管理与审计意见相关性实证研究》，载于《中国会计与财务研究》2002年第4期，第56~59页。

[203] 赵春光：《资产减值与盈余管理》，载于《会计研究》2006年第3期，第11~17页。

[204] 赵宇龙：《会计盈余的信息含量——来自上海股市的经验证据》，载于《经济研究》1998年第7期，第41~45页。

[205] 郑玲：《我国上市公司过度投资行为的识别》，载于《中南财经政法大学学报》2008年第4期，第80~85页。

[206] 中国海洋大学企业营运资金管理研究课题组：《中国上市公司营运资金管理调查：2009》，载于《会计研究》，2010年第9期，第30~42页。

[207] 周嘉南、雷霆：《股权激励影响上市公司权益资本成本了吗？》，载于《管理评论》2014年第3期，第39~52页。

[208] 周浪波：《收益质量及其评价探微》，载于《财会月刊》2002年第10期，第9~10页。

[209] 周中胜、陈汉文：《政府管制、融资行为与审计治理研究》，载于《审计研究》2008年第6期，第27~31页。

[210] 朱江：《我国上市公司的多元化战略和经营业绩》，载于《经济研究》1999年第11期，第54~61页。

[211] 朱鸣霞、张春景：《基于现金流量表的盈利质量分析》，载于《财会通讯》2005年第9期，第27~30页。

[212] Aboody Hughes D. J. and J. Liu, 2005, Earnings quality, insider trading and cost of capital, Journal of Accounting Research, 43 (5): 651-673.

[213] Aggarwal R. K. and A. A. Samwick, 2003, Why do managers diversify their firms? Agency Reconsidered, Journal of Finance, 58: 71-118.

[214] Aggarwal R. K. and A. A. Samwick, 2003, Performance incentives within firm: The effect of managerial responsibility, Journal of Finance, 58 (4): 1613-1649.

[215] Aggarwal R. K. and A. A. Samwick, 2006, Empire-builders and shirkers: investment, firm performance and managerial incentives, Journal of Corporate Finance,

3: 489-515.

[216] Aghion P. and P. Bolton, 1992, An incomplete contracts approach to financial contracting, Review of Economic Studies, 59: 473-494.

[217] Agrawal A. and S. Chadha, 2005, Corporate governance and accounting scandals, Journal of Law and Economics, 48 (2): 371-406.

[218] Aharony J. and R. Barniv, 2004, Usuing financial accounting information in the governance of takeovers: an analysis by type of acquirers, Journal of Accounting and Public Policy, 23: 321-349.

[219] Ahmed A. S. et al., 2000, The role of accounting conservatism in mitigating bondholder-shareholder conflicts over dividend policy and in reducing debt costs, The Accounting Review, 77: 867-890.

[220] Ahorony J., J. C. Lee and T. J. Wong, 2000, Financial packaging of IPO firms in China, Journal of Accounting Research, 38: 103-126.

[221] Aier J. K., J. Comprix, M. T. Gunlock and D. Lee, 2005, The financial expertise of CFOs and accounting restatements, Accounting Horizons, 19 (3): 123-135.

[222] Aldhizer G. R., D. R. Martin and J. F. Cotter, 2009, Do markets react to required and voluntary disclosures associated with auditor realignments? Advances in Accounting, incorporating Advances in International Accounting, 25: 1-12.

[223] Ali A., Chen X., Yao T., et al. Do Mutual Funds Profit from the Accruals Anomaly? [J]. Journal of Accounting Research, 2008, 46 (1): 1-26.

[224] Ali A., Gurun U. G. Investor Sentiment, Accruals Anomaly and Accruals Management [J]. Journal of Accounting Auditing & Finance, 2009, 24 (3): 415-431.

[225] Allen F., J. Qian and M. Qian, 2005, Law, finance and economic growth in China, Journal of Financial Economics, 77: 57-116.

[226] Allen J. and G. Phillips, 2000, Corporate equity ownership and product market relation, Journal of Finance, 55: 2791-2814.

[227] Altman E. I., 1968, Financial ratios, discriminant analysis and the Prediction of corporate bankruptcy, Journal of Finance, 23: 589-609.

[228] Alves P., U. Brüggemann and P. F. Pope, 2008, Mandatory IFRS adoption, information and market liquidity around earnings announcements, Working Paper, Lancaster University.

[229] Amihud Y. and H. Mendelson, 1986, Asset pricing and the bid ask spread, Journal of Financial Economics, 17: 223-249.

［230］Andrei Shleifer, Daniel Wolfenzon. Investor protection and equity markets [J]. Journal of Financial Economics, 2002, 66 (1): 3-27.

［231］Anilowski C., A. J. Macias and J. M. Sanchez, 2009, Target firm earnings management and the method of sale: evidence from auctions and negotiations, Woking Paper, Krannert Graduate School of Management Purdue University.

［232］Aryeh S., Lawrence Tim G. Are accruals mispriced? Evidence from tests of an Intertemporal Capital Asset Pricing Model [J]. Ssrn Electronic Journal, 2004, 45 (1): 55-77.

［233］Ashbaugh-Skaife H., D. Collins and W. Kinney, 2007, The discovery and reporting of internal control deficiencies prior to SOX-mandated audits, Journal of Accounting and Economics, 44: 166-192.

［234］Ashbaugh-Skaife H., D. Collins, W. Kinney and R. LaFond, 2008, The effect of SOX internal control deficiencies and their remediation on accruals quality, The Accounting Review, 83 (1): 217-250.

［235］Ashbaugh-Skaife H., D. Collins and W. Kinney. 2009, The effect of SOX internal control deficiencies on firm risk and cost of equity. Journal of Accounting Research, 47 (1): 1-43.

［236］Association of Certified Fraud Examiners (ACFE), 2006, Report to the nation on occupational fraud and abuse, Austin, TX: ACFE.

［237］Association of Certified Fraud Examiners (ACFE), 2008, Report to the nation on occupational fraud and abuse, Austin, TX: ACFE.

［238］Attig N., Guedha M., Mishra D. Multiple large shareholders, control contests and implied cost of equity [J]. Journal of Corporate Finance, 2008, 14: 721-737.

［239］Baker H. Kent, Gail E. Farrelly, Richard B. Edelman, 1985, A survey of management views on dividend policy, Financial Management, 16 (3): 78-84.

［240］Baker H. and J. Wurgler, 2004, Catering theory of dividends, Journal of Finance, 3: 1125-1165.

［241］Ball R., Bartov E. How naive is the stock market's use of earnings information? [J]. Journal of Accounting & Economics, 1996, 21 (3): 319-337.

［242］Ball R., Brown P. An Empirical Evaluation of Accounting Income Numbers [J]. Journal of Accounting Research, 1968, 6 (2): 159-178.

［243］Ball R. A. Robinh and J. S. Wu, 2003, Incentives versus standards: properties of accounting income in four East Asian countries, Journal of Accounting and Economics, 36: 235-270.

［244］ Ball R. and L. Shivakumar, 2005, Earnings quality in UK private firms: comparative loss recognition timeliness, Journal of Accounting and Economics, 39: 83-128.

［245］ Ball R. and S. Kothari, 1989, Nonstationary expected returns: implications for tests of market efficiency and serial correlation in returns, Journal of Financial Economics, 25: 51-74.

［246］ Ball R. and S. Kothari, 1991, Security returns around earnings announcements, The Accounting Review, 66, 718-738.

［247］ Ball R., S. Kothari and A. Robin, 2000, The effect of international institutional factors on properties of accounting earnings. Journal of Accounting and Economics, 29: 1-51.

［248］ Ball R. and P. Brown, 1968, An empirical evaluation of accounting income numbers, Journal of Accounting Research, 6: 159-178.

［249］ Balvers R. et al., 1988, Underpricing of new issues and the choice of auditors as a signal of investment banker reputation, Accounting Review, 63: 605-622.

［250］ Barth M. E., Konchitchki Y., Landsman W. R. Cost of capital and earnings transparency [J]. Journal of Accounting & Economics, 2013, 55 (2-3): 206-224.

［251］ Barth M., 1991, Relative measurement errors among alternative pension asset and liability measures, The Accounting Review, 66: 433-463.

［252］ Barth Mary E., R. L. Wayne and M. H. Lang, 2008, International accounting standards and accounting quality, Journal of Accounting Research, 46 (3): 467-498.

［253］ Basu S., 1997, The conservatism principle and the asymmetric timeliness of earnings, Journal of Accounting and Economics, 24: 3-37.

［254］ Basu S. The conservatism principle and the asymmetric timeliness of earnings [J]. Contemporary Accounting Research, 2013, 30 (1): 215-241.

［255］ Battacharya U., H. Daouk and M. Welker, 2003, The world price of earnings opacity, The Accounting Review, 78 (3): 641-678.

［256］ Beasley M. S., J. V. Carcello, D. R. Hermanson and P. D. Lapides, 2000, Fraudulent financial reporting: Consideration of industry traits and corporate governance mechanisms, Accounting Horizons, 14: 441-454.

［257］ Beasley Mark S., 1996, An empirical analysis of the relation between the board of director composition and fraud, The Accounting Review, 4: 443-465.

［258］ Beaver W. H., 1968, The information content of annual earnings announcements, Journal of Accounting Research, 6: 67-92.

[259] Beaver W. H., 1989, An accounting revolution (2nd ed.), Englewood Cliffs, New Jersey: Prentice-Hall.

[260] Beaver W. H., 1999, Financial Reporting: an accounting revolution (3rd edition), Englewood Cliffs, N. Y. Prentice-Hall.

[261] Bedard J. C., R. Hoitash and U. Hoitash, 2009, Evidence from the United States on the effect of auditor involvement in assessing internal control over financial reporting. International Journal of Auditing, 13 (2): 105-125.

[262] Bekaert G., Wu G. Asymmetric Volatility and Risk in Equity Markets [J]. Nber Working Papers, 2000, 13 (1): 1-42.

[263] Bekey Michelle, 1990, Annual reports evolve into marketing tools, Financial Manager, 3 (1): 50-60.

[264] Beneish M. D., 1999, Incentives and penalties related to earnings overstatements that violate GAAP, The Accounting Review, 74 (4): 425-457.

[265] Beneish M. D., M. Billings and L. Hodder, 2008, Internal control weakness and information uncertainty. The Accounting Review, 83: 665-703.

[266] Berger P. and E. Ofek, 1995, Diversification's effect on firm value. Journal of Financial Economics, 37: 39-65.

[267] Berle A. and G. Means, 1932, The modern corporation and private property, New Yoir: World, Inc.

[268] Bhattacharya U., Daouk H. & Welker M. The World Price of Earnings Opacity [J]. The Accounting Review, 2003, 78: 641-678.

[269] Bierstaker J. L., J. E. Hunton and J. C. Thibodeau, 2009, Do client-prepared internal control documentation and business process flowcharts help or hinder an auditor's ability to identify missing controls? Auditing: A Journal of Practice & Theory, 28 (1): 79-94.

[270] Black F., 1976, The dividend puzzle, Journal of Portfolio Management, 2: 5-8.

[271] Blackwell D. et al., 1998, The value of auditor assurance: evidence from loan pricing, Journal of Accounting Research, 36: 57-70.

[272] Blanchard Olivier Jean, Lopez-de-Silanes Florencio and Shleifer Andrei, 1994, What do firms do with cash windfalls? Journal of Financial Economics, 3: 337-360.

[273] Bleck A. and Liu X. Market transparency and the accounting regime [J]. Journal of Accounting Research, 2007, 45: 229-256.

［274］Booth L., V. Aivazian, A. Demirguc Kunt and V. Maksimovic, 2001, Capital structure in developing countries, Journal of Finance, 39: 857-800.

［275］Botosan C, A., 1997, Disclosure level and the cost of equity capital, Accounting Review, 72: 323-349.

［276］Botosan C. A. and M. A. Plumlee, 2002, A re-examination of disclosure level and the expected cost of equity capital, Journal of Accounting Research, 40（1）: 21-40.

［277］Boynton et al., 1992, Earnings management and the corporate alternative minimum tax, Journal of Accounting Research, 30: 131-153.

［278］Bradahaw M. T., B. J. Bushee and G. S. Miller, 2004, Accounting choice. home bias and U. S. investment in non-U. S. firms, Journal of Accounting Research, 42（5）: 795-841.

［279］Brian Flanagan, 2005, Managing working capital, Business Credit, 9: 26-29.

［280］Brockman P. and D. Chung, 2003, Investor protection and firm liquidity, Journal of Finance, 58: 921-937.

［281］Bronson S. N., J. V. Carcello and K. Raghunandan, 2006, Firm characteristics and voluntary management reports on internal control. Auditing: A Journal of Practice & Theory, 25（2）: 25-39.

［282］Brown Stephen A. Hillegeist Stephen, 2007, How disclosure quality affects the level of information asymmetry, Review of Accounting Studies, 12（2-3）: 443-477.

［283］Burgstahler D. and I. Dichev, 1997, Earnings management to avoid earnings decreases and losses, Journal of Accounting and Economics, 24: 99-126.

［284］Burgstahler D. and M. Eames, 1998, Management of earnings and analysts forecasts, Working Paper, University of Washington.

［285］Bushman R., M. Smith and J. Abbie, 2001, Financial accounting information and corporate governance, Journal of Accounting & economics, 32（1-3）: 237-333.

［286］Bushman R., Q. Cheng, E. Engel and A. Smith, 2004, Financial accounting information, organizational complexity and corporate governance systems, Journal of Accounting and Economics, 37: 167-201.

［287］Bushman R., J. D. Piotroski and A. J. Smith, 2006, Capital allocation and timely accounting recognition of economic losses: International evidence, Working Paper, The University of North Carolina at Chapel Hill.

[288] Callen, Jeffrey L., Fang, Xiaohua. Institutional investor stability and crash risk: Monitoring versus short-termism? [J]. Journal of Banking & Finance, 2013, 37 (8): 3047-3063.

[289] Callen, Jeffrey L., Fang, Xiaohua. Religion and Stock Price Crash Risk [J]. Journal of Financial and Quantitative Analysis, 2015, 50 (1-2): 169-195.

[290] Campa J. M. and S. Kedia, 2002, Explaining the diversification discount, Journal of Finance, 57 (4): 1731-1762.

[291] Capkun V. et al., 2008, Earnings management and value relevance during the mandatory transition from local GAAPs to IFRS in Europe, Working Paper, HEC Paris.

[292] Carcello J. V., A. Klein and T. L. Neal, 2008, Audit committee financial expertise, competing corporate governance mechanisms and earnings management, Working Paper.

[293] Carcello J. V., C. W. Hollingsworth and T. L. Neal, 2006, Audit committee financial experts: A closer examination using firm designations. Accounting Horizons, 20 (4): 351-373.

[294] Chan K. C., B. Farrell and P. Lee, 2008, Earnings management of firms reporting material internal control weaknesses under section 404 of the Sarbanes-Oxley Act, A Journal of Practice & Theory, 27 (2): 161-179.

[295] Charles J. P. et al., 2001, Profitability regulation, earnings management and modified audit pinions: evidence from China, Auditing: Journal of Practice & Theory, 2: 10-22.

[296] Chen Kevin C. W. and Hongqi Yuan, 2004, Earnings management and capital resource allocation: evidence from China's accounting based regulation of rights issues, The Accounting Review (July), 79 (3): 645-665.

[297] Chen K. C. W., Chen, Z. H., Wei, K. C. J. Agency costs of free cash flow and the effect of shareholder rights on the implied cost of equity capital. Working paper Hong Kong University of Science and Technology, 2008.

[298] Cheung S. N. S, 1983, The contractual nature of the firm, Journal of Law & Economics, 26 (1): 1-21.

[299] Chow C., 1982, The demand for external auditing: size, debt and ownership influences, Accounting review, 42: 272-291.

[300] Christine A. Botosan. Disclosure Level and the Cost of Equity Capital [J]. The Accounting Review, 1997, 72 (3): 323-349.

[301] Christoph Kaserer, Carmen Klingler. The Accrual Anomaly Under Different Accounting Standards-Lessons Learned from the German Experiment [J]. Journal of Bus-

iness Finance & Accounting, 2008, 35 (7-8): 837-859.

[302] Claessens S., S. Djankov and L. H. P. Lang, 2000, The separation of ownership and control in east asian corporations, Journal of Financial Economics, 58: 81-112.

[303] Clark Geraldine, 1997, Messages from CEOs: a content analysis approach, Corporate Communications: An International Journal, 2 (1): 31-39.

[304] Claus J., J. Thomas, 2001, Equity risk premium as low as three percent? Evidence from analysts' earnings forecasts for domestic and international stocks, Journal of Finance, 56: 1629-1666.

[305] Clifford W. J. Smith and R. L. Watts, 1992, The investment opportunity set and corporate financing, dividend and compensation policies, Journal of Financial Economics, 32 (3): 263-292.

[306] Collins D. W., Gong G., Hribar P. Investor Sophistication and the Mispricing of Accruals [J]. Review of Accounting Studies, 2003, 8 (2-3): 251-276.

[307] Collins D. W., M. S. Rozeff and D. S. Dhaliwal, 1981, The economic determinants of the market reaction to proposed mandatory accounting changes in the oil and gas industry, Journal of Accounting and Economics, 3 (1): 37-72.

[308] Comment R. and G. A. Jarrell, 1995, Corporate focus and stock returns, Journal of Financial Economics, (37): 67-87.

[309] Commission on Auditors' Responsibilities (The Cohen Commission), 1978, The commission on auditors' responsibilities: report, conclusions and recommendations. New York, NY: AICPA.

[310] Copeland T. and D. Galai, 1983, Information effects on the bid-ask spread, Journal of Finance, 38: 1457-1469.

[311] Cornett M. M., A. J. Marcus and H. Tehranian, 2008, Corporate governance and pay-for-performance The impact of earnings management, Journal of Financial Economics, 87 (2): 357-373.

[312] Covrig V. M., 2007, Home bias, foreign mutual fund holdings standards, Journal of Accounting Research and the voluntary adoption of international accounting, 45 (1): 41-70.

[313] Craighead Jane A., L. Magnan Michel and Linda Thorne, 2004, The impact of mandated disclosure on performance-based CEO compensation, Contemporary Accounting Research, 21 (2): 369-398.

[314] Daniel W. Collins, Guojin Gong, Paul Hribar. Investor Sophistication and the Mispricing of Accruals [J]. Review of Accounting Studies, 2003, 8 (2-3): 251-276.

[315] Daske H., L. Hail, C. Leuz and R. Verdi, 2008, Mandatory IFRS reporting around the world: early evidence on the economic consequences, Journal of Accounting Research, 46: 1085-1142.

[316] De Franco G., Y. Guan and H. Lu, 2005, The Wealth Change and Redistribution Effects of Sarbanes-Oxley Internal Control Disclosures, Working Paper.

[317] DeAngelo H., L. DeAngelo and J. Douglas, 1996, Reversal of fortune: dividend signaling and the disappearence of sustained earnings growth, Journal of Financial Economics, 40: 341-371.

[318] DeAngelo L., 1981, Auditor independence: "low balling" and disclosure regulation, Journal of Accounting and Economics, 12: 45-46.

[319] DeAngelo L., 1981, Auditor size and audit quality, Journal of Accounting and Economics, 11: 78-81.

[320] DeAngelo L., 1986, Accounting numbers as market valuation substitutes: A study of management buyouts of public stockholders, The Accounting Review, 61: (3): 400-420.

[321] DeAngelo L., 1988, Managerial competition, information costs and corporate governance: The use of accounting performance measures in proxy contests. Journal of Accounting and Economics, 10: 3-36.

[322] Dechow P. M., Hutton A. P., Sloan R. G. Economic Consequences of Accounting for Stock-Based Compensation [J]. Journal of Accounting Research, 1996, 34 (1): 1-20.

[323] Dechow P. M. The Effect of Restructuring Charges on Executives' Cash Compensation [J]. Social Science Electronic Publishing, 1994, 69 (1): 138-156.

[324] Dechow P., 1994, Accounting earnings and cash flows as measures of firm performance: The role of accounting accruals, Journal of Accounting and Economics, 18 (1): 3-42.

[325] Dechow P., R. Sloan and A. Sweeney, 1996, Causes and consequences of earnings manipulation: an analysis of firms subject to enforcement actions by the SEC, Contemporary Accounting Research, 13 (2): 1-36.

[326] Dechow P., R. Sloan and A. Sweeney, 1995, Detecting earnings management, The Accounting Review, 70 (2): 193-225.

[327] DeFond M. L. and J. Jimabalvo, 1991, Incidence and circumstances of accounting errors, The Accounting Review, 3: 121-125.

[328] DeFond M. L., J. Jiambalvo, 1994, Debt covenant violation and manipulation of accruals, Journal of Accounting and Economics, 17: 145-176.

［329］DeFond M. and C. Park, 1997, Smoothing income in anticipation of future earnings. Journal of Accounting and Economics, 23: 115-139.

［330］DeFond M. L. , R. N. Hann and X. Hu, 2005, Does the market value financial expertise on audit committees of boards of directors? Journal of Accounting Research, 43 (2): 153-193.

［331］Deis D. J. and G. A. Giorux, 1992, Determinants of audit quality in the public sector, The Accounting Review, 10: 51-58.

［332］Demsetz H. , K. Lehn. The Structure of Corporate Ownership: Cause and Consequence [J]. Journal of Political Economy, 1985, 95: 1155-1177.

［333］Deloof M. , 2003, Does working capital management affect profitability of belgian firms? Journal of Business Finance and Accounting, 30 (3-4): 573-587.

［334］Demsetz H. , K. Lehn. The Structure of Corporate Ownership: Causeand Consequence [J]. Journal of Political Economy, 1985, 95: 1155-1177.

［335］Dempsey S. J. , G. Laber, 1992, Effects of agency and transaction costs on dividend payout ratios: further evidence of the agency-transaction cost hypothesis, Journal of Financial Research, 15: 317-321.

［336］Demsetz H. , 1968, Why regulate utilities? Journal of Law and Economics, 11: 55-65.

［337］Denis D. J. , D. K. Denis and A. Sarin, 1994, The information content of dividend changes: cash flow signaling, overinvestment and dividend clienteles, Journal of Financial and Quantitative Analysis, 29: 567-587.

［338］Deumes R. and W. R. Knechel, 2008, Economic incentives for voluntary reporting on internal risk management and control systems, Auditing: A Journal of Practice & Theory, 27 (1): 35-66.

［339］Devereux M. and F. Schiantarelli, 1990, Investment, financial factors and cash flow: evidence from U. K. panel data, R Glenn Hubbard, ed. Asymmetric information, corporate finance and investment, Chicago: University of Chicago Press.

［340］Dhrymes P. J. and M. Kurz, 1967, Investment, dividend and external finance behavior of firms. In: Ferber, R. , Editor, 1967. Determinants of investment behavior: a conference of the Universities-National Bureau Committee for Economic Research, National Bureau of Economic Research, New York: 427-485.

［341］Diamond D. and R. Verrecchia, 1991, Disclosure, liquidity and the cost of capital, Journal of Finance, 46: 1325-1359.

［342］Doss M. and G. Jonas, 2004, Section 404 reports on internal control: impact on ratings will depend on nature of material weaknesses reported. Moody's Investors

Service, Global Credit Research, 10: 1-6.

[343] Doyle J., W. Ge and S. McVay, 2007, Accruals quality and internal control over financial reporting. The Accounting Review, 82 (5): 1141-1170.

[344] Doyle J., W. Ge and S. McVay, 2007, Determinants of weaknesses in internal control over financial reporting, Journal of Accounting and Economics, 44: 193-223.

[345] Dyckman T., Smith A., 1979, Financial accounting and reporting by oil and gas producing companies: a study of information effects, Journal of Accounting and Economics, 1, 45-75.

[346] Dzinkowski R., 2006, Closing Pandora's box: How to fix 404. Accounting Magazine, 7: 53-54.

[347] Earle C. E., V. B. Hoffman and J. R. Joe, 2008. Reducing management's influence on auditors' judgments: an experimental investigation of SOX 404 assessments, The Accounting Review, 83 (6): 1461-1485.

[348] Easley D. and M. O'Hara, 2004, Information and the cost of capital, The Journal of Finance, 59 (4): 1553-1583.

[349] Easley D., S. Hvidkjaer and M. O'Hara, 2002, Is information risk a determinant of asset returns? The Journal of Finance, 57 (5): 2185-2221.

[350] Easterbrook F., 1984, Two agency cost explanations of dividends, American Economic Review, 74: 650-659.

[351] Easton P., 2007, Estimating the Cost of Capital Implied by Market Prices and Accounting Data, Foundations and Trends in Accounting, 2 (4): 241-364.

[352] Easton P. PE Ratios, PEG Ratios and Estimating the Implied Expected Rate of Return on Equity Capital [J]. Accounting Review, 2004, 79: 73-96.

[353] Easton P., G. Taylor, P. Shroff and T. Sougiannis, 2002, Using forecasts of earnings to simultaneously estimate growth and the rate of return on equity investment. Journal of Accounting Research, 40: 657-676.

[354] Eisenberg T., S. Sundgren and M. Wells, 1998, Larger board size and decreasing firm value in small firms, Journal of Financial Economics, 48 (1): 35-54.

[355] Engel E., R. M. Hayes and X. Wang, 2003, CEO turn over and properties of accounting information, Journal of Accounting and Economics, 36: 197-226.

[356] Erickson M. and S. Wang, 1999, Earnings management by acquiring firms in stock for stock mergers. Journal of Accounting and Economics, 27 (2): 149-176.

[357] Erickson M., S. Wang and F. Zhang, 2007, Information uncertainty and

acquirer wealth losses. Woking Paper, University of Chicago.

[358] Erickson T. and T. M. Whited, 2005, Proxy-quality thresholds: theory and applications, Finance Research Letters, 3: 131-151.

[359] Eugene F. Fama, Kenneth R. French. Industry costs of equity [J]. Journal of Financial Economics, 1997, 43 (2): 153-193.

[360] Faccio Mara, Larry H. P. Lang and Leslie Young, 2001, Dividends and expropriation, American Economie Review, 91 (1): 54-78.

[361] Fama E. F., French K. R. Dissecting Anomalies [J]. Journal of Finance, 2008, 63 (4): 1653-1678.

[362] Fama E. and K. R. French, 1993, Common risk factors in the returns of stocks and bonds, Journal of Financial Economics, 33: 3-56.

[363] Fama E. F. and K. R. French, 2001, Disappearing dividends: changing firm characteristics or lower propensity to pay? Journal of Financial Economics, 60: 3-44.

[364] Fama E. F. and M. C. Jensen, 1983, Separation of ownership and control, Journal of Law and Economics, 26: 301-325.

[365] Fan Joseph P. H., T. J. Wong and Tianyu Zhang, 2007, Politically Connected CEOs, Corporate Governance and Post-IPO Performance of China's Partially Privatized Firms, Journal of Financial Economics, 84: 330-357.

[366] Fan, Dennis, Chung-ming Lau and Michael N. Young, 2007, Is china's corporate governance beginning to come of age? the case of CEO turnover, Pacific Basin Finance Journal, 15 (2): 105-120.

[367] Farber D., 2006, Restoring trust after fraud: Does corporate governance matter? The Accounting Review, 80 (2): 539-561.

[368] Farber D. B., 2005. Restoring trust after fraud: does corporate governance matter? The Accounting Review, 80: 539-561.

[369] Fazzari S., R. G. Hubbard and B. Petersen, 1988, Financing constraints and corporate investment, Brooking Papers on Economic Activity, 1: 141-195.

[370] Feltham G. and J. Ohlson, 1996, Uncertainty resolution and the theory of depreciation measurement. Journal of Accounting Research, 34: 209-235.

[371] Fields T. D., Thomas Z. Lys and Linda Vincent, 2001, Empirical research on accounting choice, Journal of Accounting and Economics, 31 (1-3): 255-307.

[372] Fink R., 2001, Forget the float? the 2001 working capital survey, CFO Magazine.

[373] Foster B. P., G. McClain and T. Shastri, 2005, A note on Pre-Sarbanes-Oxley Act users'and auditors' perceptions of a limitations paragraph in the auditor's internal control report, Research in Accounting Regulations, 18: 195-217.

[374] Francis J., 1994, Auditing, hermeneutics and subjectivity, accounting, organizations and society, 19 (3): 235-269.

[375] Francis J., D. Philbrick and L. Vincent, 2003, The relative and incremental explanatory power of earnings and alternative (to earnings) performance measures for returns, Contemporary Accounting Research, 20: 121-164.

[376] Francis J., Dhananjay Nanda and Per Olsson, 2008, Voluntary disclosure, earnings quality and cost of capital, Journal of Accounting Research, 46 (1): 53-99.

[377] Francis J., E. Maydew and H. C. Sparks, 1999, The role of big auditors in the credible reporting of accruals, Auditing: A Jounal of Practiced and Theory, 18: 17-34.

[378] Francis J., R. LaFond, P. Olsson and K. Schipper, 2004, Cost of equity and earnings attributes, The Accounting Review, 79 (4): 967-1010.

[379] Francis J., R. LaFond, P. Olsson and K. Schipper, 2005, The market pricing of earnings quality. Journal of Accounting and Economics, 39: 295-327.

[380] Francis R. and X. Martin, 2010, Timely loss recognition and acquisition profitability, Journal of Accounting and Economics, 49 (1-2): 161-178.

[381] Frankel R. and Xu Li, 2004, Characteristics of a firm's information environment and the information asymmetry between insiders and outsiders, Journal of Accounting and Economics, 37 (2): 229-259.

[382] Ge W. and S. McVay, 2005, The disclosure of material weaknesses in internal control after the Sarbanes-Oxley Act, Accounting Horizons, 19: 137-158.

[383] Geiger M. A. and M. D. Raghun, 2002, Auditor tenure and audit reporting failures, Auditing: A Journal of Practice and Theory, 2: 74-75.

[384] Gentry J. A., R. Vaidyanathan and H. W. Lee, 1990. A weighted cash conversion cycle, Financial Management, 19 (1): 90-99.

[385] Gietzmann M. B. and J. Ireland, 2005, Cost of capital, strategic disclosures and accounting choice, Journal of Business Finance and Accounting, 32, 599-634.

[386] Gist W. E., G. McClain and T. Shastri, 2004, User versus auditor perceptions of the auditor's report on internal control: readability, reliability and auditor legal liability. American Business Review, 6: 117-129.

[387] Goh B. W., 2009, Audit committees, boards of directors and remediation

of material weaknesses in internal control, Contemporary Accounting Research, 26 (2): 549-579.

[388] Goldman E. and S. Slezak, 2006, An equilibrium model of incentive contracts in the presence of information manipulation, Journal of Financial, 80 (3): 603-626.

[389] Gosman M. and T. Kelly, Working capital efficiencies resulting from large retailers' power, Commercial Lending Review, 3: 25-31.

[390] Gramlich Jeffrey D., 1988, An empirical analysis of the effect of the alternative minimum tax book income adjustment on the extent of discretionary accounting accruals, Unpublished Ph. D. Disertation, University of Missouri-Columbia.

[391] Grant R. M., A. Jammine and H. Thomas, 1988, Diversity, diversification and profitability among British manufacturing companies, 1972-1984, Academy of Management Journal, 31: 771-801.

[392] Greenstone M., P. Oyer and A. Vissing-Jorgensen, 2006. Mandated disclosure, stock returns and the 1964 Securities Acts amendments, Quarterly Journal of Economics, 121 (2): 399-460.

[393] Groth J. C., 1992, The operating cycle: risk, return and opportunities, Management Decision, 30 (4): 3-11.

[394] Grullon G. and R. Michaely, 2002, Dividends, share repurchases and the substitution hypothesis, Journal of Finance, 57: 1649-1684.

[395] Grullon G., R. Michaely and B. Swaminathan, 2002, Are dividend changes a sign of firm maturity? Journal of Business, 75: 387-424.

[396] Gugler K. and B. Yurtoglu, 2001, Corporate governance and dividend payout policy in germany, European Economic Review, 4: 731-758.

[397] Gunny K. A. The Relation Between Earnings Management Using Real Activities Manipulation and Future Performance: Evidence from Meeting Earnings Benchmarks [J]. Contemporary Accounting Research, 2010, 27 (3): 855-888.

[398] Hammersley J. S., Myers and L. A., Shakespeare, 2008. Market reactions to disclosure of internal control weaknesses and to the characteristics of those weaknesses under Section 302 of the Sarbanes Oxley Act of 2002, Review of Accounting Studies, 13 (1): 141-165.

[399] Hampel R. 1998, Committee on Corporate Governance, CEE, London.

[400] Harris, Kriebel, Raviv, 1982, Asymmetric information, incentives and intrafirm resource allocation, Management Science, 6: 604-620.

[401] Hart O., 1995, Firms, contracts and financial structure, Clarendon Lec-

tures in Economics, Oxford: Oxford University Press.

[402] Haw I. , D et al. , 1998, Earnings management of listed firms in response to security regulations in china's emerging capital market, Working Paper, Hong Kong University of Science and Technology.

[403] Hayashi F. Tobin, 1982, Marginal Q. and average Q. : a neoclassical interpretation, Econometrica, 50: 213-224.

[404] Healy P. M. , Palepu K. G. Information asymmetry, corporate disclosure and the capital markets: A review of the empirical disclosure literature [J]. Journal of Accounting & Economics, 2001, 31 (1-3): 405-440.

[405] Healy P. M. , 1985, The effect of bonus schemes on accounting decisions, Journal of Accounting and Economics, 7: 85-107.

[406] Healy P. M. and J. M. Wahlen, 1999, A review of the earnings management literature and its implications for standards, Accounting Horizons, 14: 365-383.

[407] Healy P. M. and K. G. Palepu, 2001, Information asymmetry, corporate disclosure and the capital market: a review of the empirical disclosure literature. Journal of Accounting and Economics, 31: 405-440.

[408] Hermanson D. R. and Z. Ye, 2009, Why do some accelerated filers with SOX section 404 material weaknesses provide early warning under section 302? Auditing: A Journal of Practice & Theory, 28 (2): 247-271.

[409] Hermanson H. M. , 2000, An analysis of the demand for reporting on internal control, Accounting Horizons, 14 (3): 325-341.

[410] Hermanson D. R. , J. Krishnan and Z. Ye, 2009, Adverse Section 404 opinions and shareholder dissatisfaction toward auditors. Accounting Horizons, 23 (4): 391-409.

[411] Hess Alan C. and Sanjai Bhagat, 1986, Size effects of seasoned stock issues: empirical evidence, Journal of Business, 59: 567-584.

[412] Hirshleifer D. , Lim S. S. , Teoh S. H. Limited Investor Attention and Stock Market Misreactions to AccountingInformation [J]. Working Paper, 2011, 1 (1): 35-73.

[413] Hochberg Y. V. , Sapienza, Paola and Vissing-Jorgensen Annette, 2007, A lobbying approach to evaluating the Sarbanes-Oxley Act of 2002, Working Paper.

[414] Hogan C. E. , Craig M. Lewis C. M. , 1999, The long-run performance of firms adopting compensation plans based on economic profits, Michigan State University.

[415] Hogan C. H. and M. S. Wilkins, 2008, Evidence on the audit risk model: Do auditors increase audit fees in the presence of internal control deficiencies? Contempo-

rary Accounting Research, 25: 219-242.

[416] Hoitash U. , R. Hoitash and G. C. Bedard, 2009, Corporate governance and internal control over financial reporting: a comparison of regulatory regimes, The Accounting Review, 84 (3): 839-867.

[417] Holthausen R. W. and R. L. Watts, 2001, The revevance of the value-relevance literature of financial accounting standard setting, Journal of Accounting and Economics, 31: 3-75.

[418] Holthausen R. W. , D. F. Larcker and R. G. Sloan, 1995, Annual Bonus Schemes and the Manipulation of Earnings, Journal Accounting and Economics, 19 (1): 29-74.

[419] Hoskisson R. E. and M. A. Hitt, 1990, Antecedents and performance outcomes of diversification: a review and critique of theoretical perspectives, Journal of Management, 16 (2): 461-509.

[420] Huijgen C. and M. Lubberink, 2003, Economic consequences of accounting standards: The lease disclosure rule change, Journal of Accounting & Economics, 10: 277-310.

[421] Hunton J. E. , E. G. Mauldin and P. R. Wheeler. 2008. Potential Functional and Dysfunctional Effects of Continuous Monitoring, The Accounting Review, 83 (6): 1551-1569.

[422] Hutton A. P. , Marcus A. J. , Tehranian H. Opaque Financial Reports, R-Square and Crash Risk [J]. Social Science Electronic Publishing, 2008, 94 (1): 67-86.

[423] Ittner C. D. , D. F. Larcker and M. V. Rajan, 1997, The choice of performance measures in annual bonus contracts, The Accounting Review, 72 (2): 231-255.

[424] Jacquemin A. P. and C. H. Berry, 1979, Entropy measure of diversification and corporate growth, The Journal of Industrial Economics, 27 (4): 359-369.

[425] Jensen and Meckling, 1976, Theory of the firm: managerial behavior, agency costs and ownership structure, Journal of Financial Economies, 3: 305-360.

[426] Jensen K. L. and J. L. Payne, 2003, Management trade-offs of internal control and external auditor expertise, Auditing: A Journal of Practice & Theory, 22 (2): 99-119.

[427] Jensen M. C. , 1986, Agency costs of free cash flow, corporate finance and takeovers, American Economic Review, 76: 323-329.

[428] Jensen M. , 2000, Modern industrial revolution, exit and the failure of in-

ternal control.

[429] Jensen, Meckling. Theory of Firm-Managerial Behavior, Agency Costs and Ownership Structure [J]. Contemporary Accounting Research, 1976, 27 (3): 855-888.

[430] Jiang F., Kim K. A. Corporate governance in China: A modern perspective [J]. Journal of Corporate Finance, 2015, 32 (3): 190-216.

[431] Jiang H., Habib A., Hu B. Ownership concentration, voluntary disclosures and information asymmetry in New Zealand [J]. British Accounting Review, 2011, 43 (1): 39-53.

[432] Jones J. J. Earnings Management During Import Relief Investigations [J]. Journal of Accounting Research, 1991, 29 (2): 193-228.

[433] Jones M. J. and P. A. Shoemaker, 1994, Accounting narratives: a review of empirical studies of content and readability, Journal of Accounting Literature, 13: 142-184.

[434] Joseph R. Gordon and Myron J. Gordon. The Finite Horizon Expected Return Model [J]. Financial Analysts Journal, 1997, 53 (3): 52-61.

[435] Kanodia C., R. Bushman and J. Dickhaut, 1989, Escalation errors and the sunk cost effect: An explanation based on reputation and information asymmetries, Journal of Accounting Research, 27: 59-77.

[436] Kaplan S. and L. Zingales, 1997, Do investment-cash flow sensitivities provide useful measures of financing constraints? Quarterly Journal of Economics, 112: 169-215.

[437] Kaplan S. and N., Bernadette Minton, 2006, How has CEO turnover changed? increasingly performance sensitive boards and increasingly uneasy CEOs, NBER Working Papers.

[438] Kaplan S., K. Pany, J. A. Samuels and J. Zhang, 2009, An examination of the effects of procedural safeguards on intentions to anonymously report fraud, Auditing: A Journal of Practice & Theory, 28 (2): 273-288.

[439] Kasznik R., 1999, On the association between voluntary disclosure and earnings management. Journal of Accounting Research, 37: 57-82.

[440] Kathari S. P., 2001, Capital market reseatchin accounting, Journal of Accounting and Economics, 31: 105-231.

[441] Khan M. and R. L. Watts, 2009, Estimation and empirical properties of a firm-year measure of accounting conservatism, Journal of Accounting and Economics, 48 (2-3): 132-150.

[442] Kim J., B. Y. Song and L. Zhang, 2009, Internal control quality and analyst forecast behavior: evidence from SOX Section 404 disclosures. CAAA Annual Conference 2009 Paper.

[443] Kim Jeong-Bon, Li Yinghua, Zhang Liandong. CFOs versus CEOs: Equity incentives and crashes [J]. Journal of Financial Economics, 2011, 103 (3): 713-730.

[444] Kim Jeong-Bon, Li Yinghua, Zhang Liandong. Corporate tax avoidance and stock price crash risk: Firm-levelanalysis [J]. Journal of Financial Economics, 2011, 100 (3): 639-662.

[445] Kim O. and R. Verrecchia, 1994, Market liquidity and volume around earnings announcements, Journal of Accounting and Economics, 17: 41-67.

[446] Kim T., 2010, Investor reactions to disclosures of material internal control weaknesses, Managerial Auditing Journal, 25 (3): 259-268.

[447] Kim Y. and M. S. Park, 2009, Market uncertainty and disclosure of internal control deficiencies under the Sarbanes-Oxley Act. Journal of Account. Public Policy, 28: 419-445.

[448] Klapper L F, Love I. Corporate governance, investor protection and performance in emerging markets. Policy Research Working Paper, 2004, 10 (5): 703-728.

[449] Knight W. D., 1972, Working capital management: satisficing versus optimization, Financial Management, 1 (1): 33-40.

[450] Kothari S. P., D. Collins, S. Kothari, 1989, An analysis of the cross-sectional and intertemporal determinants of earnings response coefficients, Journal of Accounting, (2-3): 143-181.

[451] Krishna C. V., 2003, Does Big6 auditor industry expertise constrain earnings management? Accounting Horizons, 5: 23-25.

[452] Krishnagopal, 2004, Former audit partners and abnormal accrual, The Accounting Review, 10: 35-39.

[453] Krishnan, G. V. and G. Visvanathan. 2007. Reporting internal control deficiencies in the post-Sarbanes-Oxley Era: The role of auditors and corporate governance, International Journal of Auditing, 11: 73-90.

[454] Kumar P., 1988, Shareholder-manager conflict and the information content of dividends, Review of Financial Studies, 1 (2): 111-136.

[455] LaFond Ryan, Watts Ross L. The Information Role of Conservatism [J]. The Accounting Review, 2008, 83 (2): 447-478.

[456] La Porta R., F. Lopez-de-Silanes, A. Shleifer and R. Vishny, 1997,

Legal determinants of external finance, Journal of Finance, 52: 1131-1150.

[457] La Porta R., F. Lopez-de-Silanes, A. Shleifer and R. Vishny, 1998, Law and Finance, Journal of Political Economy, 6: 1113-1155.

[458] La Porta R., F. Lopez-de-Silanes and A. Shleifer, 1999, Corporate ownership around the world, Journal of Finance, 54: 471-517.

[459] La Porta R., F. Lopez-de-Silanes, A. Shleifer and R. Vishny, 2000, Investor protection and corporate governance, Journal of Financial Economics, 1: 3-27.

[460] La Porta R., F. Lopez-de-Silanes, A. Shleifer and R. Vishny, 2002, Investor protection and corporate valuation, Journal of Finance, 57: 1147-1170.

[461] La Porta R., F. Lopez-de-Silanes and A. Shleifer, 2006, What works in securities laws? Journal of Finance, 61: 1-32.

[462] LaFond R. and R. Watts, 2007, The information role of conservatism, The Accounting Review, 83 (2): 447-478.

[463] Lambert R., C. Leuz and R. Verrecchia, 2007, Accounting information, disclosure and the cost of capital. Journal of Accounting Research, 45 (2): 385-420.

[464] Lang L. and R. Litzenberger, 1989, Dividend announcements: free cash flow hypothesis, Journal of Financial Economics, 24: 181-191.

[465] Lang M. and R. Lundholm, 1993, Cross-sectional determinants of analyst ratings of corporate disclosures, Journal of Accounting Research, 31 (2): 246-271.

[466] Lang L. H. and R. M. Stulz, 1994, Tobin's Q, corporate diversification and firm performance, Journal of Political Economy, 12: 1245-1280.

[467] Lara J. M. G., B. G. Osma and F. Penalva, 2006, Cost of equity and accounting conservatism, Working Paper, Universidad Carlos III Madrid.

[468] Leone A. J., 2007. Factors related to internal control disclosure: A discussion of Ashbaugh, Collins and Kinney (2007) and Doyle, Ge and McVay (2007), Journal of Accounting and Economics, 44, 166-192.

[469] Leuz C. and R. Verrecchia, 2000, The economic consequences of increased disclosure [J], Journal of Accounting Research, 38: 91-124.

[470] Leuz C., D. Nanda and P. Wisochi, 2003, Earning management and investor protection: An international comparison, Journal of Financial Economics, 69: 505-527.

[471] Leuz C. and R. Verrecchia, 2004, Firm's capital allocation choices, information quality and the cost of capital, Working Paper, University of Pennsylvania.

[472] Lev B., 1989, On the usefulness of earnings and earnings research: lessons and directions from two decades of empirical research, Journal of Accounting Re-

search, Supplement: 153-192.

[473] Levitt A., 1998, The importance of high quality accounting standards, Accounting Horizons, 12 (1): 79-82.

[474] Lewellen W. G., 1971, A pure financial rationale for the conglomerate merger, Journal of Finance, 26: 521-537.

[475] Li Jin, Stewart C. Myers. R^2 around the world: New theory and new tests [J]. Journal of Financial Economics, 2006, 79 (2): 257-292.

[476] Li Siqi, 2008, Does mandatory adoption of international accounting standards reduce the cost of equity capital? Working Paper, Santa Clara University.

[477] Li W. and E. Lie, 2006, Dividend changes and catering incentives, Journal of Financial Economics, 80 (2): 293-308.

[478] Liberty S. and J. Zimmerman, 1986, Labor union contract negotiations and accounting choices, The Accounting Review, 61: 692-712.

[479] Lie E., 2000, Excess funds and agency problems: an empirical study of incremental cash disbursements, Review of Financial Studies, 13: 219-248.

[480] Lintner J., 1956, Distribution of incomes of corporations among dividends, retained earnings and taxes, The American Economic Review, 6: 97-113.

[481] Lobo Gerald J. and Jian Zhou, 2001, Disclosure quality and earnings management, Asia-Pacific Journal of Accounting and Economics, 8 (1): 1-20.

[482] Lopez T. J., S. D. Vandervelde and Y. J. Wu, 2009, Investor perceptions of an auditor's adverse internal control opinion, Journal of Account. Public Policy, 28: 231-250.

[483] Manuel G. L., G. O. Beatriz and P. Fernando, 2007, Cost of equity and accounting conservatism. Working Paper, Universidad Carlos III de Madrid.

[484] Mark K. and F. T. Clifford, 1995, A test of Stulz's over-investment hypothesis, Financial Review, 30: 387-398.

[485] Mashruwala C., Rajgopal S., Shevlin T. Why is the accrual anomaly not arbitraged away? The role of idiosyncratic risk and transaction costs [J]. Journal of Accounting & Economics, 2006, 42 (1-2): 3-33.

[486] Masli A. I., G. F. Peters, V. J. Richardson and J. M. Sanchez, 2009, Examining the potential benefits of internal control monitoring technology. The Accounting Review, 85 (3): 1001-1034.

[487] May R., 1971, The influence of quarterly earnings announcements on investor decisions as reflected in common stock price changes, Journal of Accounting Research, 9, 119-163.

[488] Mayer C., 1990, Financial systems, corporate finance and economic development, in asymmetric information, Corporate Finance and Investment, Edited by R. G. Hubbard, The University of Chicago Press.

[489] Mclean R. D., Zhang T. 2012. Why Does the Law Matter? Investor Protection and Its Effects on Investment, Finance and Growth. Social Science Electronic Publishing, 67 (1): 313-350.

[490] McMullen, D. A., K. Raghunandan and D. V. Rama. 1996. Internal control reports and financial reporting problems, Accounting Horizons, 10 (4): 67-75.

[491] McNichols M. F. and S. Stubben, 2010, The role of target firms' accounting information in acquisitions, Graduate School of Business Stanford University.

[492] Miller M. H. and F. Modigliani, 1961, Dividend policy, growth and the valuation of shares, The Journal of Business, 10: 411-433.

[493] Mock T. J., L. L. Sun, R. P. Srivastava and M. Vasarhelyi, 2009, An evidential reasoning approach to Sarbanes-Oxley mandated internal control risk assessment, International Journal of Accounting Information Systems, 10: 65-78.

[494] Modigliani F., Miller M. H. The Cost of Capital, Corporation Finance and the Theory of Investment: Reply [J]. American Economic Review, 1959, 49 (4): 655-669.

[495] Morck R., A. Shleifer and R. Vishny, 1988, Management ownership and market valuation, Journal of Financial Economics, 20: 293-315.

[496] Morck R., A. Shleifer and R. Vishny, 1990, Do managerial incentives drive bad acquisitions? Journal of Finance, 45: 31-48.

[497] Morse D., 1981, Price and trading volume reaction surrounding earnings announcements: A closer examination, Journal of Accounting Research, 19, 374-383.

[498] Mozaffar Khan, Ross L. Watts. Estimation and empirical properties of a firm-year measure of accounting conservatism [J]. Journal of Accounting and Economics, 2009, 48 (2-3): 132-150.

[499] Murphy K. J. and J. L. Zimmerman, 1993, Financial performance surrounding CEO turnover.

[500] Myers R., 2000, Cash crop: the 2000 working capital survey, CFO Magazine, 8: 59-69.

[501] Myers S. C. and N. S Majluf, 1984, Corporate financing and investment decisions when firms have information that investors do not have, Journal of Financial Economics, 13: 187-221.

[502] Myers S., 2000, Outside equity, Journal of Finance, 3: 1005-1037.

[503] Myers, Stewart C., Jin, Li. R-Squared Around the World: New Theory and New Tests [J]. Nber Working Papers, 2004, 79 (2): 257-292.

[504] Myerson R. B., 1982, Optimal coordination mechanisms in generalized princinple-agent problems, Journal of Mathematical Economics, 10: 67-81.

[505] Naiker V. and D. S. Sharma, 2009, Former audit partners on the audit committee and internal control deficiencies, The Accounting Review, 84 (2): 559-587.

[506] Newman D. P., E. R. Patterson, J. R. Smith, 2005, The role of auditing in investor protection, The Accounting Review, 80 (1): 289-313.

[507] Ogneva M., K. Raghunandan, K. R. Subramanyam, 2007, Internal control weakness and cost of equity: Evidence from SOX Section 404 disclosures, The Accounting Review, 87 (5): 1255-1297.

[508] Ohlson J., 1995, Earnings, book values and dividends in equity valuation, Contemporary Accounting Research, 11 (1): 661-688.

[509] Ohlson J., B. Juettner-Nauroth, 2005, Expected EPS and EPS growth as determinants of value, Review of Accounting Studies, 10 (3): 349-365.

[510] Ohlson J., 1980, Financial ratios and the probabilistic prediction of bankruptcy, Journal of Accounting Research, 8 (1): 109-131.

[511] Palea Vera, 2007, The effects of the IAS/IFRS adoption in the European Union on the financial industry, Working Paper, University of Turin.

[512] Partha Sengupta, 1998, Corporate disclosure quality and the cost of debt, The Accounting Review, 73 (4): 459-474.

[513] Peng Lin and Ailsa Roell, 2008, Manipulation and equity-based compensation, American Economic Review, 98 (2): 285-290.

[514] Penman S. H. and X. Zhang, 2002, Accounting conservatism, the quality of earnings and stock returns, The Accounting Review, 77 (2): 237-264.

[515] Perry S. E. and T. H. Williams, 1994, Earnings management preceding management buyout offers, Journal of Accounting and Economics, 18 (2): 157-179.

[516] Petroni K., 1992, Management's response to the differential costs and benefits of optimistic reporting in the property-casualty insurance industry, Journal of Accounting and Economics 15: 485-508.

[517] Piotroski J., 1999, The impact of reported segment information on market expectations and stock prices, Working Paper, University of Chicago.

[518] Plumlee M. and T. L. Yohn, 2010, An analysis of the underlying causes attributed to restatements, Accounting Horizons, 24 (1): 41-64.

[519] Prahalad C. K. and G. Hamel, 1990, The core competence of the corporation, Harvard Business Review, 5-6: 79-93.

[520] Prather-Kinsey, J., E. K. Jermakowicz and T. Vongphanith, 2008, Capital market consequences of european firms' mandatory adoption of IFRS, Working Paper, University of Missouri. Accounting Review, 66: 1-21.

[521] Rafael La porta, Florencio Lopez-De-Silanes, Andrei Shleifer, Robert Vishny. Law and Finance [J]. Journal of Political Economy, 1998, 106 (6): 1113-1155.

[522] Rafael La porta, Florencio Lopez-De-Silanes, Andrei Shleifer, Robert Vishny. Agency Problems and Dividend Policies around the World [J]. The Journal of Finance, 2000, 55 (1): 1-33.

[523] Rafael La porta, Florencio Lopez-De-Silanes, Andrei Shleifer, Robert Vishny. Investor protection and corporate governance [J]. Journal of Financial Economics, 2000, 58 (1-2): 3-27.

[524] Rafael La porta, Florencio Lopez-De-Silanes, Andrei Shleifer, Robert Vishny. Investor Protection and Corporate Valuation [J]. The Journal of Finance, 2002, 57 (3): 1147-1170.

[525] Rangan S., 1998, Earning management and the performance of seasoned equity offerings, Journal of Financial Economics, 50: 101-122.

[526] Raverscraft D. J., 1983, Structure profit relationships at the line of business and industry level, Review of Economics and Statistics, 65: 22-32.

[527] Regina Wittenberg-Moerman, 2006, The role of information asymmetry and financial reporting quality in debt contracting: evidence from the secondary loan market, Working Paper, University of Chicago.

[528] Richard V. D. and E. J. Laughlin, 1980. A cash conversion cycle approach to liquidity analysis, Financial Management, 9 (1): 32-38.

[529] Richardson S. A., Sloan R. G. The Implications of Accounting Distortions and Growth for Accruals and Profitability [J]. Accounting Review, 2006, 81 (3): 713-743.

[530] Richardson S. A., 2003, Corporate governance and the over-investment of surplus cash, Dissertation of Michigan University.

[531] Richardson S. A., 2006, Over-investment of free cash flow, Review of Accounting Studies, 11: 159-189.

[532] Rogers Jonathan L., 2008, Disclosure quality and management trading incentives, journal of the cross-section of expected stock returns, 46 (5): 1265-1296.

[533] Ross S., 1977, The determination of financial structures: the incentive-signalling approach, Bell Journal of Economics, 8: 23-40.

[534] Rozeff S., 1982, Growth, bets and agency costs as determinants of dividend payout ratios, Journal of Financial Research, 5: 249-258.

[535] Rumelt R., 1982, Diversification strategy and profitability, Strategic Management Journal, 13: 359-369.

[536] Rutherford B. A., 2002, The operating and financial review: could do better, could say more, Accounting & Business, 5 (3): 40-41.

[537] Schipper K., 1989, Commentary on earnings management, Accounting Horizons, 3-4: 91-102.

[538] Scott W. R., 2000, Financial accounting theory, Pearson Canada Inc.

[539] Servaes H., 1996, The value of diversification during the conglomerate merger wave, Journal of Finance, 51: 1201-1225.

[540] Shannon C. E., 1948, A mathematical theory of communication, Bell Syst Tech.

[541] Sharma D. and P. A. Stevenson, 1997, The impact of impending corporate failure on the incidence and magnitude of discretionary accounting policy changes, British Accounting Review, 29: 1219-153.

[542] Sharpe, William F. Capital Asset Prices: A Theory of Market Equilibrium Under Conditions of Risk [J]. The Journal of Finance, 1964, 19 (3): 425-442.

[543] Shaw Kenneth W., 2003, Corporate disclosure quality, earnings smoothing and earnings' timeliness, Journal of Business Research, 56 (12): 1043-1050.

[544] Shevlin T., 1991, The valuation of R&D firms with R&D limited partnerships, The Accounting Review, 66 (1): 1-21.

[545] Shin H. H and L. Soenen, 1998, Efficiency of working capital management and corporate profitability, Financial Practice and Education, 8 (2): 37-45.

[546] Shin H. H. and R. M. Stulz, 1998, Are internal capital market efficient? The Quarterly Journal of Economics, 113: 531-552.

[547] Shleifer A. and D. Wolfenzon, 2002, Investor protection and equity markets, Journal of Financial Economics, 66: 3-27.

[548] Shleifer A. and R. Vishny, 1986, Large shareholders and corporate control, Journal of Political Economy, 94: 461-488.

[549] Shleifer A. and R. Vishny, 1998, The grabbing hand: government pathologies and their cures, Cambridge, MA: Harvard University Press.

[550] Shleifer A. and R. W. Vishny, 1997, A survey of corporate governance,

the Journal of Finance, 52: 737-783.

[551] Shleifer A. and Vishny, R., 1989, Management entrenchment: The case of management-specific investment, Journal of Financial Economics, 25: 123-139.

[552] Shroff N., Sun A. X., White H. D., et al. Voluntary Disclosure and Information Asymmetry: Evidence from the 2005 Securities Offering Reform [J]. Journal of Accounting Research, 2013, 51 (5): 1299-1345.

[553] Skaife H. and D. D. Wangerin, 2011, Target financial reporting quality and M&A deals that go bust, Working Paper, University of Wisconsin-Madison.

[554] Skinner K. J., 1996, What motivates managers' choice of discretionary accruals, Journal of Accounting and Economics, 22: 313-325.

[555] Slien A., et al. Investigation of speed and thermal limitations in microcavity saturable absorber all-optical regenerator device [J]. Lasers and Electro-Optics Europe, 1994. CLEO/Europe. 1994 Conference on. 1994.

[556] Sloan R. G. Do Stock Prices Fully Reflect Information in Accruals and Cash Flows about Future Earnings? [J]. Social Science Electronic Publishing, 1996, 71 (3): 289-315.

[557] Sloan R. G., 1996, Do stock prices fully reflect information in accruals and cash flows about future earnings? The Accounting Review, 71: 117-161.

[558] Sloan R. G., 2001, Financial accounting and corporate governance: a discussion, Journal of Accounting & Economics, 32 (1-3): 335-347.

[559] Smith Keith V., 1973, State of the art of working capital management, Financial Management, 2 (3): 50-55.

[560] Stein C. Jeremy, 1997, Internal capital markets and the competition for corporate resources, Journal of Finance, 52 (1) : 111-133.

[561] Stephen A Ross. The arbitrage theory of capital asset pricing [J]. Journal of Economic Theory, 1976, 13 (3): 341-360.

[562] Stephens, N. M., 2009, Corporate governance quality and internal control reporting under SOX section 302. Woking Paper.

[563] Steyn W. and W. D. Hamman, EvdM. Smit, 2002, The danger of high growth combined with a large non-cash working capital base-a descriptive analysis, Journal of Business Manage, 1: 41-47.

[564] Stiglitz J. E. and A. Weiss, 1984, Credit rationing in markets with imperfect information, American Economic Review, 3: 393-410.

[565] Strong J. S. and J. R. Meyer, 1990, Sustaining investment, discretionary investment and valuation: a residual funds study of the paper industry. R. Glenn

Hubbard, ed. Asymmetric information, corporate finance and investment, Chicago: University of Chicago Press.

[566] Stulz R. M., 1988, Managerial control of voting rights: financing policies and the market for corporate control, Journal of Financial Economics, 20: 25-54.

[567] Stulz R. M., 1990, Managerial discretion and optimal financing policies, Journal of Financial Economics, 26: 3-27.

[568] Stulz R. M., 1999, Globalization, corporate finance and the cost of capital, Journal of Applied Corporate Finance, 12: 8-25.

[569] Stulz R. M., 2005, The limits of financial globalization, Journal of Finance, 60: 1595-1638.

[570] Sydserff R., W. Pauline, 1999, A texture index for evaluating accounting narratives: An alternative to readability formulas, Accounting, Auditing & Accountability Journal, 12 (4): 459-488.

[571] Teece D., 1980, Economies of scope and scope of the enterprise, Journal of Economic Behavior and Organization, 1: 233-247.

[572] Teoh S. H. et al., 1998, Earning management and the long-term market performance of initial public offerings, Journal of Finance, 53: 1935-1974.

[573] Tim Reason, 2002, We can work it out: the 2002 working capital survey, CFO Magazine.

[574] Tim Reason, 2003, Barely working: the 2003 working capital survey, CFO Magazine.

[575] Tim Reason, 2004, Off the shelf: the 2004 working capital Survey, CFO Magazine.

[576] Tim Reason, 2005, Capital ideas: the 2005 working capital survey, CFO Magazine.

[577] Ting Hsiu-I, 2008, Does corporate disclosure quality help? International Research Journal of Finance and Economics, 21: 150-157.

[578] Titman S. and B. Trueman, 1986, Information quality and the valuation of new issues, Journal of Accounting and Economics, 8: 159-172.

[579] Verrecchia R., 2001, Essays on disclosure, Journal of Accounting and Economics, 32: 97-180.

[580] Vogt S. C., 1994, The cash flow/investment relationship: evidence from U.S. manufacturing firms, Financial Management, 23 (2): 3-20.

[581] Walker R. G., 1992, The SEC's ban on upward asset revaluations and the disclosure of current values, Abacus, 28: 3-35.

[582] Wallace W., 1987, The economic role of the audit in free and regulated markets: a review, Research in Accounting Regulation, 1: 7-34.

[583] Wang Dechun, 2005, Founding family ownership and earnings quality, Journal of Accounting Research, (44) 3: 619-656.

[584] Watts R. L. and J. L. Zimmerman, 1986, Positive accounting theory, Prentice-Hall Inc., 1986.

[585] Watts R., 1977, Corporate financial statements, a product of the market and political processes, Australian Journal of Management, 2: 53-76.

[586] Watts R., 2003, Conservatism in accounting Part I: Explanations and implications. Accounting Horizons, 17 (3): 207-221.

[587] Watts R., L. and J. L. Zimmemlan, 1980, The Market for Independence and Independent Auditors. Working Paper, University of Rochester.

[588] Weisbach Michael S., 1988, Outside directors and CEO turnover, Journal of Financial Economics, 20: 431-460.

[589] Welker M., 1995, Disclosure policy, information asymmetry and liquidity in equity markets. Contemporary Accounting Research, 11: 801-828.

[590] Williamson O. E., 1970, Corporate control and business behavior, New Jersey: Free Press.

[591] Williamson O. E., 1975, Markets and hierarchies: analysis and antitrust implications, New York: Free Press.

[592] Wines P. M., 1984, Accounting earnings and cash flows measures of firm performance: the role of accounting accruals, Journal of Accounting and Economics, 7: 55-59.

[593] Wolfe C. J., E. G. Mauldin and M. C. Diaz, 2009, Concede or deny: do management persuasion tactics affect auditor evaluation of internal control deviations?. The Accounting Review, 84 (6): 2013-2037.

[594] Wrigley L., 1970, Diversification entry: internal diversification, Harvard Business School.

[595] Xie B. and W. Davidson and P. DaDalt. 2003. Earnings management and corporate governance: The role of the board and the audit committee. Journal of Corporate Finance 9: 295-316.

[596] Yan Yun-Chia and Huang, Hua-Wei, 2009, Audit committee gender diversity and the quality of internal controls, Working Paper.

[597] Yuji Ijiri, 1975, Theory of Accounting Measurement, Sarasota, Florida: American Accounting Association.

[598] Zeff S. A., 1972, Forging accounting principles in five countries: A history and analysis of trends 1971, Arthur Andersen Lecture series, Champaign, IL: Stipes Publishing Company.

[599] Zhang Hongliang, Wang Mengying, Jiang jie. Investor protection and stock crash risk [J]. Pacific-Basin Finance Journal, 2017, 43: 256-266.

[600] H. Li, H. Zhang, SB Tsai, A. Qiu. China's Insurance Regulatory Reform, Corporate Governance Behavior and Insurers' Governance Effectiveness [J]. International Journal of Environmental Research & Public Health, 2017, 14 (10): 1238.

[601] Zhang X., 2000, Conservative accounting and equity valuation Journal of Accounting & economics, 29: 125-149.

[602] Zhang I. X., 2007, Economic consequences of the Sarbanes-Oxley Act of 2002, Journal of Accounting and Economics, 44: 74-115.

[603] Zhang Y., J. Zhou and N. Zhou. 2007. Audit committee quality, auditor independence and internal control weaknesses. Journal of Accounting and Public Policy, 26: 300-327.

图书在版编目（CIP）数据

会计投资者保护的经济后果：理论与实证 / 张宏亮著.
—北京：经济科学出版社，2018.5
（会计与投资者保护系列丛书）
ISBN 978-7-5141-9289-6

Ⅰ.①会… Ⅱ.①张… Ⅲ.①上市公司-会计分析-研究-中国 Ⅳ.①F279.246

中国版本图书馆 CIP 数据核字（2018）第 092715 号

责任编辑：齐伟娜　刘　颖
责任校对：靳玉环
责任印制：李　鹏

会计投资者保护的经济后果：理论与实证
张宏亮　著
经济科学出版社出版、发行　新华书店经销
社址：北京市海淀区阜成路甲 28 号　邮编：100142
总编部电话：88191217　发行部电话：88191540
网址：www.esp.com.cn
电子邮箱：esp@esp.com.cn
天猫网店：经济科学出版社旗舰店
网址：http://jjkxcbs.tmall.com
北京季蜂印刷有限公司印装
787×1092　16 开　13 印张　260000 字
2018 年 5 月第 1 版　2018 年 5 月第 1 次印刷
ISBN 978-7-5141-9289-6　定价：48.00 元
(图书出现印装问题，本社负责调换。电话：010-88191510)
(版权所有　翻印必究　举报电话：010-88191586
电子邮箱：dbts@esp.com.cn)